COURS
DE
PHILOSOPHIE.

LEÇONS DU COURS DE 1818.

IMPRIMERIE DE A. BARBIER,
RUE DES MARAIS S.-G., Nº 17.

COURS

DE

PHILOSOPHIE,

PAR V. COUSIN,

PROFESSEUR DE PHILOSOPHIE A LA FACULTÉ DES LETTRES DE PARIS

INTRODUCTION

A L'HISTOIRE DE LA PHILOSOPHIE.

PARIS,

PICHON ET DIDIER, ÉDITEURS,

LIBRAIRES-COMMISSIONNAIRES, SUCCESSEURS DE BÉCHET AINÉ,

QUAI DES AUGUSTINS, Nº 47.

1828.

AVIS DES ÉDITEURS.

Les leçons faites cette année par M. Cousin sont une vaste introduction au Cours qu'il se propose de faire l'année prochaine. Avant d'entrer dans l'examen d'aucune école philosophique particulière, M. Cousin devait et il a voulu marquer la place de la philosophie dans l'ensemble des connaissances humaines, celle de l'histoire de la philosophie dans l'ensemble de l'histoire générale, et mettre d'abord son auditoire en possession des vues théoriques et historiques qui présideront à son enseignement. Il a donc esquissé à grands traits les caractères qui distinguent les principales époques de l'humanité, toujours en les rapportant aux élémens fondamentaux de notre nature, et aux lois essentielles de l'esprit humain, dont l'expression la plus abstraite est ce qu'on appelle la métaphysique, ou la philosophie proprement dite. Si la philosophie, selon M. Cousin, est l'expression la plus élevée et le dernier mot de la société, toute grande époque historique doit avoir sa philosophie; le dix-neuvième siècle aura donc la sienne. Ce qui la distinguera des autres et lui donnera sa physionomie propre, ce sera l'*éclectisme*. L'éclectisme, dans toutes les parties de la philosophie : dans la méthode, dans la psycologie, la logique, l'ontologie, etc.; tel est le système que M. Cousin présente à la jeunesse française. Après avoir démontré l'insuffisance des deux écoles qui se sont partagé le dix-huitième siècle, savoir, le sensualisme en France, représenté par Condillac et ses disciples, l'idéalisme en Allemagne, représenté par Kant et Fichte, M. Cousin établit que l'œuvre de la philosophie nouvelle sera de chercher la conciliation de ces deux écoles. Cet éclectisme, traité de paix entre les élémens divers de la philosophie contemporaine, M. Cousin le reconnaît et le suit dans toutes les parties de l'ordre social actuel. En politique, par exemple, la

Charte est une transaction entre le passé et la société nouvelle, entre l'élément monarchique et l'élément populaire. En littérature, c'est l'accord de la légitimité classique avec l'innovation romantique. Nous n'avons pas besoin de dire avec quelle puissance de dialectique le professeur, dans le cours de ses treize leçons, a déduit les applications de son système philosophique, faisant rentrer toutes les branches de la civilisation dans les cadres de ses classifications, et démontrant la réalité des formules métaphysiques qu'il avait d'abord établies.

Nous continuerons au mois de novembre prochain la publication par leçons de la suite de ce Cours. Un prospectus indiquera les conditions de cette nouvelle souscription.

TABLE ANALYTIQUE

DES MATIÈRES

CONTENUES DANS CE VOLUME.

―――

PREMIÈRE LEÇON.

MATIÈRES DU COURS : Introduction à l'histoire générale de la philosophie. — SUJET DE CETTE PREMIÈRE LEÇON : Établissement de ce point, que la philosophie est un besoin réel, et un produit nécessaire de l'esprit humain. — Énumération des besoins fondamentaux de l'esprit humain, des idées générales qui gouvernent son activité : 1° Idée de l'*utile*, sciences mathématiques et physiques, industrie, économie politique ; 2° idée du *juste*, société civile, État, jurisprudence ; 3° idée du *beau*, l'art ; 4° idée de *Dieu*, religion, culte ; 5° de la *réflexion*, réalité et nécessité du besoin et du fait qui sert de fondement à la philosophie. — La philosophie, dernier développement et dernière forme de la pensée. — La philosophie, source de toute lumière. — Suprématie de la philosophie. — Sa tolérance ; ne détruit rien, accepte tout et domine tout. — Son rapport avec la civilisation du dix-neuvième siècle. — Indication du sujet de la prochaine leçon.

IIe LEÇON.

Récapitulation de la dernière leçon. Sujet de celle-ci : Vérification des résultats psycologiques par l'histoire. La philosophie a-t-elle une existence historique, et quelle a été cette existence ? — 1º Orient. Son caractère général. Naissance de la philosophie. 2º Grèce et Rome. Leur caractère général. Développement de la philosophie. Socrate. 3º Moyen âge. Scolastique. 4º Philosophie moderne. Descartes. 5º État actuel de la philosophie. Vues sur l'avenir. Conclusion : que la philosophie n'a manqué à aucune époque de l'humanité; que son rôle s'est agrandi d'époque en époque, et qu'elle tend à devenir sans cesse une portion plus considérable de l'histoire.

IIIᵉ LEÇON.

Récapitulation des deux dernières leçons. Un mot sur la méthode employée. — Sujet de cette leçon : Appliquer à l'Histoire de la Philosophie ce qui a été dit de la philosophie : 1º que l'Histoire de la Philosophie est un élément spécial et réel de l'Histoire universelle, comme l'Histoire de la Législation, des Arts et des Religions; 2º que l'Histoire de la Philosophie est plus claire que toutes les autres parties de l'Histoire, et qu'elle en contient l'explication. Démonstration logique. Démonstration historique. Explication de la civilisation indienne par la philosophie. Bhagavad-Gita. Grèce. Explication du siècle de Périclès par la philosophie de Socrate. Histoire moderne. Explication du xvɪᵉ siècle par la philosophie de Descartes. Explication du xvɪɪɪᵉ siècle par la philosophie de Condillac et d'Helvétius. — 3º Que l'Histoire de la Philosophie vient la dernière dans le développement des travaux historiques, comme la philosophie est le dernier degré du développement intérieur de l'esprit, et du développement d'une époque. — Rapport de l'Histoire de la Philosophie à l'Histoire en général. En

Orient pas d'Histoire, par conséquent pas d'Histoire de la philosophie. — De la situation favorable de notre siècle pour l'Histoire de la Philosophie.

IVe LEÇON.

Que l'Histoire de la Philosophie est à la fois spéciale et générale. — Des qualités d'un historien de la philosophie. De l'amour de l'humanité. — De la méthode historique. Deux méthodes. Méthode empirique; qu'elle est à peu près impraticable, et ne peut donner la raison des faits. — De la méthode spéculative. — Alliance des deux méthodes en une seule, qui, partant de la raison humaine, de ses élémens, de leurs rapports et de leurs lois, chercherait le développement de tout cela dans l'histoire. Le résultat d'une pareille méthode serait l'identité du développement intérieur de la raison et de son développement historique, l'identité de la philosophie et de l'histoire de la philosophie. — Application de cette méthode. Trois points que la méthode doit embrasser : 1° l'énumération complète des élémens de la raison; 2° leur réduction; 3° leurs rapports et tous leurs rapports. — Antécédens historiques de cette recherche. Aristote et Kant. Vices de leur théorie. —1° Énumération des élémens de la raison; 2° réduction à deux, l'unité et la variété, l'identité et la différence, la substance et le phénomène, la cause absolue et la cause relative, le fini et l'infini, la pensée pure et la pensée déterminée; 3° rapports. — Contemporanéité des deux élémens essentiels de la raison dans l'ordre de leur acquisition. — Dans l'essence, supériorité et antériorité de l'un sur l'autre. Dans le temps, coexistence nécessaire des deux. — Généralisation de l'un par l'autre. — Résumé.

Ve LEÇON.

Récapitulation. Trois idées, comme loi de la raison. — Indépendance absolue des idées. — Idées, comme l'intelligence divine elle-même. — Du vrai caractère de l'intelligence. — Réponse à quelques objections. — Passage de Dieu à l'univers. De la création. — De l'univers comme manifestation de l'intelligence divine et des idées qui la constituent. Que ces idées passent dans le monde, et en font l'harmonie, la beauté et la bonté. — Expansion et attraction; etc. — Humanité. L'homme, microcosme : la psycologie, science universelle en abrégé. — Fait psycologique ou fait fondamental de conscience : trois termes encore, le fini, l'infini et leur rapport. — Tous les hommes possèdent ce fait : la seule différence possible est le plus ou moins de clarté qu'il prend avec le temps, et la prédominance de tel ou tel élément, selon l'attention plus ou moins grande qu'on lui accorde. — Qu'il en est de même du genre humain. Son identité est l'identité des trois élémens dans la conscience du genre humain. Les différences viennent de la prédominance de l'un d'eux sur les autres. Ces différences constituent les différentes époques de l'histoire.

VIe LEÇON.

Récapitulation. — Retour sur le fait fondamental de conscience. — Distinction de la forme réfléchie de ce fait et de sa forme spontanée. Caractère de la spontanéité. — Que c'est dans le fait de la spontanéité de la raison que se déclarent l'indépendance absolue et l'impersonnalité des vérités rationnelles. — Réfutation de Kant. — Identité de la raison humaine dans l'aperception spontanée de la vérité. — Réflexion, élément de différence. — Nécessité et utilité de la réflexion. — Histoire, condition de tout développement : temps ; condition du temps : succession ; condition de la succession : particularité, division, contradiction ; nécessité et utilité de tout cela. — But de l'histoire. — De la vraie perfectibilité. — Qu'il ne peut y avoir plus de trois grandes époques historiques.

VIIe LEÇON.

Récapitulation de la spontanéité et de la réflexion dans l'individu et dans l'espèce humaine. — Réflexion, élément d'erreur et de différence. — Histoire : ses époques. — Trois époques, ni plus ni moins. — Ordre de ces trois époques. — Ordre de succession. — Ordre de génération. — Du plan de l'histoire comme manifestation du plan de la Providence. — Optimisme historique.

VIIIe LEÇON.

Retour sur le système historique esquissé dans la dernière leçon. Méthode qui l'a donné. Beauté de l'histoire ainsi conçue ; sa moralité ; son caractère scientifique. — Injuste mépris des philosophes pour l'histoire. Réfutation de Malebranche. — Des règles de l'histoire. Règle fondamentale : rien d'insignifiant, tout a un sens, tout se rapporte à quelque idée. — Application de cette règle à la géographie physique. Tout lieu pris en grand représente une idée, une des trois idées auxquelles toutes les idées ont été ramenées. — Question générale du rapport des lieux à l'homme, et par conséquent à tout ce qui est de l'homme. — Question des climats. — Défense et explication de l'opinion de Montesquieu. — Détermination des lieux et des climats qui conviennent aux trois grandes époques de l'histoire.

IXᵉ LEÇON.

Sujet de la leçon: De la philosophie de l'histoire appliquée à l'étude des peuples. Écarter la question d'un peuple primitif. — Rechercher : 1° l'idée d'un peuple ; 2° le développement de cette idée. 3° Dans tous les élémens constitutifs d'un peuple, et d'abord dans l'industrie, les lois, l'art et la religion. — Saisir les rapports de ces élémens entre eux, leurs rapports d'antériorité ou de postériorité, de supériorité ou d'infériorité, surtout leur harmonie dans l'unité du peuple. 4° Dans la philosophie. La philosophie réfléchissant tous les élémens d'un peuple est l'expression dernière de ce peuple. — Des peuples différens d'une même époque entre eux considérés dans leurs ressemblances. Que l'expression dernière de cette époque, dans son unité, est empruntée à la philosophie. — Des différences des différens peuples d'une époque. Idée de la guerre. Sa nécessité. Son utilité. — Motifs de la célébrité des grandes batailles. Que la guerre a ses lois et n'est pas un jeu incertain. — Moralité de la victoire. — Importance historique de la guerre, de l'état militaire d'un peuple, même de la stratégie. — Conclusion.

Xᵉ LEÇON.

Récapitulation de la dernière leçon. Sujet de celle-ci : Les grands hommes. — Leur nécessité et leur caractère propre. — Les grands hommes résument les peuples, les époques, toute l'humanité, la nature et l'ordre universel. — Histoire du grand homme. Naît et meurt à propos. Son signe est succès. — Théorie de la puissance. — Théorie de la gloire. — Les grands hommes considérés comme de simples individus, dans leurs intentions et leurs qualités personnelles. Petitesse des plus grands hommes. — Quelles sont les époques

les plus favorables au développement des grands hommes?
— Quels sont les genres les plus favorables au développement des grands hommes? — De la guerre et de la philosophie. — Lutte des grands hommes dans la guerre et dans la philosophie. — Absolution du vainqueur.

XIe LEÇON.

Sujet de la leçon : Examen des grands historiens de l'histoire de l'humanité. — Que l'idée d'une histoire universelle appartient au dix-huitième siècle. — Difficulté de l'histoire universelle. Ses lois : 1° n'omettre aucun élément de l'humanité; 2° n'omettre aucun siècle. — Que l'histoire universelle devait commencer par être exclusive. — Que le premier point de vue exclusif devait être au commencement du dix-huitième siècle, le point de vue religieux. De là l'*Histoire universelle* de Bossuet. Ses mérites, ses défauts. — Nécessité d'un point de vue politique exclusif. De là la *Science nouvelle* de Vico. Ses mérites, ses défauts. — Nécessité d'un point de vue plus compréhensif, d'une histoire universelle plus complète, mais plus superficielle sur chaque partie. De là Herder, *idées pour une philosophie de l'histoire*. Ses mérites, ses défauts. — Un mot sur Voltaire, Fergusson, Turgot, Condorcet. — État de l'histoire universelle depuis Herder. Richesse des travaux particuliers. Nécessité d'une nouvelle histoire universelle.

XIIe LEÇON.

Sujet de la leçon : Des grands historiens de la philosophie. — Conditions d'un grand développement de l'histoire de la philosophie : 1° un grand développement de la philosophie elle-même; 2° un grand développement de l'érudition. — Le premier mouvement de la philosophie moderne a été le cartésianisme; le cartésianisme devait produire et il a produit une histoire de la philosophie qui le représente. Brucker. Son caractère général; ses mérites et ses défauts. — Le second mouvement de la philosophie moderne est la lutte du sensualisme et de l'idéalisme à la fin du dix-huitième siècle. De là deux histoires de la philosophie dans des directions opposées : Tiedemann et Tennemann. Leur caractère général; leurs mérites et leurs défauts. — État présent des choses.

XIIe LEÇON.

État actuel de l'histoire de la philosophie: travaux de détail. — Nécessité d'une nouvelle histoire générale de la philosophie. Condition : un nouveau mouvement philosophique. — Détermination du caractère de ce nouveau mouvement : l'éclectisme. — Symptômes de l'éclectisme dans la philosophie européenne. — Racines de l'éclectisme dans l'état de la société en Europe, et particulièrement en France. Analyse de la Charte. — Conséquences nécessaires du règne de la Charte, même sur le caractère de la philosophie. — Caractère correspondant que doit prendre l'histoire de la philosophie. — Caractère et but de ce cours. — Conclusion.

ERRATA.

Dans la 3e leçon, page 116, *au lieu de* l'homme tout, *lisez* l'homme rien.

Dans la 8e leçon, page 12, *lisez :* de ἱστορία de ἵσημι, ἐπίσταμαι, savoir.

Dans la 11e leçon, page 29, lisez : ***Deus ex Machinâ.***

1re LEÇON. 17 AVRIL 1828.

COURS

DE L'HISTOIRE

DE

LA PHILOSOPHIE.

Messieurs,

Je ne puis me défendre d'une émotion profonde en me retrouvant à cette chaire à laquelle m'appela, en 1815, le choix de mon illustre maître et ami, M. Royer-Collard. Les premiers coups d'un pouvoir qui n'est plus m'en écartèrent; je suis heureux et fier d'y reparaître aujourd'hui, au retour des espérances constitutionnelles de la France (*applaudissemens*); et, dans ma loyale reconnaissance, j'éprouve le besoin d'en remercier publiquement mon pays, le Roi, et l'administration nouvelle. (*Applaudissemens.*)

Séparé du public depuis huit années, j'ai perdu, Messieurs, toute habitude de porter la parole devant de pareilles assemblées. Accoutumé, dans ma retraite, à ces formes de la pensée qui peuvent bien nous servir à nous entendre avec nous-mêmes, mais non pas toujours à nous faire entendre des autres, j'ai bien peur de ne savoir plus trouver les paroles qui conviendraient à un nombreux auditoire, et de transporter à cette chaire les monologues d'un solitaire. Il y a quelques semaines, j'ignorais encore que je dusse paraître devant vous; nulle préparation ne m'accompagne et ne me soutient. La prudence me conseillait donc de différer la reprise de mes leçons, et de travailler à les rendre, pour l'année prochaine, moins indignes de votre intérêt. Mais ce n'étaient là, Messieurs, que des considérations personnelles, et j'ai cru bien faire de les mettre à mes pieds pour ne songer qu'à faire mon devoir; et j'ai regardé comme un devoir, aussitôt que la parole m'était rendue, d'en faire usage, de renouer la chaîne interrompue des traditions de l'Ecole normale, de reparaître sur le théâtre de mes premiers travaux, d'y rallier ceux qui se souviennent encore de moi, et de venir ici, aux dépens de ma vanité et de ma personne, servir la cause de la philosophie. Au lieu de consulter mes forces, je me suis fié à mes intentions connues et à une ancienne indulgence. Je vous rapporte, Messieurs, le même professeur, le même enseignement, les mêmes principes, le même zèle; puissé-je retrouver parmi vous la même confiance! En jetant les yeux autour de moi, je me rendrai à moi-même ce témoignage, qu'au milieu des agitations de notre époque, parmi les chances diverses des événemens politiques auxquels j'ai pu être mêlé, mes vœux n'ont jamais dépassé cette enceinte. Dévoué tout entier à la philosophie, après avoir eu l'honneur de souffrir un peu pour elle, je viens lui consacrer, sans retour et sans réserve, tout ce qui me reste de force et de vie (*Nouveaux applaudissemens.*).

Messieurs, je me propose, l'année prochaine, de vous introduire dans la Grèce, et de vous faire connaître cette philosophie admirable à laquelle Platon a donné son nom, et qui rappelle à la fois tout ce qu'il y a de plus profond dans la pensée et tout ce qu'il y a de plus gracieux dans l'imagination. Mais pensez-y, Messieurs, un système, quel qu'il soit, peut-il être compris isolément? l'esprit le plus pénétrant et le plus ferme peut-il prédire avec une précision infaillible toutes les conséquences inconnues à l'auteur lui-même, qu'un système contient dans son sein? Et pourtant que sont des principes sans la chaîne de leurs conséquences! Un système ne peut être totalement compris qu'autant que l'on connaît toutes les conséquences réelles que l'histoire s'est chargée de tirer de ses principes. D'un autre côté on ne connaît pas un système, si l'on ne sait pas d'où il vient, quels sont ses antécédens, quels systèmes il présuppose. Platon, par exemple, ne peut être compris sans ses successeurs, les néoplatoniciens, tout le monde en convient; mais Platon ne peut être compris davantage sans ses devanciers, sans ses pères, pour ainsi dire, Héraclite et Pythagore. Si donc, Messieurs, je veux vous faire comprendre un peu profondément la philosophie platonicienne, il faut que je la mette en rapport avec l'époque générale de l'histoire de la philosophie à laquelle elle appartient.

Mais ce qui est vrai d'un système, est vrai également des différentes époques de l'histoire de la philosophie. Une époque, en effet, n'est pas autre chose que la domination d'un seul grand système qui lui-même a ses antécédens et ses conséquens, qu'il faut également connaître; de sorte qu'eussiez-vous réduit l'histoire entière de la philosophie à un très-petit nombre d'époques, pour comprendre une seule de ces époques, il faudrait les connaître à peu près toutes avec leurs rapports.

Je regarde donc comme indispensable de vous présenter d'abord, pendant le court espace qu'il nous reste à parcourir d'ici aux vacances prochaines, comme introduction à l'exposition complète de la philosophie platonicienne et de l'époque philosophique à laquelle elle appartient, une revue générale de toutes les époques de l'histoire de la philosophie. Sans doute j'effleurerai tout, mais je toucherai tout. Il faut d'abord tracer le cadre, sauf à achever plus tard le tableau, à approfondir successivement les diverses époques particulières de l'histoire de la philosophie, et, par exemple, l'année prochaine, la grande époque que remplit presque entièrement la philosophie platonicienne. J'aurai d'ailleurs dans ce plan l'avantage de m'y déployer plus à mon aise. Tous les problèmes que peut se proposer la pensée humaine ayant été successivement soulevés par les différens siècles et par les différentes écoles, seront ainsi amenés à cette chaire. Là, sur les hauteurs de la science et de l'histoire, le public qui ne me connaît plus, et qui veut savoir avant tout où je compte le conduire, verra plus à découvert mon but, mes desseins et pour ainsi dire cette étoile philosophique qui doit nous servir de lumière et de guide dans la vaste carrière que nous avons à parcourir ensemble, dans l'étude et l'examen des différentes écoles qui ont partagé l'esprit humain, et des différens problèmes qui l'ont agité. Ainsi, Messieurs, pour l'an prochain, Platon et la Grèce; pour cette année, l'humanité tout entière et l'histoire générale de la philosophie.

Mais, Messieurs, vous apercevez-vous que je raisonne dans une hypothèse que bien des personnes peut-être seront tentées de ne pas admettre, savoir, que l'histoire des problèmes et des écoles philosophiques n'est pas un registre d'imaginations arbitraires, que la philosophie n'est pas le produit d'une vaine rêverie, mais le développement nécessaire d'un besoin réel de la pensée. C'est sur quoi il faut s'entendre avant tout. La philosophie n'est-elle qu'une tradition de chimères écloses un jour des rêveries de quelques hommes de génie, répandues dans le monde, propagées et maintenues par l'autorité de leur exemple, ou est-elle la fille légitime de l'humanité ? Appartient-elle seulement à Platon et à Aristote, ou à l'esprit humain lui-même ? N'est-elle qu'un caprice et un luxe de la pensée, ou a-t-elle son fondement dans la nature qui nous est commune à tous, et par conséquent a-t-elle un rang dans l'ensemble des connaissances humaines, et son histoire est-elle une chose sérieuse ? L'examen de cette question préliminaire fera le sujet spécial de cette leçon. Il faut d'abord, Messieurs, que nous sachions si nous sommes amenés ici, vous par une curiosité vaine, moi par une simple habitude, ou si en effet nous mettons nos efforts en commun, non pour tourmenter plus ou moins ingénieusement des chimères, mais pour satisfaire un besoin plus élevé, mais aussi réel que tous les autres, et inhérent à la constitution même de l'humanité.

Aussitôt que l'homme a la conscience de lui-même, il se trouve dans un monde étranger, ennemi, dont les lois et les phénomènes semblent en contradiction avec sa propre existence. Pour se défendre, l'homme a l'intelligence et la liberté. Il ne se soutient, il ne vit, il ne respire deux minutes de suite qu'à la condition de prévoir, c'est-à-dire à la condition d'avoir connu ces lois et ces phénomènes qui briseraient sa frêle existence, s'il n'apprenait peu à peu à les observer, à mesurer leur portée et à calculer leur retour. Avec son intelligence successivement développée et bien dirigée, il prend connaissance de ce monde; avec sa liberté, il le modifie, le change, le refait à son usage : il arrête les déserts, creuse des fleuves, aplanit des montagnes; en un mot, dans la succession des siècles, il opère cette suite de prodiges dont nous sommes aujourd'hui peu frappés par le sentiment et la longue habitude de notre puissance et de ses effets. Messieurs, le premier qui, à la plus faible distance de sa personne, mesura l'espace qui l'environnait, compta les objets qui se présentaient à lui, et observa leurs propriétés et leur action, celui-là a créé et mis au monde les sciences mathématiques et physiques. Celui qui, dans le moindre degré, modifia ce qui lui faisait obstacle, celui-là a créé l'industrie. Multipliez les siècles, fécondez ce faible germe par les travaux accumulés des générations, et vous aurez tout ce qui est aujourd'hui. Les sciences mathématiques et physiques sont une conquête de l'intelligence humaine sur les secrets de la nature : l'industrie est une conquête de la liberté sur les forces de cette même nature. Le monde, tel que l'homme le trouva, lui était étranger; le monde, tel que l'ont fait les sciences mathématiques et physiques, et, à leur suite, l'industrie, est un monde semblable à l'homme, refait par lui à son image. En effet, regardez autour de vous, vous n'apercevrez guère que vous-même, vous trouverez partout la forme plus ou moins dégradée et affaiblie de l'intelligence et de la liberté humaine. La nature n'avait fait que des choses, c'est-à-dire des êtres sans valeur. L'homme a métamorphosé les choses, et, en leur donnant sa forme, y a mis au moins l'empreinte de sa personnalité, les a élevées à des simulacres de liberté et d'intelligence, et par-là leur a communiqué une partie de la valeur qui réside en lui. Le monde primitif n'est qu'une base, une matière au travail de l'homme : toute la valeur première que l'analyse puisse lui laisser, est dans la possibilité que l'homme en fasse usage. C'est là sa plus noble destinée, comme la destinée de l'homme, j'entends, dans ses rapports avec le monde, est de s'assimiler le plus possible cette nature, de la métamorphoser, d'y déposer et d'y faire briller sans cesse davantage la liberté et l'intelligence dont il est doué. L'industrie, je me plais à le répéter, est le triomphe de l'homme sur la nature qui tendait à l'envahir et à la détruire, et qui elle-même recule devant lui, et se métamorphose entre ses mains; ce n'est pas moins que la création d'un nouveau monde par l'homme : elle n'a pas d'autres bornes que celles de la puissance de la pensée; sa fin est l'entière absorption de la nature dans l'humanité. L'économie politique explique le secret ou plutôt le détail de tout cela; elle suit les progrès de l'industrie, qui sont eux-mêmes attachés aux progrès des sciences mathématiques et physiques.

J'espère, Messieurs, qu'on ne m'accusera pas d'injustice envers les sciences mathématiques et physiques, envers l'industrie et l'économie politique? Je demande seulement s'il n'y a pas d'autres sciences que les mathématiques et la physique? N'y a-t-il pas d'autre pouvoir que celui de l'industrie? et l'économie politique épuise-t-elle toute notre capacité intellectuelle? Les mathématiques et la physique, l'industrie et l'économie politique ont un seul et même objet, l'utile. La question se change donc en celle-ci : l'utile est-il le seul besoin de notre nature, la seule idée à laquelle puissent se ramener toutes les idées qui sont dans l'intelligence, le seul côté par lequel l'homme considère toutes choses, et le seul caractère qu'il y reconnaisse? Non; c'est un fait, Messieurs, que, parmi toutes les actions qu'engendrent les relations si diverses des hommes entre eux, il en est qui, outre leur caractère d'utiles ou de nuisibles, nous en présentent encore un autre, celui d'être justes ou injustes : nouveau caractère aussi réel que le premier, et qui va produire de nouveaux résultats aussi certains que les premiers et plus admirables encore.

L'idée du juste est une des gloires de la nature humaine. L'homme l'aperçoit d'abord, mais il ne l'aperçoit que comme un éclair dans la nuit profonde des passions primitives; il la voit sans cesse violée, et à tout moment effacée par le désordre nécessaire des passions et des intérêts contraires. Ce qu'il a plu d'appeler la société naturelle, n'est qu'un état de guerre, où règne le droit du plus fort, et où l'idée de la justice n'intervient guère que pour être foulée aux pieds par la passion. Mais enfin cette idée frappe aussi l'esprit de l'homme; et elle répond si bien à ce qu'il y a de plus intime en lui, que peu à peu ce lui devient un besoin impérieux de la réaliser, et tout comme, auparavant, il avait formé une nature nouvelle sur l'idée de l'utile, de même ici, à la place de la société primitive, où tout était confondu, il crée une société nouvelle sur la base d'une seule idée, celle de la justice. La justice constituée, c'est l'État. La mission de l'Etat est de faire respecter la justice par la force, d'après cette idée, inhérente à celle de la justice, savoir que l'injustice doit être non-seulement réprimée, mais punie. De là, Messieurs, une société nouvelle, la société civile et politique, laquelle n'est pas moins que la justice en action, par le moyen de l'ordre légal que représente l'État. L'État ne tient aucun compte de l'infinie variété des élémens humains qui étaient aux prises dans la confusion et le chaos de la société naturelle; il n'embrasse pas l'homme tout entier; il ne le considère que par son rapport à l'idée du juste et de l'injuste, c'est-à-dire comme capable de commettre ou de recevoir une injustice, c'est-à-dire encore comme pouvant être entravé ou entraver les autres, soit par la fraude, soit par la violence, dans l'exercice de l'activité volontaire et libre, en tant que cette activité est elle-même inoffensive. De là, tous les devoirs et tous les droits légaux. Le seul droit légal est d'être respecté dans l'exercice paisible de la liberté; le seul devoir (j'entends dans l'ordre civil) est de respecter la liberté des autres. La justice n'est que cela; la justice, c'est le maintien de la liberté réciproque. L'État ne limite donc pas la liberté, comme on le dit, il la développe et l'assure. De plus, dans la société primitive, tous les hommes sont nécessairement inégaux, par leurs besoins, leurs sentimens, leurs facultés physiques, intellectuelles et morales; mais devant l'État, qui ne considère les hommes que comme des personnes, comme des êtres libres, tous les hommes sont égaux, la liberté étant égale à elle-même, et le type unique et la seule mesure de l'égalité, qui, hors de là, n'est qu'une ressemblance, c'est-à-dire une diversité. L'égalité, attribut fondamental de la liberté, fait donc, avec cette même liberté, la base de l'ordre légal et de ce monde politique, qui, dans les rapports des hommes entre eux, est une création du génie de l'homme, plus merveilleuse encore que le monde actuel de l'industrie, relativement au monde primitif de la nature.

Eh bien! Messieurs, l'intelligence humaine va encore au-delà. C'est encore un fait incontestable que, dans l'infinie variété des objets extérieurs et des actes humains, il en est qui ne nous apparaissent pas seulement comme utiles ou nuisibles, comme justes ou injustes, mais comme beaux ou laids. L'idée du beau est aussi inhérente à l'esprit humain que celle de l'utile et celle du juste. Interrogez-vous devant une mer vaste et tranquille, devant des montagnes aux contours harmonieux, devant la figure mâle ou gracieuse de l'homme ou de la femme, devant un trait de dévouement héroïque. Une fois frappé de l'idée du beau, l'homme s'en empare, la dégage, l'étend, la développe, la purifie dans sa pensée, et, à l'aide de cette idée que lui ont suggérée les objets extérieurs, il examine de nouveau ces mêmes objets, et il les trouve, à une seconde vue, inférieurs, par quelque côté, à l'idée qu'ils lui avaient suggérée. Tout comme les forces bienfaisantes de la nature ne nous apparaissent d'abord que mêlées à des phénomènes effrayans ou désastreux, qui les cachent à nos regards, et que la justice et la vertu ne sont que des éclairs fugitifs dans le chaos de la société primitive; de même, dans le monde des formes, la beauté ne se montre que d'une manière qui, en nous la révélant, la voile et la défigure. Quel simulacre obscur, équivoque, incomplet, de l'idée de l'infini, qu'une vaste mer, une haute montagne, c'est-à-dire un grand volume d'eau et un amas de pierres! Le plus bel objet du monde a ses défauts; la plus charmante figure a ses taches. Par combien de tristes détails ne tient-elle pas encore à la matière! L'héroïsme lui-même, la plus grande et la plus pure de toutes les beautés, l'héroïsme, vu de près, a ses misères. Tout ce qui est réel est mélangé et imparfait. Toute beauté réelle, quelle qu'elle soit, pâlit devant l'idéal de beauté qu'elle révèle. Que fait donc l'homme? Ce qu'il fait, Messieurs? Après avoir renouvelé la nature et la société primitive par l'industrie et les lois, il refait les objets qui lui avaient donné l'idée du beau sur cette idée même, et les refait plus beaux encore. Au lieu de s'arrêter à la contemplation stérile de l'idéal, il crée, pour cet idéal, une nature nouvelle qui réfléchit la beauté d'une manière beaucoup plus transparente que la nature primitive. La beauté de l'art est supérieure à la beauté naturelle de toute la supériorité de l'homme sur la nature. Et il ne faut pas dire que cette beauté n'est qu'une chimère, car la plus haute vérité est dans la pensée; ce qui réfléchit le mieux la pensée est ce qu'il y a de plus vrai, et les ouvrages de l'art sont, par-là, bien plus vrais que ceux de la nature. Le monde de l'art est tout aussi vrai que le monde politique et le monde de l'industrie. Comme les deux autres, il est l'œuvre de l'intelligence et de la liberté de l'homme, travaillant ici sur une nature rebelle et sur des passions effrénées, là sur des beautés grossières.

Imaginez un être qui eût assisté aux premiers jours de l'Univers et de la vie humaine, qui eût vu la surface extérieure de la terre au sortir des mains de la nature, et toutes les beautés de ces anciens jours; qui eût vu les belles formes que présentait la nature, entendu les beaux sons qu'elle rendait alors; un être, en un mot, qui eût assisté au spectacle du monde primitif, et qui reviendrait aujourd'hui, au milieu des prodiges de notre industrie, de nos institutions et de nos arts, ne lui semblerait-il pas, dans son étonnement de ne pouvoir plus reconnaître l'ancienne demeure de l'homme, qu'une race supérieure a passé sur la terre et l'a métamorphosée?

Eh bien! Messieurs, ce monde ainsi métamorphosé par la puissance de l'homme, cette nature qu'il a refaite à son image, cette société qu'il a ordonnée sur la règle du juste, ces merveilles de l'art dont il a enchanté sa vie, ne suffisent point à l'homme. Sa pensée s'élance au-delà et derrière ce monde, qu'il embellit et qu'il ordonne; l'homme, tout puissant qu'il est, conçoit et ne peut ne pas concevoir une puissance supérieure à la sienne et à celle de la nature, une puissance qui sans doute ne se manifeste que par ses œuvres, c'est-à-dire par la nature et par l'humanité, qu'on ne contemple que dans ses œuvres, qu'on ne conçoit qu'en rapport avec ses œuvres, mais toujours avec la réserve de la supériorité d'essence et de l'absolue omnipotence. Enchaîné dans les limites du monde, l'homme ne voit rien qu'à travers ce monde, et sous les formes de ce monde ; mais, à travers ces formes et sous ces formes mêmes, il suppose irrésistiblement quelque chose qui est pour lui la substance, la cause et le modèle de toutes les forces et de toutes les perfections, qu'il aperçoit et dans lui-même et dans le monde. En un mot, par-delà le monde de l'industrie, le monde politique et celui de l'art, l'homme conçoit Dieu. Le dieu de l'humanité n'est pas plus séparé du monde qu'il n'est concentré dans le monde. Un dieu sans monde est pour l'homme comme s'il n'était pas ; un monde sans dieu est une énigme incompréhensible à sa pensée, et pour son cœur un poids accablant.

L'intuition de Dieu, distinct en soi du monde, mais y faisant son apparition, est la religion naturelle. Mais, comme l'homme ne s'était pas arrêté au monde primitif, à la société primitive, aux beautés naturelles, il ne s'arrête pas non plus à la religion naturelle. En effet, la religion naturelle, c'est-à-dire l'instinct de la pensée qui s'élance jusqu'à Dieu à travers le monde, n'est qu'un éclair merveilleux, mais fugitif dans la vie de l'homme naturel; cet éclair illumine son âme, comme l'idée du beau, l'idée du juste, l'idée de l'utile. Mais, dans ce monde, tout tend à obscurcir, à distraire, à égarer le sentiment religieux. Que fait donc l'homme? Il fait ici ce qu'il a fait précédemment; il crée, à l'usage de l'idée nouvelle qui le domine, un autre monde que celui de la nature, un monde dans lequel, faisant abstraction de toute autre chose, il n'aperçoit plus que son caractère divin, c'est-à-dire son rapport avec Dieu. Le monde de la religion, Messieurs, c'est le culte. En vérité, c'est un sentiment religieux bien impuissant que celui qui s'arrêterait à une contemplation rare, vague et stérile. Il est de l'essence de tout ce qui est fort de se développer, de se réaliser. Le culte est donc le développement, la réalisation du sentiment religieux, non sa limitation. Le culte est à la religion naturelle ce que l'art est à la beauté naturelle, ce que l'état est à la société primitive, ce que le monde de l'industrie est à celui de la nature. Le triomphe de l'intuition religieuse est dans la création du culte, comme le triomphe de l'idée du beau est dans la création de l'art, comme celui de l'idée du juste est dans la création de l'Etat. Le culte est infiniment supérieur au monde ordinaire en ce que, 1° il n'a d'autre destination que celle de rappeler Dieu à l'homme, tandis que la nature extérieure, outre son rapport à Dieu, en a beaucoup d'autres qui distraient sans cesse la faible humanité de la vue de celui-là; 2° parce qu'il est infiniment plus clair, comme représentation des choses divines; 3° parce qu'il est permanent, tandis qu'à chaque instant, à nos mobiles regards, le caractère divin du monde s'affaiblit ou s'éclipse tout-à-fait. Le culte, par sa spécialité, par sa clarté, par sa permanence, rappelle l'homme à Dieu mille fois mieux que ne le fait le monde. C'est une victoire sur la vie vulgaire plus haute encore que celle de l'industrie, de l'État et de l'art.

Mais, Messieurs, à quelle condition le culte rappelle-t-il efficacement l'homme à son auteur? A la condition inhérente à tout culte, de présenter ces rapports si obscurs de l'humanité et du monde à Dieu sous des formes extérieures, sous de vives images, sous des symboles. Parvenue là, sans doute l'humanité est arrivée bien haut; mais a-t-elle atteint sa borne infranchissable? Toute vérité, c'est-à-dire, ici, tous les rapports de l'homme et du monde à Dieu sont déposés, je le crois, dans les symboles sacrés de la religion. Mais la pensée peut-elle s'arrêter à des symboles? L'enthousiasme, après avoir entrevu Dieu dans ce monde, crée le culte, et dans le culte entrevoit Dieu encore. La foi s'attache aux symboles; elle y contemple ce qui n'y est pas, ou du moins ce qui n'y est que d'une manière indirecte et détournée : c'est là précisément la grandeur de la foi, de reconnaître Dieu dans ce qui visiblement ne le contient pas. Mais l'enthousiasme et la foi ne sont pas, ne peuvent pas être les derniers degrés du développement de l'intelligence humaine. En présence du symbole, l'homme, après l'avoir adoré, éprouve le besoin de s'en rendre compte. Se rendre compte, Messieurs, se rendre compte, c'est une parole bien grave que je prononce. A quelles conditions, en effet, se rend-on compte? A une seule : c'est de décomposer ce dont on veut se rendre compte; c'est de le transformer en pures conceptions que l'esprit examine ensuite, et sur la vérité ou la fausseté desquelles il prononce. Ainsi, à l'enthousiasme et à la foi succède la réflexion. Or, si l'enthousiasme et la foi ont pour langue naturelle la poésie et s'exhalent en hymnes, la réflexion a pour instrument la dialectique; et nous voilà, Messieurs, dans un tout autre monde que celui du symbolisme et du culte. Le jour où un homme a réfléchi, ce jour-là la philosophie a été créée. La philosophie n'est pas autre chose que la réflexion en grand, la réflexion avec le cortége des procédés qui lui sont propres, la réflexion élevée au rang et à l'autorité d'une méthode. La philosophie n'est guère qu'une méthode; il n'y a peut-être aucune vérité qui lui appartienne exclusivement, mais elles lui appartiennent toutes, à ce titre qu'elle seule peut en rendre compte, leur imposer l'épreuve de l'examen et de l'analyse, et les convertir en idées.

Les idées sont la pensée sous sa forme naturelle. Les idées peuvent être vraies ou fausses; on les rectifie, on les développe, etc.; mais enfin elles ont cela de propre, d'avoir un sens immédiat pour la pensée, et de n'avoir pas besoin, pour être comprises, d'autre chose que d'elles-mêmes. Dans certains cas, elles peuvent avoir besoin d'être présentées dans un certain ordre;

mais leurs combinaisons ne changent rien à leur nature; elles ont des degrés divers; mais, à leur plus bas degré comme à leur plus haut, elles conservent toujours leur caractère, qui est d'être la forme adéquate de la pensée, c'est-à-dire la pensée elle-même, se comprenant et se connaissant. Or, la pensée ne se comprend qu'avec elle-même, comme, au fond, elle ne comprend jamais qu'elle-même. Ce n'était qu'elle encore qu'elle comprenait dans les sphères inférieures que nous avons parcourues ; mais elle se comprenait mal, parce qu'elle s'y apercevait sous une forme plus ou moins infidèle ; elle ne se comprend bien qu'en se ressaisissant elle-même, en se prenant elle-même comme objet de sa pensée.

Arrivée là, elle est arrivée à sa limite. En effet, elle ne peut pas se dépasser elle-même, car avec quoi la pensée se surpasserait-elle? Ce ne pourrait être encore qu'avec elle-même.

La pensée ne peut donc dépasser la limite que nous venons de poser; mais elle tend nécessairement à l'atteindre; elle aspire à se saisir, à s'étudier sous sa forme essentielle : tant qu'elle n'est pas parvenue jusque-là, son développement est incomplet. La philosophie est ce complet développement de la pensée. Sans doute il y a de mauvaises comme de bonnes philosophies, comme il y a des cultes différens ; comme il y a des ouvrages d'art et des Etats défectueux ; comme il y a de mauvais systèmes industriels et de mauvais systèmes de physique. Mais la philosophie, comme philosophie, n'en est pas moins, aussi bien que la religion, l'art, l'État, l'industrie et les sciences, un besoin spécial et réel de l'intelligence, un résultat nécessaire qui ne vient pas et ne dépend pas du génie de tel ou tel homme, mais du génie même de l'humanité, du développement progressif des facultés dont elle a été douée. Que ceux que la philosophie blesse, Messieurs, ne l'accusent pas; qu'ils accusent l'humanité et celui qui l'a faite; mais plutôt, Messieurs, félicitons-nous d'appartenir à une race privilégiée, si merveilleusement douée, qu'en elle la pensée peut aller jusqu'à se saisir elle-même, et à n'apercevoir plus qu'elle partout et toujours.

Les idées, Messieurs, voilà les seuls objets propres de la philosophie, voilà le monde du philosophe. Et n'allez pas croire que les idées représentent quelque autre chose, et que c'est par leur ressemblance avec ce qu'elles sont destinées à représenter, que nous leur prêtons créance. Les idées, on l'a démontré, ne représentent rien, absolument rien qu'elles-mêmes. Il implique que l'invisible représente quelque chose. Les idées n'ont qu'un seul caractère, c'est d'être intelligibles; j'ajoute même qu'il n'y a d'intelligible que les idées; que ce sont toujours elles qui, souvent à notre insu, sous telle ou telle forme, entraînent notre assentiment. La philosophie est le culte des idées et des idées seules; elle est la dernière victoire de la pensée sur toute forme et tout élément étranger; elle est le plus haut degré de la liberté de l'intelligence. L'industrie était déjà un affranchissement de la nature; l'État un affranchissement plus grand; l'art un nouveau progrès; la religion un progrès plus sublime encore : la philosophie est le dernier affranchissement, le dernier progrès de la pensée.

Cherchez en effet, Messieurs, à déranger l'ordre dans lequel je vous ai successivement présenté les différentes sphères que nous avons parcourues, vous ne le pourrez pas. Sans l'industrie, sans une certaine sécurité du côté du monde extérieur, sans l'État, sans l'assujétissement des passions primitives au joug des lois, tout exercice régulier de la pensée est absolument impossible. Il implique aussi que la réflexion ait précédé l'enthousiasme, et que la philosophie ait devancé l'art. L'artiste ne doit pas avoir son secret; il ne devient philosophe qu'en cessant d'être artiste. Il en est de même de la religion; dans ses saintes images, dans ses augustes enseignemens, elle contient toute vérité; aucune ne lui manque; mais toutes y sont sous un demi-jour mystérieux. C'est par la foi que la religion s'attache à ses objets, c'est la foi qu'elle provoque; c'est à la foi qu'elle s'adresse, c'est ce mérite de la foi qu'elle veut obtenir de l'humanité; et c'est en effet un mérite, c'est une vertu de l'humanité de pouvoir croire à ce qu'elle ne voit pas dans ce qu'elle voit. Mais il implique que l'analyse et la dialectique ait précédé les symboles et les mystères. La forme rationnelle est nécessairement la dernière de toutes.

Cette forme est aussi la plus claire. Sans doute les idées sont obscures aux sens, à l'imagination et à l'âme : les sens ne voient que les objets extérieurs auxquels ils se prennent; l'imagination a besoin de représentations, l'âme de sentimens. Mais si toute lumière apparente est là, il n'y a même là d'évidence qu'à condition que, dans l'intérieur de la pensée, il y ait une autre évidence qui garantisse la première. Seulement, dans ce cas, l'évidence intérieure est faible; elle n'arrive pas à la conscience d'elle-même; tandis que l'évidence philosophique, qui naît de la réflexion, est et se sait comme la dernière évidence, comme l'unique autorité. La philosophie est donc la lumière de toutes les lumières, l'autorité des autorités. En effet, ceux qui veulent imposer à la philosophie et à la pensée une autorité supérieure, ne songent pas que de deux choses l'une : ou la pensée ne comprend pas cette autorité, et alors cette autorité est pour elle comme si elle n'était pas; ou elle la comprend, elle s'en fait une idée, et l'accepte à ce titre, et alors c'est elle-même qu'elle prend pour mesure, pour règle, pour autorité dernière. Après avoir ainsi proclamé la suprématie de la philosophie, hâtons-nous d'ajouter qu'elle est essentiellement tolérante. En effet, la philosophie est l'intelligence absolue, l'explication absolue de toutes choses. De quoi donc pourrait-elle être ennemie? La philosophie ne combat pas l'industrie, mais elle la comprend, et elle la rapporte à des principes qui dominent ceux que l'industrie et l'économie politique avouent. La philosophie ne combat pas la jurisprudence; mais elle l'élève à une sphère supérieure; elle fait l'esprit des lois. La philosophie ne coupe point à l'art ses ailes divines, mais elle le suit dans son vol, mesure sa portée et son but. Sœur de la religion, elle puise dans un commerce intime avec elle des inspirations puissantes; elle met à profit ses saintes images et ses grands enseignemens, mais en même temps elle convertit les vérités qui lui sont offertes par la religion dans sa propre substance et dans sa propre forme; elle ne détruit pas la foi; elle l'éclaire et la féconde, et l'élève doucement du demi-jour du symbole à la grande lumière de la pensée pure.

Messieurs, tous les besoins que nous avons passés en revue sont également spéciaux, également certains, également nécessaires, et ils forment, dans leur simultanéité, un ensemble qui est en quelque sorte l'âme entière de l'humanité. Mais c'est la force même de chacun de ces besoins de tendre à se réaliser séparément, et ils le font. Ordinairement, trop ordinairement, la philosophie, la religion, l'art, l'État, l'industrie, sont aux prises. La vraie philosophie embrasse à la fois et la religion, et l'art, et l'État, et l'industrie; elle n'est point exclusive; elle doit, au contraire, tout concilier et tout rapprocher.

J'espère, Messieurs, que de cette chaire ne descendront jamais des paroles ennemies, exclusives de quoi que ce soit de beau et de bon. Il est temps que la philosophie, au lieu de former un parti dans l'espèce humaine, domine tous les partis : ce sera là, j'espère, l'esprit de cet enseignement; c'est là le caractère nouveau que la philosophie française doit recevoir des mains de la civilisation du dix-neuvième siècle.

Jeunes gens, qui vous proposez de fréquenter ces leçons, aimez tout ce qui est bon, tout ce qui est beau, tout ce qui est honnête : c'est là la base de toute philosophie. La philosophie, en s'y ajoutant, y mettra sa forme : elle ne détruira rien. Suivez avec intérêt le mouvement général des sciences physiques et de l'industrie; donnez-vous-y le spectacle instructif de la liberté et de l'intelligence humaine, marchant de jour en jour à la conquête et à la domination du monde sensible; étudiez les lois de notre grande patrie; puisez dans cette étude, avec l'amour de ces lois glorieuses, celui des princes qui nous les ont données et qui les maintiennent; puisez à la source des arts et des lettres l'enthousiasme de tout ce qui est beau. Nourris dans le sein du christianisme, préparés par ses nobles enseignemens à la philosophie, arrivés ainsi au faîte de vos études antérieures, vous trouverez dans la vraie philosophie, avec l'intelligence et l'explication de toutes choses, une paix supérieure et inaltérable. Ne rien exclure, tout accepter, tout comprendre, encore une fois, c'est là le propre du temps; que ce soit là le caractère honorable de la jeunesse française. Je tâcherai de n'en pas être un maître infidèle.

Messieurs, j'ai essayé, dans cette leçon, de faire voir que la philosophie est un besoin spécial, certain, permanent, indestructible de l'esprit humain : je l'ai démontré par un examen rapide des besoins fondamentaux de l'esprit humain. Dans la prochaine leçon, je compte le démontrer par une autre voie : je considérerai l'esprit humain dans son image visible, l'histoire; et j'espère, Messieurs, vous démontrer par l'histoire, que la philosophie, étant un besoin inhérent à l'esprit humain, n'a manqué par conséquent à aucune époque de l'humanité, et l'a accompagnée dans le cours entier de son développement. Ce sera le sujet de ma prochaine leçon.

2ᵉ LEÇON. 24 AVRIL 1828.

COURS

DE L'HISTOIRE

DE

LA PHILOSOPHIE.

MESSIEURS,

Dans ma dernière leçon, j'ai essayé d'absoudre la philosophie : je me suis proposé de prouver que la philosophie n'était pas le rêve de quelques hommes, mais le développement nécessaire d'un besoin fondamental de la nature humaine. J'ai donc interrogé la nature humaine ; j'ai passé en revue tous les besoins qui la constituent, toutes les idées générales qui président à son développement, savoir, l'idée de l'utile, l'idée du juste, l'idée du beau, l'idée du saint et du divin, et par delà j'ai trouvé encore l'idée du vrai, du vrai en soi, pris non plus à tel ou tel degré et dans ses formes inférieures, mais à son degré le plus élevé, sous sa forme la plus pure, celle que la pensée, dans son vol le plus libre, ne peut pas dépasser, parce que cette forme est précisément la forme essentielle et adéquate de la pensée. J'ai établi, 1° que ces diverses idées sont non des illusions, mais des faits, des faits qui nous sont attestés par l'autorité de la conscience, et qui par conséquent peuvent être regardés comme des élémens réels de la nature humaine; 2° qu'il n'y a pas d'autres élémens, qu'il n'y en a pas plus que ceux que nous avons signalés, et que ceux-là épuisent la capacité de la nature humaine; 3° qu'il n'y en a pas moins, c'est-à-dire qu'ils sont simples, indécomposables, irréductibles les uns aux autres; 4° que s'ils ne sont pas contemporains les uns des autres, ils sont simultanés, et, une fois formés, coexistent ensemble, sans pouvoir se détruire, et constituent l'essence et le fond éternel de l'humanité; 5° que dans l'ordre de leur développement l'élément philosophique vient nécessairement le dernier; 6° que l'élément philosophique est supérieur à tous les autres; supérieur en ce que sous son obcsurité apparente il cache toute vraie lumière; en ce que, tout spécial qu'il est, il s'étend à tous les autres et les embrasse tous; en ce qu'enfin en les embrassant il les domine et les domine parce qu'il les explique, sans pouvoir être expliqué par aucun d'eux, sans pouvoir être expliqué par autre chose que par lui-même.

Tels sont les résultats qu'un examen rapide de la nature humaine nous a donnés. Pour obtenir ces résultats, Messieurs, qu'avons-nous fait? Nous avons observé, décrit, compté les faits réels que nous avons trouvés dans l'ame, sans en omettre ni en supposer aucun; puis nous avons observé leurs rapports, leurs rapports de ressemblance et de dissemblance, enfin nous les avons classés par ces rapports. C'est là l'analyse appliquée à l'âme, c'est-à-dire l'analyse psycologique. Je pense que les résultats qu'elle nous a donnés dans la dernière leçon ne peuvent pas être contestés; mais, Messieurs, ont-ils toute l'évidence désirable? La méthode psycologique est la conquête de la philosophie elle-même; cette méthode a déjà aujourd'hui et prendra chaque jour davantage un rang et une autorité incontestée dans la science; mais à cette méthode n'est-il pas possible d'en joindre une autre, non pas plus certaine, mais plus lumineuse, qui, sans dominer la première, la confirme? je m'explique. Qu'est-ce que l'analyse psycologique? c'est l'observation lente, patiente, minutieuse de faits cachés dans le fond de la nature humaine, à l'aide de la conscience. Ces faits sont compliqués, fugitifs, obscurs, presque insaisissables par leur intimité même; la conscience qui s'y applique est un instrument d'une délicatesse extrême : c'est un microscope appliqué à des infinimens petits. Mais, Messieurs, si la nature humaine se manifeste dans l'individu, elle se manifeste aussi dans l'espèce. Et, qu'y a-t-il dans l'espèce? sinon les mêmes élémens que dans l'individu, avec cette différence qu'ils y sont développés sur une plus grande échelle, et que, par conséquent ils y sont plus visibles? Le développement de l'espèce humaine dans l'espace et le temps, c'est l'histoire. Je dis le développement; car il n'y a point d'histoire de ce qui ne se développe point. Et quelle est l'idée impliquée dans celle de développement? l'idée de progrès. Toute histoire implique donc un développement, une marche progressive. Qu'est-ce maintenant que le déve loppement progressif de l'espèce humaine dans l'histoire? la civilisation. Autant il y a d'élémens dans la nature humaine et dans l'individu, autant il y en a dans l'espèce, autant en développent l'histoire et la civilisation. Il répugne, et on l'a dit ici beaucoup mieux que je ne puis le redire, il répugne que l'on caractérise la civilisation par tel ou tel point de vue particulier. La caractériser par un point de vue exclusif, quel qu'il soit, c'est vouloir, Messieurs, que la civilisation ne réfléchisse pas l'humanité tout entière : ou, si l'on est conséquent, ce n'est pas moins que mutiler un des côtés de la nature humaine. L'unité de la civilisation est dans l'unité de la nature humaine; ses variétés dans la variété des élémens de l'humanité. Tout ce qui est dans la nature humaine passe donc dans le mouvement de la civilisation; je dis tout ce qui est fondamental dans la nature humaine; car, Messieurs, c'est la vertu de l'histoire d'emporter tout ce qui n'est pas nécessaire, essentiel et fondamental. Il n'appartient qu'à ce qui est vrai de subsister et de laisser de soi une certaine mémoire. Ce qui n'est qu'individuel brille un jour et s'éteint à jamais, ou s'arrête à la biographie. Rien ne dure que ce qui est nécessaire : et l'histoire ne s'occupe que de ce qui dure, que de ce qui en durant s'organise, se développe, et arrive à l'existence historique. Ainsi, comme la nature humaine est la matière et la base de l'histoire, l'histoire est pour ainsi dire le juge de la nature humaine, et l'analyse historique est la contre-épreuve décisive de l'analyse psycologique. Par exemple, si par l'analyse psycologique vous aviez trouvé un élément humain dans la conscience individuelle que vous ne retrouviez pas dans l'histoire, c'est-à-dire qui n'eût pas été développé par l'espèce entière pendant deux, trois, quatre mille ans, je vous conseillerais fort de douter de la réalité de cet élément; ou si vous trouviez dans l'histoire un élément que ne vous eût pas donné l'analyse psycologique, je vous conseillerais de recommencer cette analyse. En un mot, la certitude de l'observation intérieure précède celle de l'histoire, mais la certitude de l'histoire est une garantie de la première : l'histoire est la représentation en grand de la nature humaine; et ce qui s'aperçoit à peine dans la conscience, reluit dans l'histoire en caractères éclatans.

Après avoir interrogé l'une, je viens interroger l'autre. J'ai essayé de vous démontrer dans ma dernière leçon que la philosophie avait une existence réelle et incontestable dans la conscience : je viens aujourd'hui rechercher si la philosophie a eu une existence historique : car si la philosophie n'a pas encore été depuis trois ou quatre mille ans, elle court le risque de n'être jamais. Mais si nous trouvons que dans l'histoire, dans le progrès de la civilisation, la philosophie a toujours eu son existence comme tous les autres élémens de la nature humaine; si là, Messieurs, elle se développe exactement de la même manière que dans la conscience, si elle y soutient avec les autres élémens de la civilisation le même rapport que nous l'avons vue soutenir avec les autres élémens de la conscience, alors, Messieurs, nous serons certains que nous n'agitons pas des chimères, nous nous sentirons dans toutes nos démarches ultérieures sur un terrain solide : nous aurons pour nous les faits intérieurs et les faits extérieurs. Or la vérité absolue est l'identité de ces deux ordres de vérités.

Recherchons donc si jusqu'ici la philosophie a eu quelque existence historique, et quelle a été cette existence.

Vous n'attendez pas que je vous fasse ici un tableau de la civilisation ; je cherche seulement si dans un coin de ce tableau je ne trouverai pas la philosophie : je ne considère la civilisation que par ce côté. Mais par où commencer ? Je me permettrai, Messieurs, de commencer l'histoire par l'histoire. Ordinairement on commence l'histoire par des hypothèses : on cherche l'histoire des religions ou des sociétés, par exemple, dans l'état sauvage, dans des états que la critique historique ne peut atteindre; c'est dans ces ténèbres antérieures à toute histoire qu'on cherche la lumière qui doit éclairer l'histoire réelle de la civilisation. Je ferai tout autrement, Messieurs ; je partirai de ce qui est pour aller à ce qui était auparavant, pour aller enfin jusqu'à ce qui fut d'abord, et au delà de quoi l'histoire et la critique ne nous fournissent aucun monument. Ainsi l'histoire moderne, Messieurs, d'où vient-elle ? Il est clair qu'elle a quelque chose avant elle, et je n'ai pas besoin d'insister pour montrer que ses racines bien réelles et bien connues sont dans le monde grec et romain : tous les témoignages déposent de cette filiation. Et ce monde de l'antiquité classique ne présuppose-t-il pas un monde antérieur ? N'est-il pas évident qu'avant le monde grec et romain, il y avait un monde encore qu'a traversé l'humanité avant d'arriver à la Grèce et à Rome? Il est parfaitement connu que si les racines du monde moderne sont dans l'antiquité classique, celles de l'antiquité classique sont sur les côtes de l'Égypte, dans les plaines de la Perse et sur les hauteurs de l'Asie centrale. Il est évident, en un mot, que l'Orient a précédé la Grèce. Les témoignages portent jusque là; portent-ils au delà? et qui de nous a des mémoires secrets sur ce qui fut avant l'Orient? Je déclare, pour ma part, que je ne connais pas une autre civilisation antérieure à celle-là. C'est donc par celle-là qu'il faut débuter. Hé bien, Messieurs, y a-t-il eu ou n'y a-t-il pas eu de la philosophie dans l'Orient?

Le monde oriental est vaste; il renferme bien des parties diverses qu'il ne faut pas confondre les unes avec les autres, et qui, dans leur diversité, constituent la vie totale du monde oriental. Mais enfin toutes ces diversités ont leur harmonie; et le monde oriental, pris en masse, a son caractère fondamental: ce caractère, c'est l'unité. Tous les élémens de la nature humaine sont dans l'Orient, et y sont, Messieurs, dans des proportions colossales, mais indistincts, dépendants les uns des autres, enveloppés les uns dans les autres. L'état d'enveloppement de toutes les parties de la nature humaine, tel est le caractère de l'Orient. C'est celui de l'enfance organique de l'individu: c'est aussi nécessairement celui de l'enfance de l'espèce humaine. En effet, Messieurs, ni l'industrie ni l'art n'ont manqué à l'Orient. Rappelez-vous ici Babylone et Persépolis; là, non seulement les pyramides, mais les temples de la Haute-Égypte, Saïs et Thèbes; enfin, tous les monumens gigantesque du Haut-Orient. Les lois n'ont pas alors manqué davantage; elles ont si peu manqué à l'espèce humaine dans l'Orient, que sous ces lois l'espèce humaine a fort peu remué. L'idée de la religion est comme l'idée centrale de l'Orient; art, état, industrie, tout s'est formé autour de la religion, pour la religion, par la religion. Aussi examinez les arts de l'Orient, vous ne leur trouverez jamais un but ou un caractère individuel. L'État est une Théocratie avouée : toutes les lois civiles et politiques sont en même temps des lois religieuses; et l'industrie est si bien au service ou sous la domination de la religion, que des codes à la fois politiques et religieux lui tracent d'avance et ses procédés et ses limites.

Dans un monde tel que celui-là, quelle existence pouvait avoir la philosophie? Elle devait nécessairement subir la condition commune, être enveloppée dans les autres élémens que nous avons signalés, et particulièrement dans celui de ces élémens qui dominait tous les autres, c'est-à-dire l'élément religieux.

La philosophie a été en général dans l'Orient le reflet de la religion. Il va sans dire que dans l'Égypte et dans la Perse, la philosophie n'a pas eu d'existence indépendante. Ces deux grandes contrées ont laissé plus de monumens figurés que de monumens écrits, témoignage certain du degré de civilisation auquel elles étaient arrivées, et de la dépendance étroite où la pensée y était encore de sa forme extérieure. Dans l'Inde, il est vrai, plus d'indépendance se manifeste. Cependant, toute la philosophie indienne ne me paraît guère qu'une interprétation plus ou moins libre des livres religieux de l'Inde. Il est avoué aujourd'hui que tous les systèmes philosophiques indiens se divisent en deux grandes classes, les systèmes orthodoxes et les systèmes hétérodoxes, c'est-à-dire que devant la philosophie étaient toujours les Védas, base de toute vérité, autorité des autorités, lumière des lumières, et que l'esprit humain n'avait guère d'autre ambition que celle d'entendre plus ou moins exactement les Védas. Plus tard, sans doute, après la réforme bouddiste, et particulièrement en Chine, la philosophie s'est détachée bien davantage de la religion. La Chine semble comme un monde à part dans l'Orient. Mais comme les monumens bouddistes indiens et chinois sont encore peu connus en Europe, ou que du moins ils ne sont pas dans la circulation des profanes et des philosophes, en attendant que M. Abel-Remusat ait publié son grand ouvrage de l'histoire de la religion et de la philosophie bouddistes, je suis forcé de m'en tenir aux données qui sont dans mes mains, et ces données scrupuleusement examinées me paraissent manifester en général un caractère symbolique et religieux sous lequel je reconnais un commencement de philosophie.

Si dans le monde de l'Orient la condition de l'existence de tous les élémens de la nature humaine était leur enveloppement, il suit que la philosophie devait être soumise à cette condition; et en même temps comme là aussi était la nature humaine tout entière, et que la philosophie a sa place dans la nature humaine, elle l'a eue aussi dans l'Orient; seulement cette place a été ce qu'elle devait être, grande en apparence, en réalité assez petite. Voilà pourquoi on peut porter sur l'Orient deux jugemens bien contraires. L'homme habitué à l'analyse moderne, en jetant les yeux sur les monumens figurés ou même écrits qui nous restent de l'Orient, frappé de ce caractère symbolique qui éclate partout, et que nous n'avons pas encore parfaitement déchiffré, n'y comprenant pas grand'chose, est tenté de regarder tout cet appareil symbolique comme le produit d'une imagination grande, il est vrai, mais démesurée et extravagante; et on taxe d'abord ce vieil Orient de n'être qu'un amas de superstitions ridicules. On ne songe pas que dans l'Orient il y avait aussi des hommes, et que, toutes les fois qu'on fait ainsi le procès à une civilisation qui a duré si long-temps et qui dure encore, on fait le procès à un long âge de l'histoire de l'espèce humaine. D'une autre part, quand on lit avec attention les monumens poétiques et philosophiques de l'Orient, surtout ceux de l'Inde, qui commencent à se répandre en Europe, on y découvre tant de vérités, et des vérités si profondes, et qui font un tel contraste avec la mesquinerie des résultats auxquels dans ces derniers temps s'est arrêté le génie européen, qu'on est tenté de se mettre à genoux devant le génie de l'Orient, et de voir dans ce berceau du genre humain la patrie de la plus haute philosophie. C'est encore une erreur : autre chose est la vérité, autre chose est la philosophie; c'est dans cette distinction, Messieurs, qu'est toute vraie intelligence de l'ame et de l'histoire. Non seulement aucune époque de l'humanité, mais pas même un seul individu, le premier pas plus que le dernier, n'a été déshérité de la vérité. En effet, si vous supposez que le dernier seul l'a eue, vous élevez un problème terrible qu'il n'est plus en votre pouvoir de résoudre. Que ferez-vous du premier ? tuez-le ou mettez-le en rapport avec son espèce. Pourquoi n'aurait-il pas eu la même vérité que les dernières générations auraient conquise ? Est-ce sa faute s'il est venu le premier? Pourquoi donc la vérité, et par vérité je n'entends pas telle ou telle conception plus ou moins intéressante, mais les conceptions les plus essentielles ; pourquoi, dis-je, ces vérités nécessaires lui auraient-elles manqué? Non, Messieurs, elles ne lui ont pas manqué, le premier homme les a possédées tout aussi bien que le dernier venu dans l'espèce humaine, mais non pas de la même manière. Il n'y a point de privilége, il n'y a point de castes dans l'espèce humaine. L'homme est égal à l'homme, et la seule différence qui existe, et qui puisse exister d'homme à homme, c'est la différence du plus au moins, c'est-à-dire la différence de la forme. Un pâtre, le dernier des pâtres, en sait autant que Leibnitz sur lui-même, sur le monde et sur Dieu, et sur leur rapport; mais il n'a pas le secret et l'explication dernière de son savoir; il ne s'en rend pas compte, il ne le possède pas sous cette forme supérieure de la pensée qu'on appelle la philosophie. Il en est de même de l'Orient. Quoique la philosophie indépendante, je le répète hautement, ne lui ait point manqué, cependant on peut dire qu'il n'a point été donné à la première époque de la civilisation de posséder la vérité sous cette forme libre et philosophique qui était réservée à la seconde.

Dans l'Orient, tout est enveloppé; la philosophie y a son existence, comme tous les autres élémens de l'humanité, mais sous la condition de l'enveloppement; c'est là le caractère général de son existence, quoiqu'avec des symptômes graves et des commencemens de séparation. Ce qui était enveloppé était destiné à se développer. Le monde fait un pas. La civilisation descend du centre de l'Asie à travers les plaines de l'Asie-Mineure et du Nil, dans cet admirable bassin de la Méditerranée, et sur les côtes de la Grèce. La Méditerranée et la Grèce sont l'empire de la liberté et du mouvement, comme le haut plateau du monde Indo-Chinois est l'empire de l'immobilité et du despotisme. Je dis de l'immobilité et du despotisme et sans colère. Il fallait bien que le berceau du monde fût ferme et fixe, pour pouvoir porter tous les développemens ultérieurs de la civilisation humaine. Fille d'un progrès, la Grèce est elle-même nécessairement progressive ; c'est le premier pas de la civilisation : avec elle commence la liberté sur une grande échelle. En Grèce tous les élémens de la nature humaine sont comme dans l'orient ; ils y sont, mais sous une nouvelle condition, sous la condition du caractère général de l'esprit grec, qui est le mouvement. Tout se développe donc et par conséquent tout tend à se séparer ; sur ce théâtre du mouvement et de la vie, l'industrie, l'état, l'art, la religion, sans pouvoir jamais se passer les uns des autres, marchent à l'indépendance.

Les merveilles de l'industrie grecque vous sont familières, Messieurs. L'industrie grecque s'est étendue dans presque tout le monde connu alors. Les lois de la Grèce et de Rome (car c'est un seul et même monde que le monde grec et romain) portent sans doute encore un caractère religieux, mais elles sont pourtant infiniment plus indépendantes de la religion que les lois de l'Orient. Par exemple, lisez et comparez les lois de Menou et les lois romaines. Dans les lois de Menou, rien n'est progressif, parce qu'il implique que la religion d'une époque soit progressive; elle n'avancerait qu'à la condition de se métamorphoser et de se détruire. Les lois romaines, qui se sont perpétuellement modifiées, devaient avoir, pour se modifier ainsi, un caractère religieux beaucoup moins fort, quoique ce caractère, je le répète, ne leur manquât pas, surtout dans leur origine. Quant aux arts, qui de vous ne connaît le contraste des arts de la Grèce et de ceux de l'Orient? L'Orient a peu ou point de peinture; car les représentations légères et grossières que je trouve de loin en loin sur les monumens qui sont arrivés ici, ne me paraissent qu'une absence de peinture, ou la peinture dans sa plus grossière enfance ; peu de sculpture, beaucoup d'architecture ; c'est-à-dire que l'art de l'Orient représente ce qui est fixe et impersonnel, tandis que l'art de la Grèce, qui avec de l'architecture, a beaucoup de sculpture, et déjà une portion assez considérable de peinture, représente surtout la personne, l'homme. Tout comme la religion de la Grèce est plus antropomorphique que celle de l'Inde, tout de même l'art de la Grèce est plus personnel. C'est un pas immense, Messieurs, que l'anthropomorphisme. L'anthropomorphisme est supérieur aux religions de la nature de toute la supériorité de l'homme sur la nature, et c'a été un pas immense pour l'affranchissement de la pensée, que le passage du symbolisme naturel au symbolisme anthropomorphique.

La philosophie suivit et dut suivre nécessairement en Grèce la même marche que tous les autres élémens de la civilisation. Puisqu'il y avait plus de liberté dans le jeu des autres élémens, il dût y avoir dans la philosophie une liberté beaucoup plus grande : c'est aussi ce que nous voyons.

Les racines de la Grèce et de Rome sont absolument orientales : langue, écriture, alphabet, procédés industriels et agricoles, arts mécaniques, formes primitives de gouvernement, procédés et caractères primitifs de l'art, culte primitif, tout cela est oriental; c'est sur cette base étrangère que s'est développé l'esprit grec; c'est de là qu'il est parti pour arriver à cette forme originale et admirable qu'on appelle la forme grecque par excellence. Il en a été de même de la philosophie. Ses premières inspirations, plus tard même peut-être quelques communications heureuses, lui sont venues de l'Orient; mais son développement est tout-à-fait grec. La philosophie, en Grèce tout comme en orient, a commencé par se confondre avec la religion. Ensuite elle a passé du culte dans les mystères. Les mystères, Messieurs, ont été dans leur origine une conquête de l'esprit libéral. En effet, dans les mystères étaient déjà des explications, à mon sens, fort grossières et bien éloignées de ce que furent depuis les explications philosophiques, mais enfin c'étaient des tentatives d'explication : on cherchait à s'y rendre un certain compte des représentations visibles du culte. C'est des mystères, vous ne le croiriez pas, Messieurs, qu'est sortie la philosophie. Les premiers philosophes grecs avaient voyagé dans l'Orient et s'étaient fait initier aux mystères.

Peu à peu après bien des tâtonnemens et des essais plus ou moins heureux sur divers points de la Grèce, la philosophie arrive et s'établit dans la capitale même de la Grèce; c'est là qu'au sein des lumières toujours croissantes et dans le progrès rapide de l'esprit grec, elle rejette toute forme symbolique, et prend enfin celle qui lui est propre.

Nous savons aujourd'hui Messieurs, d'une manière certaine quel est le jour, le mois, l'année mémorable où s'accomplit ce grand événement, c'est-à-dire où il se manifesta d'une manière éclatante et prit possesion du monde grec. Le jour et le mois m'échappent en ce moment; mais enfin, c'est la 3ème année de la 77e olympiade, c'est-à-dire 470 ans avant notre ère que naquit Socrate.

Socrate, Messieurs, est un personnage éminemment historique. En effet, il représente une idée, et la plus élevée de toutes, l'idée de la philosophie, c'est-à-dire celle de la réflexion en soi, non pas de la réflexion appliquée à tel ou à tel objet en particulier, mais à tous; non pas de la réflexion aboutissant bientôt à tel ou à tel système, mais se développant librement, dominant tous ses résultats systématiques, je dirais presque n'en cherchant aucun. Il n'y a pas, Messieurs, de système socratique, mais il y a un esprit socratique. Socrate n'enseignait point telle ou telle vérité; il n'a laissé son nom attaché à aucune théorie particulière. Que faisait-il donc? Sans être sceptique, il doutait et il apprenait à douter. Il s'adressait à l'industriel, au légiste, à l'artiste, au ministre du culte, aux sophistes, et il leur demandait compte de leurs propres pensées. Il secouait l'esprit et le fécondait par l'examen; il ne se demandait à lui-même, et il ne demandait aux autres que de s'entendre avec eux-mêmes, et de se faire entendre de lui. S'entendre, se rendre compte, être clair pour soi, savoir ce qu'on dit et ce qu'on pense, voilà quel était le but de Socrate; but négatif, sans doute; mais ce n'était pas là la fin de la philosophie, ce n'en était que le commencement. Aussi qu'est-il arrivé? Socrate a produit, non pas un système, mais un mouvement immense, un mouvement de réflexion; et comme la réflexion va bien ou mal sans cesser d'être ce qu'elle est, comme elle aboutit à de mauvais comme à de bons résultats, c'est là l'explication de ce singulier phénomène, que dans l'école socratique se soient trouvés Aristippe comme Platon, Épicure comme Zénon, lesquels ont prétendu qu'ils étaient tous enfans légitimes de Socrate; et ils avaient tous raison. Tous en effet avaient cette unité, qu'ils réfléchissaient, qu'ils faisaient un libre usage de leur pensée, qu'ils tâchaient de s'entendre avec eux-mêmes. Or, ils s'entendaient avec eux-mêmes à leur manière, c'est-à-dire très différemment; et cela d'abord était inévitable, ensuite c'était un bien, et loin d'être une rupture, c'était un développement plus riche de la seule vraie unité philosophique, celle de la libre réflexion.

Dix siècles ont été nécessaires pour épuiser le mouvement socratique; c'est la gloire de ce grand homme d'avoir donné son nom non pas à tel ou à tel moment, mais à la totalité de cet immense mouvement, et d'avoir été, quant à la forme, aussi bien le père des derniers philosophes des sixième et septième siècles que de ceux qui sortaient immédiatement de ses mains. La philosophie de Socrate eut bien des vicissitudes. Après être sortie violemment, comme cela se passe ordinairement, du sein du culte, elle y rentra sous les auspices d'hommes qui en savaient beaucoup plus long que Socrate, et qui, en rentrant, jusqu'à un certain point et dans une certaine mesure, en bon accord avec les mystères et la religion, savaient parfaitement ce qu'ils faisaient. Et, Messieurs, ils n'étaient pas pour cela moins philosophes. Et pourquoi ? c'est qu'ils savaient ce qu'ils faisaient ; c'est que ce qu'ils faisaient ils le voulaient faire, et que c'était leur réflexion même, c'est-à-dire l'idée philosophique, qui les conduisait là où ils consentaient à aller. Ainsi l'école néoplatonicienne, fille très légitime de Platon, s'est arrangée avec le symbolisme païen, qui avait mis à mort Socrate. Ceux qui défendirent le paganisme expirant et combattirent avec Julien, étaient les disciples et les successeurs de ces mêmes hommes qui sortaient de l'école de Socrate, et qui, après avoir perdu leur maître par la grande catastrophe que vous connaissez, eurent eux-mêmes beaucoup de peine à se tirer d'affaire. Ce que les uns avaient rejeté par la réflexion, les autres l'admirent par la réflexion encore ; et là, Messieurs, est l'unité de la philosophie grecque, depuis l'an 470 avant notre ère, jusqu'à l'an 529, sous le consulat de Décius, où par l'arrêt de Justinien fut fermée la dernière école philosophique dans cette même Athènes où s'était élevée sa première ; de sorte que nous savons à merveille, car on sait toujours ce qui importe, le commencement et la fin de ce grand mouvement.

Passons, Messieurs, à l'histoire moderne. J'estime que le monde grec et romain a brillé à peu près treize à quatorze siècles pour s'éclipser à jamais. C'est une existence infiniment inférieure à celle de l'Orient, et il n'est personne de vous qui, si je me suis fait comprendre, n'en voie le motif, et le motif nécessaire. L'époque du monde qui représente l'immobilité doit la représenter toujours et rester immobile ; la durée est son caractère. L'époque du monde qui doit représenter le mouvement doit avoir moins de durée et plus de vie. L'époque grecque et romaine est donc infiniment moins longue que l'époque orientale.

Qui sait combien durera la nôtre ? Nous sommes d'hier, Messieurs. La civilisation humaine n'est pas jeune ; mais l'histoire moderne l'est beaucoup ; la philosophie moderne encore plus. Si cette idée n'est pas favorable à la présomption, elle est très favorable à l'espérance ; car tout ce qu'on n'a pas derrière soi, on l'a devant soi, et il vaut mieux avoir de l'avenir que du passé.

Il y a deux époques dans l'histoire moderne, et il n'y en a que deux : l'époque d'enveloppement et l'époque de développement. Le moyen âge n'est pas autre chose que la formation pénible, lente et sanglante de tous les élémens de la civilisation moderne; je dis la formation et non leur développement. Dans le moyen âge, comme dans la Grèce, comme dans l'Orient, étaient et ne pouvaient pas ne pas être tous les élémens de la nature humaine. Le moyen âge est dans l'humanité, Messieurs, comme la Grèce et l'Orient. Tous les élémens humains y coexistaient, mais mal distincts, et confondus dans l'élément dominant du moyen âge. En effet, dans toute époque il y a et il doit toujours y avoir un élément dominant, lequel n'exclut pas les autres, mais les enveloppe. L'élément dominant du moyen âge est le christianisme. C'est le christianisme qui a civilisé le monde moderne : il a mis près de dix siècles à donner une base fixe et ferme à notre civilisation. C'est le christianisme qui a commencé l'industrie, qui a formé l'état, qui l'a fait à son image, qui a fait l'art, qui a fait aussi la philosophie; je veux dire cette philosophie très célèbre, quoique bien mal connue, qu'on appelle la scolastique. Tout de même que la philosophie orientale a pour base première les Védas, que la philosophie grecque est sortie des mystères, de même la philosophie du moyen âge est fondée sur la Bible, l'ancien et le nouveau Testament et les décisions souveraines de l'Église; et encore, comme l'unité du moyen âge est dans l'organisation et la domination progressive de l'Église, ainsi l'unité et le caractère fondamental de la scolastique est dans ceci qu'elle s'exerçait dans un cercle qu'elle n'avait pas tracé elle-même, mais qui lui était imposé par une autre autorité que la sienne. L'esprit humain avec toute son énergie était dans le moyen âge; et quoiqu'il fût alors sous la forme religieuse la plus parfaite, il ne pouvait pas en vertu de sa nature ne pas chercher à se rendre compte de cette forme. De là, peu à peu un enseignement religieux plus méthodique et plus régulier dans les cloîtres; puis les universités et la scolastique. Les systèmes les plus divers sont dans la scolastique, Messieurs, avec une apparence de hardiesse extrême; vous seriez tout étonnés si vous saviez avec quelle liberté apparente on a raisonné dans le moyen âge. Vous connaissez les querelles des nominalistes, des réalistes, et des conceptualistes; si vous étiez plus au fait des détails je vous retracerais plus volontiers les caractères généraux qui les représentent; qu'il me suffise de vous dire que les sectes de la scolastique sont plus nombreuses que toutes les sectes grecques, et que les sectes indiennes et chinoises. De plus, Messieurs, il y a beaucoup de vérités dans la scolastique, et tout de même qu'aujourd'hui, après avoir dans le premier moment d'émancipation, accusé, blasphémé, dédaigné le moyen âge, on se met à l'étudier avec ardeur, avec passion même, de même après avoir dit beaucoup de mal de la scolastique, il ne serait pas impossible, attendu qu'on va toujours d'un extrême à l'autre et qu'il est inévitable qu'il en soit ainsi, il est probable qu'aujourd'hui si on regardait du côté de la scolastique, on serait si fort étonné de la comprendre et de la trouver très ingénieuse, qu'on passerait à l'admiration. Si je fais profession de croire que toute vérité est dans le christianisme, je dois croire aussi qu'une explication, telle quelle du christianisme, doit contenir aussi de profondes vérités, et vous ne voyez pas ici un ennemi de la scolestique. Mais ce n'est pas moi, c'est la nature humaine qui le dit : la pensée qui s'exerce dans un cercle qu'elle n'a point tracé elle-même, et qu'elle n'ose pas dépasser, est une pensée qui peut contenir toute vérité, mais ce n'est pas encore la pensée dans cette liberté absolue qui caractérise la philosophie proprement dite. Aussi la scolastique, à mon sens, est si peu le dernier mot de la philosophie, qu'à parler généralement et rigoureusement, ce n'est pas même, selon moi, de la philosophie.

Comme nous savons, Messieurs, le jour, le mois, l'année dans laquelle la philosophie grecque a été mise dans le monde, de même nous savons, avec la même certitude, et avec beaucoup plus de détail encore, le jour et l'année où la philosophie moderne est née. Savez-vous combien il y a de temps qu'elle est née? Messieurs, vous allez ici prendre sur le fait la jeunesse, l'enfance de l'esprit philosophique qui anime aujourd'hui l'Europe. Le père d'un de vos pères aurait pu voir celui qui a mis dans le monde la philosophie moderne. Quel est le nom, quelle est la patrie de ce nouveau Socrate? Infailliblement, Messieurs, il devait appartenir à la nation la plus avancée dans les voies de la civilisation européenne. Il a dû écrire, non dans le langage mort qu'employait l'église latine au moyen âge, mais dans le langage vivant, destiné aux générations futures, dans cette langue, appelée peut-être à décomposer toutes les autres, et qui déja est acceptée d'un bout de l'Europe à l'autre. Cet homme, Messieurs, c'est un Français, c'est Descartes. Son premier ouvrage écrit en français, est de 1637. C'est donc de 1637 que date la philosophie moderne! Et, Messieurs, quel est le titre de cet ouvrage éminemment historique? La méthode. Je vous ai dit que Socrate n'avait point eu de système; je vous dirai qu'il importe assez peu que Descartes en ait eu un. La pensée de Descartes qui appartient à l'histoire, c'est celle de sa méthode. Socrate c'était la réflexion libre; Descartes c'est la réflexion libre élevée à la hauteur d'une méthode, et encore la méthode dans sa forme la plus sévère. Descartes commence par douter de tout, de l'existence de Dieu, de celle du monde, même de la sienne propre, et il ne s'arrête qu'à ce dont il peut ne douter, sans cesser de douter même, savoir, ce qui doute en lui, la pensée. Messieurs, il y a entre la réflexion de Socrate et la méthode de Descartes un abîme de deux mille ans; il y a moins d'intervalle, mais autant de différence entre un certain système indien, dont je vous entretiendrai, et la dialectique de Socrate, de de Platon et d'Aristote. La dialectique grecque est bien autrement sincère, sérieuse, et profonde que celle du Niaya; mais la méthode de Descartes est supérieure aux procédés de l'esprit antique de toute la supériorité de notre civilisation sur celle de la Grèce. Descartes, Messieurs, a sans doute un système; mais sa gloire principale n'est pas là; sa gloire, comme celle de Socrate, est d'avoir mis dans le monde moderne l'esprit philosophique, lequel a produit et produira mille et mille systèmes. *De la Méthode*, tel est le titre si simple aujourd'hui, mais prodigieux alors, sous lequel Descartes présenta au monde ses pensées.

C'était un gentilhomme breton, militaire, ayant au plus haut degré nos défauts et nos qualités; net, ferme, résolu, assez téméraire, pensant dans son cabinet avec la même intrépidité qu'il se battait sous les murs de Prague. Il avait fait la guerre en amateur, il philosophait de même, pour s'entendre avec lui-même, n'ayant pas la moindre ambition, ayant quitté son pays, non pas, comme on le croit, forcément, mais très volontairement. Il était riche, parfaitement bien né. Le cardinal de Richelieu, qui aimait le grand Corneille, et qui se connaissait en hommes, lui offrit même ou lui promit une pension; il est vrai qu'il ne la toucha jamais. Enfin, avec quelques démarches de sa part, protégé comme il l'était par le père Mersenne, il aurait pu faire son chemin. Il aima mieux courir le monde, errer en Italie, causer avec Galilée, puis s'ensevelir dans un village de la Hollande, et aller laisser ses os dans le Nord, sans aucune envie de faire secte, philosophant pour philosopher, réfléchissant pour réfléchir, uniquement préoccupé du besoin de s'entendre avec lui-même, de se rendre compte de ses connaissances et de voir clair en toutes choses. Il tenait infiniment plus à sa méthode qu'à ses plus illustres découvertes; à telles enseignes que, dans un ouvrage posthume, que j'ai donné au public, Descartes plaisante ceux qui s'imaginaient que ses découvertes physiques et mathématiques étaient la grande occupation de sa vie. Il leur dit : « Vous n'entendez pas ma pensée, j'ai fait mes découvertes pour exercer ma méthode; si elles valent quelque chose, concluez que ma méthode vaut quelque chose, et appliquez-la de nouveau où vous voudrez, mathématiques, ou physique, peu importe ; » même l'application de l'algèbre à la géométrie, il l'a faite comme en se jouant; il tenait surtout à sa méthode, et il y revient sans cesse. C'est le dernier comme le premier mot de ses écrits.

Une fois l'esprit philosophique mis dans le monde moderne en 1637, et nous parlons ici, messieurs, en 1828, il ne s'est pas arrêté; il s'est développé avec le progrès proportionnel qui doit exister entre le mouvement du monde moderne, celui du monde grec et celui du monde oriental; et en un siècle, car ne nous datons que d'un siècle, il me semble que les systèmes philosophiques n'ont pas manqué à l'Europe. Non, ils ne lui ont pas manqué; cependant il est bien étrange qu'on accuse la philosophie moderne de se perdre dans un dédale de systèmes; c'est vraiment bien de la sévérité envers un pareil enfant. Je remarque que loin de s'être perdue dans un chaos de systèmes, sans avoir manqué de fécondité philosophique, elle n'a guère produit pourtant que deux ou trois grandes écoles; elle est encore au maillot pour ainsi dire; on peut être fier sans doute du peu qu'elle a fait; mais il faut compter beaucoup plus sur ce qu'elle fera, sur ce qu'elle est appelée à faire. Depuis le premier qui interpréta les Védas, jusqu'au dernier philosophe indo-chinois, la philosophie orientale n'a pas reculé. De Socrate à Proclus, la philosophie grecque n'a pas reculé; la philosophie moderne ne reculera pas plus de Descartes aux générations futures.

Remarquez que la philosophie moderne a son unité, comme la philosophie grecque. Son unité même me paraît jusqu'ici beaucoup plus frappante que sa diversité. Cette unité est et ne peut être que ce point commun à tous les philosophes, de faire usage de leur raison avec une liberté absolue. On dira que cet avantage n'a pas manqué aux penseurs du moyen âge. Saint-Thomas, Abeilard, Érigène, étaient, il est vrai, des esprits originaux, téméraires; mais dans leur élan le plus hardi, ils avaient sans cesse les yeux sur les limites qui leur étaient tracées par l'autorité ecclésiastique, et ils s'y renfermaient; ou du moins ils prétendaient s'y renfermer. Aujourd'hui l'émancipation est complète; il règne même dans la philosophie de notre âge une sorte de scepticisme apparent, un esprit négatif excessif qui trahit à la fois et le besoin prédominant de la réflexion, et l'enfance de l'art de réfléchir. Ce phénomène n'est pas nouveau. Dans le début de la philosophie grecque, entre Périclès et Alexandre, l'esprit négatif, quoique fortement contenu par deux génies aussi profondément positifs que Platon et Aristote, était cependant à la mode; de même depuis Descartes, l'esprit négatif arrête encore, surtout en France, l'essor de la haute philosophie. Il ne faut ni s'en étonner ni s'en effrayer. Tout grand changement de l'esprit humain commence par l'hostilité; mais ce n'est là que le point de départ des grands mouvemens, ce n'en est pas la fin. Les tracasseries du jour, passez-moi cette expression, contre ce qu'il y a de plus saint et de plus vénérable, feront place peu à peu au véritable esprit de notre époque. Nous déposerons ces habitudes étroites et pusillanimes dans un long usage de la liberté. Quand, au lieu d'être des affranchis, nous serons des hommes libres, il ne nous viendra pas à l'esprit de tourner cette liberté, dont nous aurons la conscience pleine et entière, contre quoi que ce soit de noble et de grand : nous nous contenterons d'en faire usage, et la stérilité d'une critique minutieuse fera place à des vues positives, larges et fécondes.

Pensez-y, Messieurs, rien ne recule, tout avance, la philosophie a gagné en passant de l'Orient à la Grèce, elle a gagné immensément en passant de la Grèce en Europe, elle ne peut que gagner dans l'avenir. J'ai essayé de vous montrer dans ma dernière leçon que la philosophie est, si je puis m'exprimer ainsi, le point culminant de la pensée individuelle; aujourd'hui vous avez vu s'agrandir sans cesse dans des proportions considérables le rôle qu'a joué tour à tour la philosophie dans les trois grandes époques de l'histoire du monde. Ma foi est que, dans un avenir inconnu, l'esprit philosophique s'étendra, se développera, et que tout comme il est le plus haut et le dernier développement de la nature humaine, le dernier venu dans la pensée, de même il sera le dernier venu dans l'espèce humaine, et le point culminant de l'histoire. Ainsi, dans l'Orient, sur cent créatures pensantes, et par conséquent en possession de la vérité, il y en avait une (je parle par chiffres pour me faire entendre), qui cherchait à se rendre compte de la vérité, et à s'entendre avec elle-même. En suivant ce calcul, en Grèce, il y en avait trois peut-être. Hé bien, aujourd'hui, même dans l'enfance de la philosophie moderne, on peut dire qu'il y en a probablement sept à huit qui cherchent à se comprendre, qui réfléchissent. Le nombre des penseurs, des esprits libres, des philosophes, s'accroîtra, s'étendra sans cesse, jusqu'à ce qu'il prédomine et devienne la majorité dans l'espèce humaine. Mais ce jour-là, Messieurs, ce n'est pas demain qu'il luira sur le monde.

Messieurs, point de présomption; car nous sommes, je vous le répète, nous sommes d'hier, et nous sommes arrivés très peu loin; mais ayons foi dans l'avenir, et par conséquent soyons patiens dans le présent. Il y aura toujours des masses dans l'espèce humaine : il ne faut pas s'appliquer à les décomposer et à les dissoudre d'avance. La philosophie est dans les masses sous la forme naïve, profonde, admirable de la religion et du culte. Le christianisme, Messieurs, c'est la philosophie du peuple. Celui qui porte ici la parole est sorti du peuple et du christianisme, et j'espère que vous le reconnaîtrez toujours à mon profond, à mon tendre respect pour tout ce qui est du peuple et du christianisme. La philosophie est patiente : elle sait comment les choses se sont passées dans les générations antérieures, et elle est pleine de confiance dans l'avenir : heureuse de voir les masses, le peuple, c'est-à-dire à peu près le genre humain tout entier, entre les bras du christianisme, elle se contente de lui tendre doucement la main, et de l'aider à s'élever plus haut encore. (*Attention marquée dans l'auditoire.*)

Messieurs, un homme que recommandaient de rares vertus et une haute capacité politique, du moins auprès de ceux qui ne sont pas assez aveugles pour contester à leurs adversaires, même les plus redoutables, les qualités qui les honorent, M. de Serre, en 1820, au progrès alors un peu menaçant peut-être de l'esprit de liberté, s'écriait avec un accent pathétique : « La « démocratie coule à pleins bords. » Un homme, que ne recommandaient pas des vertus moins pures et une capacité moins haute, et qui y joignait une intelligence admirable du temps présent, lui répondait : « Si par démocratie vous « entendez le progrès toujours croissant depuis « quelques siècles de l'industrie, des arts, des « lois, des mœurs, des lumières, j'accepte une « pareille démocratie ; et, pour ma part, loin de « blasphémer mon siècle, je remercie la provi- « dence de m'avoir fait naître à une époque où « il lui a plu d'appeler un plus grand nombre « de ses créatures au partage des vertus, des « mœurs, des lumières, naguère réservées à « quelques uns. » Je vous gâte, Messieurs, les belles paroles de M. Royer-Collard, en vous les citant de mémoire ; mais je suis bien sûr de n'en pas fausser le sens, et d'être fidèle à sa pensée. On se plaint aussi beaucoup aujourd'hui des progrès sans cesse croissans de l'esprit philosophique, qui dissout, dit-on, et met en poussière les croyances politiques et les croyances religieuses de l'Europe moderne. D'abord, je ne vois pas cette dissolution, je n'y crois point; j'ai vu un peu l'Europe, et elle n'est pas près de se dissoudre. Il y a seulement, il y a, je le reconnais, un progrès considérable, un progrès perpétuel de l'esprit philosophique, de la réflexion appliquée à toute chose. L'espèce humaine aujourd'hui prend la robe virile; elle veut voir clair dans plus d'une chose où jadis des ténèbres respectables étaient devant elle. Hé bien, moi aussi, à ce spectacle, je remercie la Providence de m'avoir fait naître à une époque où il lui plaît d'élever peu à peu au degré le plus haut de la pensée un plus grand nombre de mes semblables.

Après avoir essayé, dans les deux premières leçons, d'absoudre la philosophie, ici par l'analyse, là par l'histoire, dans la prochaine leçon je présenterai quelques considérations sur l'histoire de la philosophie.

3ᵉ LEÇON. 29 AVRIL 1828.

COURS

DE L'HISTOIRE

DE

LA PHILOSOPHIE.

Messieurs,

Dans ma première leçon, j'ai essayé de démontrer que la philosophie est un besoin spécial, un élément incontestable de la nature humaine, et même que cet élément aussi réel que tous les autres leur était supérieur à tous en ce que d'abord il contient en lui toute lumière, ensuite en ce qu'il répand la lumière qui lui est propre sur tous les autres élémens, et qu'il les explique tous. Dans ma dernière leçon, appelant l'histoire au secours de l'analyse, j'ai démontré que la civilisation, image visible de la nature humaine, renferme aussi à toutes ses époques un élément philosophique, lequel soutient exactement avec les autres élémens de la civilisation le même rapport que l'élément philosophique que nous avions reconnu et signalé dans la conscience individuelle y soutient avec les autres élémens de la nature humaine. Voilà, Messieurs, le point où nous sommes arrivés. Je me permets de recommander à votre attention la méthode qui nous y a conduits, car elle présidera à tout mon enseignement. Je serais heureux si je pouvais vous présenter ici quelques vérités importantes et peu répandues ; je le serais bien plus encore si je parvenais à établir dans votre esprit ce qui est au dessus de toute vérité particulière, savoir, la méthode ; car la méthode, en vous garantissant l'exactitude des vérités que je développerai devant vous, vous donnera en même temps les moyens de rectifier les erreurs nombreuses qui m'échapperont sans doute, et de trouver vous-mêmes de nouvelles vérités. C'est ici surtout un cours de méthode ; et la méthode, je le répète, qui présidera à cet enseignement, est l'identité de la psycologie et de l'histoire.

Après avoir absous la philosophie, je viens aujourd'hui absoudre l'histoire de la philosophie ; je viens appliquer à l'histoire même de la philosophie tout ce que j'ai dit de la philosophie elle-même, vous la recommander aux mêmes titres, et démontrer aussi qu'elle soutient avec les autres branches de l'histoire universelle de l'humanité les mêmes rapports que soutient la philosophie avec les autres élémens de la civilisation et de la nature humaine. Cette leçon ne sera donc qu'un corollaire, un développement des deux premières.

D'abord il est tout simple que si la philosophie est un élément réel, un besoin fondamental de l'humanité, les diverses manières dont les hommes ont successivement satisfait ce besoin, selon les temps et selon les lieux, les développemens que cet élément a reçus en passant à travers les siècles, méritent aussi d'être constatés, recueillis et reproduits; qu'en un mot, l'histoire de la philosophie ait sa place dans l'histoire générale de l'humanité, tout comme l'histoire de l'industrie, l'histoire de la législation, l'histoire des arts, et celle des religions.

J'hésite à poursuivre, Messieurs; mais ce n'est pas moi, c'est la logique la plus vulgaire qui tire elle-même cette conséquence des prémisses que nous avons posées; s'il est vrai, comme nous l'avons démontré, que l'élément philosophique dans la nature humaine soit supérieur à tous les autres élémens, je le dis avec un peu d'embarras, mais je suis forcé de le dire, l'histoire de la philosophie est également supérieure à toutes les autres parties de l'histoire de l'humanité : et elle leur est supérieure par les mêmes avantages qui recommandent la philosophie, savoir, qu'elle est plus claire que toutes les autres branches de l'histoire, et que si celles-ci lui prêtent leur lumière, elle leur en renvoie une autre tout autrement vive et pénétrante, qui les éclaire dans leurs dernières profondeurs, et jette un jour immense sur toutes les parties de l'histoire universelle.

Dire que l'histoire de la philosophie est plus claire que l'histoire politique, que celle des arts, que celle des religions, c'est, j'en conviens, avancer un paradoxe. Ce n'est pourtant que la suite de la proposition qui a été établie dans la première leçon, savoir, que toute clarté est dans les idées. Les abstractions philosophiques n'ont pas cette réputation, je le sais; c'est pure ingratitude, Messieurs; car au fond nous prêtons toute créance à ces abstractions que nous accusons tant, nous ne croyons qu'à elles, nous ne comprenons qu'elles, et c'est en elles et par elles que nous comprenons tout. Prenons un exemple à la fois très élevé et très vulgaire: Voici, Messieurs, deux objets très positifs, très réels, très déterminés, et qui n'ont rien d'abstrait, deux quantités concrètes; et en voici deux autres. En présence de ces deux groupes de quantités concrètes très diverses, et quelles qu'elles soient, j'affirme, nous affirmons tous que leur rapport numérique est un rapport d'égalité. Eh bien! je vous le demande, cette vérité, ce rapport est-il dans le déterminé de ces objets, dans le concret, ou en est-il indépendant? Niez, si vous le pouvez, par exemple, que deux en soi égalent deux en soi; je vous demande si alors vous pourriez dire ligitimement que ces deux quantités concrètes égalent ces deux autres quantités concrètes. Non, Messieurs; donc c'est ici l'abstrait qui éclaire le concret, et qui constitue la vérité que d'abord nous y avions aperçue. Entendez-moi bien, Messieurs : je ne veux pas dire que l'esprit humain débute par l'abstraction; que d'abord il ait en lui-même l'intelligence claire et parfaite des rapports abstraits des nombres, et qu'ensuite, armé de cette intelligence, il aborde les objets sensibles et les quantités concrètes, et détermine leurs rapports. Non, certes; mais je soutiens qu'à la vue de ces quantités concrètes, les sens et l'imagination sont frappés de la partie déterminée de ce phénomène extérieur et visible, mais que pour le rapport d'égalité, il échappe aux sens et à l'imagination, parce qu'il est invisible, intangible, et n'a pas d'existence concrète; et je soutiens que c'est l'esprit, qu'il le sache ou qu'il l'ignore, qui, doué qu'il est de la faculté de concevoir les rapports des nombres, une fois que ces quantités concrètes ont été amenées devant les sens, et à cette condition, c'est l'esprit, dis-je, qui entrant en exercice, conçoit l'abstrait dans le concret, de sorte qu'alors, par une opération complexe, dont le mystère est le mystère même de la liaison de notre nature sensible et de notre nature intellectuelle, nous affirmons que ces deux quantités concrètes et ces deux autres quantités concrètes que voici sont numériquement égales. Or, tout comme ce qui aperçoit ce rapport est l'esprit et non le sens, de même la vérité, le rapport aperçu, est dans l'abstrait, non dans le concret; et nous n'admettons le rapport des quantités concrètes que parce que nous admettons le rapport des quantités abstraites en elles-mêmes; et aussitôt que nous avons dégagé par la réflexion les rapports abstraits des sujets déterminés qui les enveloppaient, nous savons que nous sommes arrivés en ce genre à la source même de la lumière. Ici donc toute lumière est dans l'abstraction. Prenons un autre exemple. Supposons qu'un certain phénomène ait lieu en ce moment, qu'un changement quelconque, positif, déterminé, concret, se passe sous nos yeux à l'instant où nous parlons, il n'est personne de nous qui à l'instant même ne suppose que ce changement n'est pas arrivé tout seul, c'est-à-dire qu'il a une cause quelconque, mais déterminée elle-même, positive, concrète : voilà ce que nous supposerions tous. Aussitôt qu'un phénomène nous apparaît, nous sommes faits de telle sorte que nous ne pouvons pas ne pas supposer une cause qui le fasse paraître, et à laquelle nous le rapportons. Eh bien ! où est dans les choses extérieures, dans le phénomène visible, ce rapport que nous y supposons, le rapport de la cause à l'effet ? Il n'est plus permis, depuis Hume, de supposer que le phénomène sensible, dans ce qu'il a de déterminé, de visible et de concret, renferme le rapport de l'effet à la cause; il est prouvé que le phénomène sensible ne donne qu'une conjonction fortuite, une connexion accidentelle; une bille, par exemple, qui est en mouvement à la suite d'une autre, un mouvement qui a lieu et un autre qui lui succède dans le temps et dans l'espace. Le rapport de la cause à l'effet y est pourtant, et le genre humain l'y met invinciblement. Il y est, mais ce n'est pas la sensibilité qui le découvre, c'est l'esprit; et réciproquement ce qui le constitue, ce n'est pas le phénomène sensible et concret, c'est précisément dans l'abstraction du principe que résident son essence et sa force; et ici encore c'est la vérité abstraite qui fonde et légitime la vérité qui se rencontre dans le concret. Encore une fois, l'abstraction n'est pas le début de l'intelligence, car l'intelligence ne débute pas par la réflexion; mais c'est l'abstraction qui, à l'insu de l'intelligence, la gouverne; et lorsque la réflexion l'a dégagée des clartés apparentes qui l'offusquaient, son évidence est telle que l'intelligence alors n'en demande et n'en admet plus aucune autre. Dans le monde visible est une arithmétique et une géométrie supérieure que le monde contient, mais qu'il ne constitue pas, une arithmétique et une géométrie toute abstraite que l'œil du vrai géomètre aperçoit, et dans laquelle il voit la nature beaucoup plus qu'il ne la voit dans la nature. Pour Aristote, le principe abstrait de la causalité, invisible et inimaginable, et purement intelligible, la catégorie de la cause dans son abstraction, est le secret de la vie intime de la nature et de ces mêmes phénomènes du mouvement qui la manifestent et qui la voilent.

Toute lumière, comme toute vérité, est donc dans l'abstraction, c'est-à-dire dans la réflexion, c'est-à-dire encore dans la philosophie. Je me hâte d'arriver à l'histoire.

Dans l'histoire aussi, Messieurs, dans toute époque de la civilisation, il y a deux élémens. Il y a des événemens matériels, qui s'accomplissent tantôt sur les champs de bataille, tantôt dans le cabinet; il y a les mouvemens plus ou moins considérables de l'industrie; il y a les chefs-d'œuvre des différens arts; il y a le règne de tel ou tel culte. C'est là l'élément extérieur, et pour ainsi dire le concret d'une époque. La pensée de l'époque est là sans doute; mais elle y est sous des formes qui en la manifestant l'expriment infidèlement, puisque chacune d'elles ne l'exprime et ne peut s'exprimer qu'à sa manière, c'est-à-dire d'une manière spéciale, déterminée, et par conséquent bornée, de sorte qu'il y a contradiction nécessaire entre la pensée et la forme qui la représente. Mais la philosophie dégage la pensée de toute forme extérieure. Elle est l'identité du sujet de la pensée et de son objet, l'identité absolue de la pensée qui se prend elle-même pour terme de sa propre action. Plus de forme étrangère; par conséquent plus de forme bornée et finie; par conséquent encore, toute contradiction est levée. Enfin la philosophie, c'est la réflexion; la réflexion est la conscience la plus nette de soi-même. Ainsi c'est dans la philosophie que la pensée d'une époque arrive à se savoir elle-même; partout ailleurs elle ne se sait pas; elle est sans doute, mais elle est pour elle-même comme si elle n'était point. La philosophie est donc l'élément interne, l'élément abstrait, l'élément idéal, l'élément réfléchi, la conscience la plus vive et la plus haute d'une époque.

A toutes les époques de la civilisation, règne une pensée obscure, intime, profonde, qui se développe comme elle peut dans l'élément extérieur de cette époque, dans les lois, les arts, la religion, lesquels sont pour elle des symboles plus ou moins clairs, qu'elle traverse successivement pour revenir à elle-même, et pour acquérir de soi une conscience et une intelligence complète, après avoir épuisé son développement total. Or, cette conscience et cette intelligence, elle ne l'acquiert que dans la philosophie. Parcourez les annales de la civilisation, vous trouverez que c'est toujours la philosophie d'une époque qui en renferme la pensée complète, qui la dégage de ses voiles politiques et religieux, et se charge, pour ainsi dire, de la traduire en une formule abstraite, nette et précise. Prenez à volonté telle ou telle époque de l'histoire de l'humanité; ôtez-en la philosophie, ôtez-en toutes les lumières que vous devez à vos souvenirs de la philosophie de cette époque, vous verrez combien elle s'obscurcit; au contraire, rendez son élément philosophique, vous lui rendez son explication et sa lumière.

Transportez-vous, Messieurs, en Orient, et pour borner votre horizon, arrêtez-vous dans l'Inde. Jetez les yeux sur ce symbolisme universel qui éclate partout, et partout sans doute exprime quelque chose, et cherchez sincèrement ce qu'il exprime, ce que veut dire cette histoire politique à moitié mythologique, sans chronologie, comme l'éternité; ce que signifient ces monumens de l'art et de la religion, si bizarres, si démesurés, en apparence si extravagans. Il y a là-dessous une idée sans doute; mais demandez-vous quelle elle est. Si vous êtes de bonne foi, vous conviendrez que rien de bien net ne sort de ce spectacle extraordinaire. Pour moi, malgré quelques études antérieures, j'avouerai que bien souvent, en considérant de nouveau les divers monumens de cette vieille civilisation, ma pensée fléchit et se trouble. Mais je n'ai besoin que de relire quelques pages d'un ouvrage philosophique, et aussitôt l'ordre, la clarté, la précision, rentrent dans ma pensée : une lumière vaste et sûre se lève à mes yeux sur cette civilisation mystérieuse, et l'esprit de ses cultes, de ses arts, de ses lois, réfléchi tout entier sur ce seul point, s'y manifeste à découvert.

Ouvrez, par exemple, le Bhagavad-Gita; c'est un épisode très court d'un poëme immense. Deux grandes armées, celles des Pandoos et des Kouroos, sont en présence, et près d'en venir aux mains. Un immense carnage se prépare. Dans l'une des deux armées se trouve un jeune guerrier très brave de sa personne, mais qui, au moment de verser le sang de ses parens, de ses amis, car les deux armées sont composées d'amis et de parens, sent son courage l'abandonner. Il engage un autre personnage à avancer un peu son char au milieu de la plaine, afin de reconnaître la situation des choses; et après avoir parcouru des yeux les deux armées, le bon Ardschunas avoue à Crishna son incertitude : que lui répond Crishna? « En vérité, Ardschunas, tu es bien ridicule avec ta pitié. Que parles-tu d'amis et de parens? Que parles-tu d'hommes? Parens, amis, hommes, bêtes ou pierres, c'est tout un. Une force perpétuelle et éternelle a fait tout ce que tu vois, et le renouvelle sans cesse. Ce qui est aujourd'hui homme, hier était plante, demain, peut-être, le redeviendra. Le principe de tout cela est éternel; qu'importe le reste? Tu es, comme Schratrias, comme homme de la caste des guerriers, condamné à te battre. Fais-le donc : il en résultera un carnage épouvantable. Eh bien! le lendemain le soleil luira sur le monde, et éclairera des scènes nouvelles, et le principe éternel subsistera. Hors ce principe, tout est illusion. L'erreur fondamentale est de prendre au sérieux ce qui n'est qu'apparent; si tu attaches de la valeur à ces apparences, tu te trompes; si tu en attaches à ton action, tu te trompes encore; car comme tout n'est qu'une grande illusion, l'action, quand on la prend au sérieux, n'est qu'une illusion elle-même; la beauté, le mérite de l'action, c'est d'être faite avec une profonde indifférence aux résultats qu'elle peut produire. Il faut agir, sans doute, mais comme si on n'agissait pas. Rien n'existe que le principe éternel, l'être en soi. Il s'ensuit que la suprême sagesse est de tout laisser faire, de faire ce qu'on est forcé de faire, mais comme si on ne le faisait pas, sans s'occuper du résultat, immobile à l'intérieur, et les yeux sans cesse fixés sur le principe absolu qui seul existe d'une véritable existence.»

Voilà, Messieurs, sous une forme un peu occidentale, le résumé philosophique de ce sublime épisode. Maintenant, ce flambeau à la main, examinez ce qui d'abord vous avait paru si obscur, et ces ténèbres au moins vous deviendront visibles. Vous comprendrez comment devant ce théisme terrible et chimérique, figuré dans des symboles extravagans et gigantesques, la nature humaine a dû trembler et s'anéantir; comment l'art, dans sa tentative impuissante de représenter l'être en soi, a dû se livrer sans mesure à des créations colossales et déréglées; comment Dieu étant tout, et l'homme rien une théocratie formidable, a dû peser sur l'humanité, lui ôter toute liberté, tout mouvement, tout intérêt pratique, par conséquent toute vraie moralité; et comment encore l'homme, se méprisant lui-même, n'a pu songer à recueillir la mémoire des actions qu'il ne faisait pas, comment il n'y a pas d'histoire humaine dans l'Inde, et par conséquent pas de chronologie.

Passez, Messieurs, de l'Orient dans la Grèce. Placez-vous dans le siècle de Périclès, par exemple, et comparez-y, en fait de clarté, les événemens extérieurs, les mesures législatives, les ouvrages des arts, les représentations de la religion, avec ces abstractions, en apparence inintelligibles, qu'on appelle la philosophie, et voyez de quel côté vous vient le plus de lumière sur l'esprit de ce grand siècle.

Périclès fait une loi, en vertu de laquelle tous les soldats de l'armée de terre et de mer recevront une paye. Que signifie une pareille loi? En y réfléchissant, on trouve qu'elle convenait fort à la dictature de Périclès, qui, en faisant passer une pareille loi sous son administration, s'attachait l'armée de terre et de mer. En y réfléchissant, on trouve encore d'autres manières de comprendre cette loi, et l'intention de son auteur. Mais enfin, prise en elle-même, quel grand jour jette-t-elle sur l'époque dont elle fait partie? Éclaire-t-elle beaucoup les autres élémens de cette époque? Que fait-elle pour l'histoire de l'art, et celle de la religion athénienne?

Changez l'exemple. Prenez un ouvrage d'art de cette époque; prenez cette belle statue que vous pouvez voir ici dans le Musée du Roi, et qui peut être rapportée au siècle de Périclès, la Pallas qu'on appelle la Pallas de Velletri [1]. Si vous vous la représentez bien, et si vous la comparez avec les autres statues analogues que produisait le ciseau grec un siècle ou deux avant celui de Périclès, vous y trouverez une différence

[1] Musée du Roi, salle de la Pallas, n. 310. Voyez *la Description des Antiques*, pag. 135.

frappante. Dans les unes, vous voyez des bras serrés auprès du corps, des pieds joints ensemble, une roideur, une absence de mouvement et de vie, enfin un aspect général qui contraste merveilleusement avec celui qu'offre d'abord cette admirable statue. Elle est encore compacte, assez massive, grande au dessus de la nature ordinaire, et d'un style très sévère ; mais les pieds sont déja suffisamment séparés les uns des autres : à la rigueur elle pourrait marcher. Les draperies marquent sans recherche les différentes parties du corps ; on sent qu'un être vivant est dessous. Un bras porte l'égide, et l'autre le signe même de toute activité et de toute énergie, la lance. Dans ses traits, sur son front est une pensée calme et profonde : on voit que ce n'est pas une femme ; on voit en même temps que ce n'est pas une divinité indifférente à l'humanité, une qualité essentielle de l'être, mais quelque chose de surhumain et d'humain à la fois qui a la conscience de soi, qui peut, qui sait, qui veut, qui agit. Il ne faut pas une étude bien profonde pour être frappé de ce caractère de la Pallas, surtout par son contraste avec les ouvrages analogues antérieurs ; cependant, je ne suis pas bien sûr de n'emprunter pas à mes études philosophiques quelque chose de cette manière de concevoir la Pallas. Cela est si vrai, qn'on dispute encore sur cette statue, comme sur la loi de Périclès.

Examinez le culte le plus clair de tous les cultes de la Grèce, celui de la ville des lumières, le culte d'Athènes, le culte de Minerve; mettez vous en présence, sinon des monumens, au moins des descriptions qui nous en restent. On dit que tous les ans dans les grandes panathénées, on portait en procession à l'Acropolis, un vaisseau symbolique avec un voile mystérieux, sur lequel étaient figurées les actions de la déesse, par exemple, sa victoire sur les Titans, enfans de la Terre. Nous entrevoyons bien, surtout aujourd'hui, quelque chose dans ces représentations symboliques; on voit bien qu'il y a là l'idée d'une lutte entre la force morale et la force physique; que cette Pallas n'est pas un symbole astronomique, comme les divinités de l'Égypte, et que ce n'est pas ici une religion de la nature; qu'il y a des allusions à la civilisation et aux lois. On aperçoit tout cela, mais si obscurément, que dans un dialogue de Platon, Socrate déclare qu'il ne comprend absolument rien à toutes ces représentations fabuleuses; et, s'adressant à un ministre du culte, il lui demande s'il entend quelque chose à de pareils contes. Socrate l'interroge encore sur un autre culte, celui de Jupiter, où il était dit que Jupiter, pour punir quelque mauvaise action de son père Saturne, l'avait mutilé, drame mythologique d'où l'interlocuteur de Socrate, ayant à blâmer une action de son père, conclut que, pour imiter Jupiter, il ne peut mieux faire que d'accuser lui-même son père en justice et de demander sa mort. Voilà comment Euthyphron[1] entendait le culte de Jupiter. Socrate avait la bonne foi de déclarer qu'il n'y comprenait rien. Aujourd'hui nous y comprenons davantage. Cependant la critique symbolique a-t-elle réussi à dissiper toute obscurité à cet égard ?

Au contraire, prenez la philosophie de Socrate. Socrate n'a pas de système, mais il a des directions pour la pensée. S'il ne lui trace pas toute sa carrière, il lui assigne au moins son point de départ; ce point de départ, c'est la réflexion appliquée à toutes choses; mais d'abord à la nature humaine. L'étude de la nature humaine, la connaissance de soi-même, tel est le vrai début de la philosophie pour Socrate. Tandis qu'avant lui les Pythagoriciens

[1] Voyez le dialogue de ce nom, dans le tome premier de ma traduction de Platon, pag. 19, 20, 21.

mettaient toute philosophie dans la théologie, et les Joniens dans la physique, Socrate démontra le premier que si l'homme est en rapport avec le monde et avec Dieu, c'est en vertu de sa propre nature, par les lois de sa nature; qu'ainsi, c'est cette nature qu'il faut examiner avant tout, afin de savoir quels peuvent être les vrais rapports de la créature humaine, une fois bien connue, avec ce qui n'est pas elle, avec le monde et avec Dieu; en un mot, à la théologie et à la cosmologie, Socrate substitua ou ajouta la psycologie. Ainsi sans mystère et sans voiles, voilà l'être libre, l'être en possession du mouvement volontaire, l'être personnel, l'être social et progressif, capable de prévoir et de vouloir et d'exécuter sa volonté; capable d'énergie et de sagesse; voilà l'homme enfin, jusque là négligé et inaperçu par la physique et la théologie, établi comme le point de départ et le centre de toute étude, constitué à ses propres yeux un être d'un prix infini, et le plus digne objet de la pensée. Voilà ce que dit catégoriquement la philosophie socratique dans les formules sévères et lucides de l'abstraction métaphysique. Cette abstraction est une lumière immense sur tout le siècle qui a pu la produire. Rien n'est plus clair avec elle que le siècle de Périclès. Si le travail général de l'époque a abouti à la création de la psycologie, il faut bien que l'idée même de la psycologie, savoir, l'importance de la personnalité humaine, ait présidé à la formation de cette époque et à l'organisation des divers élémens dont elle se compose. Que de choses alors vous comprendrez, qui auparavant étaient pour vous des énigmes indéchiffrables! Il est clair que l'idée fondamentale du siècle qui a créé la psycologie doit avoir été l'idée de la grandeur de la personnalité sous toutes les formes, à tous les degrés, dans le ciel, comme sur la terre, dans la religion, dans les arts et dans les lois, comme dans la philosophie. Toutes les fois que la philosophie s'occupera de la personne, ajoutera une immense importance à l'étude de la personne humaine, c'est que le temps de la personnalité est venu ; alors assurez-vous que les dieux devant lesquels cette personnalité se mettra à genoux, seront des dieux plus ou moins personnels ; assurez-vous que les représentations de l'art ne tomberont plus dans un grandiose extravagant, mais qu'elles auront ce caractère de mesure, de fini au sein même de l'infini, qui est précisément le caractère de la personne ; enfin, assurez-vous que la législation du temps sera une législation qui respectera la liberté, la protégera, la répandra, qu'elle sera libérale et plus ou moins démocratique. Voilà pourquoi, au lieu de faire une armée équipée à ses propres frais, par conséquent composée des meilleures familles, des riches, et des Eupatrides, Périclès a fait une armée civique, une armée dans laquelle tout le monde, pauvres comme riches, pouvait entrer, une armée pénétrée de l'esprit du temps, et capable de le défendre. Voilà encore l'explication de la loi par laquelle Périclès donnait quelques oboles à tous les citoyens nés libres qui assisteraient aux assemblées politiques. Je ne dis pas que sans l'élément philosophique le siècle de Périclès soit incompréhensible, mais il me semble qu'il doit maintenant vous paraître incontestable que la plus haute clarté lui vient des abstractions mêmes de la philosophie socratique.

Si nous appliquons ce point de vue à l'histoire moderne, nous ne le trouverons pas moins fécond et moins lumineux. D'abord, en général, dans le progrès de la civilisation, les élémens extérieurs de chaque siècle, et si vous me permettez ce langage, les symboles de l'idée de chaque siècle, se dégagent, s'éclaircissent, révèlent sans cesse davantage l'esprit qui les anime. Ainsi l'idée du monde grec est plus transparente que celle du monde oriental; et l'idée de l'histoire moderne l'est plus encore que celle de l'histoire ancienne. Chez nous, les arts, les lois, les événemens politiques, les événemens religieux, ont un caractère plus idéal et plus lumineux; mais si lumineux que soit ce caractère, il n'est pas mal, pour le mieux comprendre encore, de s'adresser à la philosophie du temps qui s'est chargée d'en donner la formule la plus précise, la plus générale. On comprend sans doute assez aisément, surtout aujourd'hui, la pensée intérieure cachée dans les mouvemens religieux du xvie siècle, et celle des mouvemens politiques de la révolution d'Angleterre. Cependant, sans insister sur ce point, je demande si on ne la comprend pas tout autrement encore, lorsqu'on la voit à la fin du xvie siècle se résoudre dans la philosophie cartésienne. Le xvie siècle, avec ses tendances les plus intimes, inconnues à lui-même, agrandies et idéalisées, développées jusqu'à leur dernière conséquence, s'est fait homme, Messieurs, dans la personne de celui qui vint dire en 1637 : « Il n'y a d'autre autorité que celle de la pensée individuelle; l'existence même a pour unique manifestation la pensée; et je ne suis pour moi-même que parce que je pense. L'autorité de toutes les vérités possibles n'est pour moi qu'à ce titre, qu'elles soient évidentes pour moi dans ma libre pensée. » Ce n'est pas seulement l'autorité d'Aristote qui est par là récusée; c'est toute autre autorité que celle de la pensée. Encore une fois, sans insister davantage, vous concevez quelle nouvelle lumière un pareil fait ajoute à tous les faits contemporains.

Je pourrais prendre à volonté, Messieurs, un certain nombre de siècles, et vous proposer, les élémens extérieurs de chacun de ces siècles, étant donnés, de déterminer devant vous la philosophie à laquelle ce siècle a dû aboutir; ou plutôt et avec bien plus d'assurance, la philosophie d'une époque étant donnée, de déterminer de là d'une manière générale le caractère de tous les élémens extérieurs de cette époque. Je me bornerai au xviiie siècle. Prenez la philosophie du xvie siècle, Messieurs, et voyez si, cette philosophie une fois donnée, vous n'en déduisez pas immédiatement et parfaitement le siècle entier.

Supposez, Messieurs, qu'au milieu d'un siècle, un homme se lève et dise : Il n'y a aucune idée qui ne vienne à l'homme par ses sens; et supposez que cette proposition soit acceptée universellement, et qu'elle fasse la philosophie du siècle; supposez encore qu'à côté de cet homme un autre se lève et ajoute : Comme il n'y a rien dans la pensée qui ne soit venu par les sens, et que toutes nos idées en dernière analyse se réduisent à des sensations; de même dans les motifs déterminans de nos actions, il n'y en a point qui ne puisse se ramener à un motif intéressé, à l'égoïsme. Supposez que cette doctrine ait paru si simple, si évidente, si incontestable au siècle qui l'écouta, qu'elle n'ait rencontré aucune contradiction, qu'elle se soit établie sans combat, dans tous les rangs, dans toutes les classes, et que dans les salons de la capitale, l'immense succès de cette doctrine ait fait dire tout simplement à une personne qui représentait pour ainsi dire en petit toute l'intelligence de son époque : « Le succès du livre d'Helvétius n'est pas étonnant : c'est un homme qui a dit le secret de tout le monde. » Non certes, ce n'est pas là le secret de tout le monde; ce n'est pas le secret de l'humanité, et de toutes les époques de l'histoire; mais il est très vrai que c'était le secret de celle-là, et de tout le monde à peu près au xviiie siècle.

Eh bien, Messieurs, je vous le demande : cette lumière une fois allumée dans le xviiie siècle, ne s'oriente-t-on pas aisément dans ce siècle, on peut ne pas déterminer d'avance le caractère nécessaire de tous les autres élémens de ce siècle? Quel pourra être le gouvernement à une pareille époque? Ce ne sera pas assurément un gouvernement libre, fondé sur la connaissance et le respect des droits de l'humanité; car comment ces droits eussent-ils pu être soupçonnés, revendiqués, conquis? La philosophie de la sensation et de l'égoïsme a dû être contemporaine d'un ordre social sans dignité, d'un gouvernement arbitraire et absolu, mais d'un gouvernement absolu qui lui-même succombe de faiblesse et de corruption. Il répugne qu'alors la religion ait eu aucun empire sur les âmes, car toute religion, quelle qu'elle soit, inculque une toute autre doctrine que celle de la domination des sens et du plaisir. Les arts et la poésie y seront nécessairement petits et mesquins, car il impliquerait que la forme de la pensée et du sentiment fût grande là où le sentiment et la pensée manqueraient de grandeur.

Parcourez ainsi tous les élémens du xviiie siècle, vous en pourrez d'avance parfaitement déterminer le caractère, en y cherchant la contre-épreuve de la philosophie de cette époque. On peut, je le répète, faire les deux opérations suivantes : ou des élémens extérieurs d'une époque aller à la philosophie de cette époque, ou de la philosophie de cette époque aller aux autres élémens contemporains, avec cette différence qu'en se plaçant dans la philosophie, on se place dans le cœur même de l'époque, tandis que si vous vous placez dans un autre élément quel qu'il soit, vous restez à l'un des points de la circonférence, et le mouvement total vous échappe.

Si ces considérations sont vraies, il s'ensuit que comme la philosophie est le point culminant de la nature humaine, l'histoire de la philosophie est aussi le point culminant de l'histoire, qu'elle est seule la vraie histoire, qu'elle est, il faut bien le dire, l'histoire de l'histoire.

L'histoire de la philosophie est aux autres parties de l'histoire de l'humanité ce que l'histoire de l'humanité est à celle de la nature extérieure. Dans la nature extérieure est aussi une pensée, mais une pensée qui s'ignore elle-même, qui, cachée et comme ensevelie dans le monde inorganique, commence à se manifester dans le monde végétal, se manifeste davantage encore dans l'animalité, et qui ne se saisit elle-même et ne dit moi que dans l'humanité, je veux dire dans la concience de l'homme. Oui, Messieurs, il y a aussi une histoire du monde extérieur; car ce monde extérieur a sa base, son développement régulier et son progrès. Il y a une échelle des êtres impersonnels, que parcourt la pensée pour arriver à la conscience d'elle-même; elle commence à se savoir dans l'humanité. Ici commence pour elle un nouveau développement, plus riche encore et tout aussi régulier que le précédent, qu'elle doit parcourir aussi pour arriver, non plus à la simple conscience, mais à la connaissance absolue d'elle-même. Il lui faut pour parvenir à cette connaissance pleine et entière de sa nature et des richesses qu'elle renferme, le même travail qu'il lui a fallu pour arriver de la nature inorganique, à la nature personnelle. Ce travail est l'histoire entière de l'humanité, avec tous ses élémens, l'histoire industrielle et politique, l'histoire des religions, l'histoire des arts; le dernier et le plus élevé est l'histoire de la philosophie. C'est là seulement que l'humanité se connaît elle-même pleinement dans toute la richesse de son développement, et avec tous ses élémens, élevés pour ainsi dire à leur plus haute puissance, et placés dans leur jour le plus vrai. Comme l'histoire de l'humanité est la couronne de l'histoire de la nature, de même l'histoire de la philosophie est la couronne de l'histoire de l'humanité.

Voilà pourquoi l'histoire de la philosophie vient toujours la dernière. Quand l'histoire politique, l'histoire des arts, l'histoire des religions est faible, l'histoire de la philosophie est faible ou nulle. Lorsque grandit l'histoire, celle de la philosophie grandit dans la même proportion. Dans l'Inde, par exemple, nous avons vu qu'il n'y a point d'histoire, par la raison qu'il n'y a point de liberté, que les hommes ne se prenant au sérieux, ni eux ni leurs actions, ne songent pas à les enregistrer et à en tenir compte, et que les chefs étant des prêtres, et ces prêtres représentant leurs dieux, étant dieux eux-mêmes, la chronologie se confond dans la mythologie, et l'histoire n'a pu arriver à une existence indépendante. Or, là où il n'y a point d'histoire, ou presque point d'histoire des autres élémens de la civilisation, n'attendez pas une histoire de la philosopie. Dans la Grèce commencent avec la liberté la chronologie et l'histoire. Là les hommes étant libres, et se respectant, prennent au sérieux les actes qu'ils font, les recueillent, écrivent d'abord des chroniques, et peu à peu s'élèvent à l'histoire proprement dite. Alors, mais seulement alors, une histoire de la philosophie est possible. C'est aussi en Grèce qu'est née l'histoire de la philosophie ; mais elle y est restée et devait y rester dans l'enfance. Comme l'histoire politique avait brillé seule en Grèce, et qu'il n'y avait presque pas eu d'histoire ni des arts, ni des religions, l'histoire de la philosophie a participé de cette faiblesse générale ; elle est à peine sortie de la chronique ; du moins il n'est venu jusqu'à nous que des espèces de chroniques de la philosophie ancienne. Dans le moyen âge il n'y a eu que des chroniques en tout genre. C'est avec la civilisation moderne que l'histoire a commencé, qu'elle est sortie de la chronique, et qu'elle est arrivée enfin à sa véritable forme. Elle a passé peu à peu de la politique dans l'art, et de l'art dans la religion. Depuis un demi-siècle des travaux considérables ont été entrepris sur les parties les plus élevées de l'histoire de l'humanité. L'histoire de la philosophie est venue à son tour et à sa place dans ce progrès général des travaux historiques. Il appartenait à l'Allemagne, cette terre classique de l'histoire en tout genre, de donner à l'histoire de la philosophie une impulsion puissante. Il est dans la force des choses, dans les destinées de la civilisation, de l'histoire et de la philosophie, que ce mouvement s'étende sans cesse. Née d'hier, un immense avenir est devant l'histoire de la philosophie. Venue la dernière, la place la plus haute lui est réservée : les destinées de la philosophie doivent être les siennes. Espérons que la France, qui déjà commence avec tant d'éclat l'Histoire politique, qui a donné un successeur à Winckelmann, un interprète à Creuzer, la France, qui jadis a produit Descartes, ne sera pas infidèle à elle-même, et qu'après être rentrée dans la carrière philosophique qu'elle a ouverte aux autres peuples, elle entrera à son tour dans celle de l'histoire de la philosophie, et y marquera sa trace. Je serais heureux, Messieurs, que cet enseignement pût hâter cet avenir et attirer l'attention et l'intérêt de tant d'esprits pleins d'ardeur et de force sur la philosophie et sur son histoire!

4ᵉ LEÇON. 8 MAI 1828.

COURS

DE L'HISTOIRE

DE

LA PHILOSOPHIE.

MESSIEURS,

La philosophie est à l'humanité ce que l'humanité est à la nature ; de même ce que l'histoire de l'humanité est à l'histoire de la nature, l'histoire de la philosophie l'est à l'histoire de l'humanité. Une grande pensée aussi, une pensée divine est dans le monde physique, mais elle y est sans se connaître elle-même ; ce n'est qu'à travers les différens règnes de la nature, et par un travail progressif, qu'elle arrive à la conscience d'elle-même dans l'homme ; là, elle ne se connaît d'abord que bien imparfaitement, et c'est encore de degrés en degrés, et pour ainsi dire de règne en règne, et par le travail progressif de l'histoire, qu'elle parvient non plus seulement à la conscience, mais à l'intelligence pleine et entière d'elle-même. Cette intelligence absolue et adéquate de la pensée par elle-même, c'est l'histoire de la philosophie.

La conséquence de ceci, Messieurs, est que l'histoire de la philosophie est à la fois une histoire spéciale et une histoire très générale. Elle est spéciale, car elle retrace le développement d'un élément spécial de la nature humaine, la raison; sous ce rapport elle a ses événemens à elle, ses lois particulières, son mouvement qui lui est propre, un monde à part. Mais comme le développement de la raison présuppose le développement de tous les autres élémens de la nature humaine, l'histoire de la philosophie présuppose toutes les autres branches de l'histoire, l'histoire de l'industrie, celle de la législation, celle de l'art, celle de la religion; son mouvement réfléchit tous les mouvemens qui se passent dans les sphères antérieures et secondaires; ses lois enveloppent toutes les autres lois; enfin, Messieurs, elle est, comme je l'ai dit dans ma dernière leçon, l'histoire de l'histoire.

On a regardé comme une conquête importante de l'esprit historique depuis un siècle de s'être élevé de l'intérêt jusqu'alors concentré dans quelques individus, et dans les événemens diplomatiques et militaires, à l'intérêt supérieur des mœurs, de la législation, des arts, du culte dans un peuple, un pays, une époque donnée, et ça été là en effet un progrès réel de l'histoire. Mais qu'est-ce qu'un peuple, un pays, une époque dans le mouvement général de l'humanité, dans lequel se rencontrent tous les peuples, tous les pays, toutes les époques, toutes les législations, tous les systèmes d'art, toutes les religions? L'idée de reproduire ce mouvement total devait être une conquête tardive de l'histoire; elle date des dernières années du dernier siècle. Eh bien, Messieurs, ce grand mouvement n'est lui-même que la base de l'histoire de la philosophie. Je n'exagère pas; je ne fais que tirer la conséquence directe de ce principe, que la raison domine toutes ses applications, qu'elle explique tout, et qu'elle ne peut être expliquée.

Une véritable histoire de la philosophie, en même tems qu'elle doit être spéciale, doit donc être universelle et se lier à l'histoire entière de l'humanité. Rien de ce qui est humain ne peut lui être étranger ; car rien de ce qui est humain n'échappe à l'histoire de l'humanité, et tout le travail de l'histoire de l'humanité passe dans l'histoire de la philosophie. L'histoire entière de la civilisation n'est que le piédestal de l'histoire de la philosophie. L'histoire de la philosophie est donc éminemment humaine; elle contient l'histoire des religions, l'histoire des arts, l'histoire des législations, l'histoire de la richesse, et, jusqu'à un certain point la géographie physique elle-même. Car si l'histoire de la philosophie tient à l'histoire de l'humanité, l'histoire de l'humanité tient à celle de la nature, base première et théâtre de l'humanité, à la constitution du globe, à sa division, en un mot, à la géographie physique. Considérée sous ce point de vue, l'histoire de la philosophie prend le plus haut intérêt ; mais pour arriver à cette hauteur, il lui fallait traverser bien des siècles, il fallait que la philosophie, dont elle n'est que la représentation, fût elle-même arrivée à saisir l'harmonie universelle des choses, l'harmonie de la nature et de l'humanité, et celle de toutes les parties de l'humanité entre elles, sous la domination de la raison.

Qui remplira, Messieurs, cet idéal de l'histoire de la philosophie ? Il faudrait un homme qui joignît les connaissances les plus diverses et l'érudition la plus étendue à des vues philosophiques supérieures, un homme qui ne fût étranger à aucun des faits dont se compose l'immense histoire de l'humanité, et qui dominât tous ces faits par la pensée, qui, en même temps qu'il pourrait les suivre dans tout leur développement extérieur, pût concevoir leurs rapports secrets, leur ordre véritable, et aller puiser cet ordre à sa source unique, dans l'intelligence des élémens constitutifs de l'humanité, et, du sein de ce monde invisible de la conscience, prophétiser en quelque sorte les événemens du monde extérieur de l'histoire. Il ne faudrait pas moins que Leibnitz lui-même, c'est-à-dire, l'esprit le plus grand et le savoir le plus vaste, et Leibnitz encore au sommet du dernier siècle de l'humanité.

Je détourne les yeux, Messieurs, de cet idéal de l'historien de la philosophie; je n'ose envisager qu'une seule des qualités nécessaires à cet historien; mais celle-là je la regarde en face très volontiers, parce qu'elle n'est pas une qualité de l'esprit, mais une qualité morale, presque une vertu, qu'on ne peut trop se rappeler à soi-même, afin de ne jamais la perdre de vue et dans la science et dans la vie; je veux parler de l'amour de l'humanité. Le vrai amour de l'humanité doit nous attacher à tout ce qui est de l'homme. Si vous aimez la nature humaine, il faut l'accepter telle qu'elle est, et la prendre par tous ses côtés. Or, elle est tout entière dans chacun de vous. Rentrez dans votre conscience; saisissez-y toutes les parties de l'homme, n'en retranchez aucune; acceptez également l'idée de l'utile, l'idée du juste, l'idée du beau, l'idée du saint, l'idée du vrai, du vrai en soi; c'est par là que vous vous exercerez à comprendre toutes les parties de l'histoire de l'humanité; car s'il y a dans la nature humaine un seul élément qui vous soit à charge, pour lequel vous éprouviez quelque répugnance, vous transporterez ces préjugés dans l'histoire; et comme vous aurez mutilé l'humanité en vous, de même vous la mutilerez dans l'histoire; vous succomberez à des préjugés fanatiques d'un genre ou d'un autre; vous n'apercevrez dans l'histoire que l'industrie, ou l'art, ou la religion, ou la législation, ou la philosophie. Ne séparez rien de tout cela, Messieurs, acceptez tout cela, car tout cela est de l'homme. Étudiez l'humanité tout entière, en vous d'abord et dans votre conscience, puis dans cette conscience du genre humain qu'on appelle l'histoire. *Homo sum et nihil humani à me alienum puto.* Que ce soit là notre commune devise. (Applaudissemens.) Je tâcherai de ne pas y être infidèle dans cette histoire de la philosophie, qui, dans mes principes, ne doit être qu'un résumé de l'histoire de l'humanité.

L'histoire de la philosophie que je vous présenterai sera donc, Messieurs, très générale et très spéciale Je n'exclurai rien, mais je dirigerai tout vers le but particulier de l'histoire de la philosophie. Je commencerai par le théâtre de l'histoire ou la géographie physique; ensuite je mettrai sous vos yeux les principaux événemens qui font l'histoire ordinaire; je vous rappellerai les grandes institutions politiques, les formes diverses des gouvernemens qui ont passé sur les sociétés humaines, les religions qui ont civilisé le monde, les arts qui l'ont embelli; et c'est après avoir parcouru tous ces degrés du développement humain que j'aborderai le dernier et le plus élevé de tous, la philosophie. Vous comprenez que, pressé par le temps, sans oublier aucun de ces degrés, je devrai les franchir rapidement, me contenter de marquer ma marche, et traverser plus ou moins vite les différentes sphères antérieures à la sphère philosophique, pour m'arrêter à celle-là, et y recueillir soigneusement les lumières qui doivent éclairer tout le reste et servir de flambeau à l'histoire entière.

Mais, avant de nous mettre en route, Messieurs, il nous reste à traiter une question de la plus haute importance, celle de la méthode qui peut nous conduire le plus sûrement au but que nous nous proposons, et nous mettre en possession d'une véritable histoire de l'humanité et de la philosophie. Cette question se présente nécessairement à l'entrée de la carrière, et, dans ce cours particulièrement destiné à la méthode, c'est un devoir étroit pour nous de l'aborder et de chercher à la résoudre.

Il y a deux méthodes historiques, il ne peut y en avoir que deux. Celle qui se présente la première et tout naturellement à l'esprit est la méthode expérimentale. Il semble que l'histoire étant une collection de faits, et l'histoire de la philosophie n'étant elle-même qu'une collection de faits d'un genre particulier qu'on appelle des systèmes, il n'y a qu'à appliquer à ces faits la même méthode qu'on a appliquée à tous les autres, savoir l'analyse expérimentale. Il s'agirait d'abord de les constater et de les décrire, et, quand ils seraient constatés et décrits, de rechercher leurs rapports, de ces rapports de tirer des lois, et avec ces lois de déterminer l'ordre et le développement entier de l'histoire de la philosophie. Il faudrait prendre, par exemple, un certain nombre d'époques, d'écoles de systèmes célèbres, étudier successivement ces époques, ces écoles, ces systèmes; une observation assidue donnerait peu à peu les rapports qui les séparent et qui les unissent, et les lois de leur formation générale. Rien ne paraît plus simple, plus facile et plus sage qu'une pareille marche; cependant j'en demande bien pardon à l'empirisme, cette marche est, selon moi, à peu près impraticable, et elle ne peut mener à aucun grand résultat.

Messieurs, si vous prétendez que la seule méthode historique légitime est la méthode expérimentale, soyez fidèles à cette prétention, c'est-à-dire servez-vous exclusivement de la méthode expérimentale, ne la quittez jamais, n'admettez jamais une autre méthode qui vous gouverne à votre insu, et vous conduise alors même que vous croyez et que vous prétendez n'être conduits que par l'expérience. Or, voici quelles conditions vous impose l'emploi exclusif de la méthode expérimentale. D'abord, pour la méthode expérimentale qui ne suppose aucun résultat antérieur à l'observation, il n'y a point d'époques de la philosophie. Qu'est-ce en effet qu'une époque de la philosophie? C'est un certain nombre de systèmes et d'écoles ramenées à un point de vue général qui, aux yeux de l'historien, paraît dominer tous ces systèmes, toutes ces écoles, et en faire une unité. Vous concevez bien que tel ne peut être le point de départ de la méthode expérimentale, car il implique que l'empirisme, en abordant l'histoire, commence par y transporter des distinctions que l'empirisme n'a pas encore faites, des classifications qui ne lui viennent pas de lui-même, des résultats qui lui sont étrangers, et qui seraient pour lui de pures hypothèses. Ainsi, pour la méthode expérimentale, il n'y a point l'Orient, la Grèce, Rome, le moyen âge, les temps modernes, ou toute autre classification à laquelle aboutira peut-être l'expérience, mais de laquelle elle ne doit pas partir; autrement elle suppose ce qui est en question, elle croit marcher *a posteriori*, et au fond elle marche *a priori*, elle fait ce qu'elle ne veut pas faire et ne sait pas ce qu'elle fait. Au lieu de classifications et de divisions historiques toutes faites, au lieu d'époques conventionnelles, il ne doit y avoir devant elle à son début que trois ou quatre mille ans remplis par des milliers d'écoles et de systèmes parmi lesquels il faut qu'elle se jette et qu'elle s'oriente comme elle pourra.

Non seulement, Messieurs, pour la méthode expérimentale, à son début, il ne doit pas y avoir d'époques, il ne doit pas non plus y avoir d'écoles. En effet, qu'est-ce qu'une école? c'est un certain nombre de systèmes plus ou moins liés dans le temps, mais liés surtout par des rapports intimes et par une certaine ressemblance de principes et de vues. C'est là sans doute une classification moins vaste que celle d'une époque, mais c'est encore une classification, c'est-à-dire un résultat qu'on ne peut trouver légitimement qu'à la suite d'un long examen, et qu'on ne rencontre pas au point de départ de la méthode expérimentale. Ainsi, il n'y a pas plus d'écoles qu'il n'y a d'époques pour cette méthode, à son point de départ.

Et qu'elle ne dise pas que, si elle met à ses pieds le préjugé des époques et des écoles conventionnelles, elle prendra d'abord sur la foi du genre humain les grands systèmes qui ont fait du bruit dans le monde, et s'établira sur ce terrain solide. Cela encore est un préjugé. Le genre humain est une grande autorité, sans doute; mais il ne faut pas plus parler de l'autorité du genre humain que de toute autre, lorsqu'on ne prétend marcher qu'avec l'expérience. A la rigueur, l'empirisme n'a le droit de prononcer qu'un système mérite plus d'attention qu'un autre, que lorsqu'il a examiné et approfondi l'un et l'autre système. Il n'a pas le droit de parcourir légèrement certains systèmes, celui de Posidonius le stoïcien, par exemple, et d'accorder une longue attention à Zénon; car qui vous dit que Posidonius ne mérite pas la même attention que Zénon? Il vous faut supposer que le genre humain a bien distribué la gloire, ce qui est une hypothèse. Ainsi, l'empirisme ne doit pas étudier seulement les philosophes célèbres, il doit prendre tous les philosophes, en rechercher les fragmens épars, et les reconstruire péniblement. Voilà donc l'empirisme en présence de quatre ou cinq mille ans, remplis non par des époques, par des écoles, par des systèmes célèbres, mais par des individus. Ouvrez le catalogue qu'a dressé le docte Fabricius des pythagoriciens, vous en trouverez un bien grand nombre; cependant il y en a beaucoup d'omis que nous découvrons tous les jours. Il en faut dire autant des platoniciens, des stoïciens, des péripatéticiens, des alexandrins. Eh bien, il faut étudier tout cela en détail, sous peine d'être infidèle à la méthode expérimentale. Or, comme en suivant rigoureusement cette méthode, pour arriver à des résultats généraux de quelque valeur, il faudrait une destinée de plusieurs siècles, et comme on ne peut compter sur une pareille destinée, il faudra bien s'adresser à une autre méthode.

Allons plus loin. Supposons qu'après avoir interrogé tous les systèmes isolés, épars à travers les siècles, nous soyons arrivés par la seule observation à une certaine reconstruction des différentes écoles, par là à une certaine reconstruction d'époques fondamentales, et que la méthode expérimentale se trouve en possession de tous les faits de l'histoire de la philosophie, distingués et classés entre eux, où en est-elle? Elle en est, Messieurs, à une histoire chronologique; elle sait que l'Orient n'est pas la Grèce, que l'Orient a précédé le monde grec et romain; que celui-ci a précédé le moyen âge, lequel a précédé l'époque où nous sommes. C'est un fait, et la méthode expérimentale n'a pas le droit de sortir des faits, et des caractères réels des faits. Eh bien, ce fait vous suffit-il? Suffit-il, après avoir étudié l'histoire du genre humain, de savoir qu'en fait telle époque a précédé telle autre, et que telle autre a suivi? Ce résultat satisfait-il à tous les besoins de la pensée? Ce résultat peut-il être pour la raison autre chose qu'un point de départ? La raison consent-elle à ne savoir ce qui fut que comme ayant été et ce qui est que comme étant? et ne veut-elle pas savoir pourquoi ce qui a précédé a précédé, pourquoi ce qui a suivi a suivi? Ne veut-elle pas savoir tout ce qu'elle sait d'une manière raisonnable, dans un ordre qui soit celui de la raison? Ne veut-elle pas se rendre compte des faits, les comprendre dans leurs causes, et les rappeler à leurs lois dernières, c'est-à-dire à quelque chose de nécessaire? A cela on a répondu, on répond encore que c'est du sein des faits qu'on tirera la nécessité des faits. Eh bien! je prie qu'on veuille bien se donner le peine d'opérer la métamorphose du fait en droit, du contingent en nécessaire, du relatif en absolu. Le jour où cette métamorphose aura été légitimement opérée, ce jour-là je croirai que si la méthode expérimentale est impraticable, comme je l'ai prouvé, il est fâcheux qu'elle le soit, car elle aurait pu satisfaire à la longue aux besoins de l'humanité: mais la dialectique démontre que la métamorphose est impossible; on voit ce qui est, on l'observe, on l'expérimente; mais ce qui devrait être, mais la raison des phénomènes, mais leur nécessité ne se voit pas, ne se touche pas, ne se saisit pas, ne s'observe pas, et nous sommes ici dans un monde qui ne tombe pas sous la méthode expérimentale. Il reste donc que nous nous adressions à une autre méthode. Essayons.

Pensez-y sérieusement. Qui est en jeu dans l'histoire? Quelle est l'étoffe avec laquelle se fait l'histoire? Quel est le personnage historique? Évidemment c'est l'homme, c'est la nature humaine. Il y a beaucoup d'élémens divers dans l'histoire. Quels peuvent être ces élémens? Évidemment encore, les élémens de la nature humaine. L'histoire est donc le développement de l'humanité, et de l'humanité seule; car il n'y a que l'humanité qui se développe, parce qu'il n'y a que l'humanité qui soit libre. Maintenant quelle est la première difficulté sous laquelle succombait la méthode expérimentale? C'était le nombre infini des élémens possibles de l'histoire dans lesquels cette méthode devait s'engager et se confondait nécessairement. Mais s'il ne peut pas y avoir dans l'histoire d'autres élémens que ceux de l'humanité, et si nous pouvions d'avance, avant d'entrer dans l'histoire, être en possession de tous les élémens de l'humanité, nous aurions beaucoup gagné; car en abordant l'histoire, nous saurions qu'il ne peut y avoir ni plus ni moins que tels élémens, sauf les formes diverses qu'ils auront pu revêtir. Certes, nous serions déjà fort avancés, si nous avions entre les mains toutes les pièces dont se compose la machine dont nous voulons étudier le jeu.

Il y a plus. Quand on a tous les élémens, j'entends tous les élémens essentiels, les rapports de ces élémens se découvrent comme d'eux-mêmes. C'est de la nature des élémens divers que se tirent sinon tous leurs rapports possibles, du moins leurs rapports généraux et fondamentaux. Or, qu'est-ce que les rapports généraux et fondamentaux des choses? Montesquieu l'a dit, et on l'en a beaucoup repris : ce sont les lois des choses. *Les lois sont les rapports nécessaires qui dérivent de la nature des choses.* Celui qui a élevé le plus grand monument, le seul monument solide du dernier siècle, s'est bien gardé de s'adresser seulement à l'expérience, il s'est adressé à la nature des choses; et là, les élémens essentiels déterminés, il a saisi leurs rapports : ces rapports fondamentaux, il les a érigés en lois, et ces lois une fois établies, il les a appliquées à l'expérience et transportées dans l'histoire. Et en effet, à moins que la nature des choses ne s'abdiquât elle-même en se développant, il fallait bien, bon gré mal gré, que ces élémens se retrouvassent dans l'histoire avec leurs rapports fondamentaux, c'est-à-dire avec leurs lois; et de là est résulté *l'esprit des lois.*

Je sais quels sont les inconvéniens de cette seconde méthode; je sais qu'il est possible de croire avoir saisi les élémens essentiels de la nature humaine, et de n'avoir saisi qu'un système ou trop étendu, ou trop borné, un système faux par quelque côté, et qu'alors imposer ce système faux à l'histoire, c'est fausser l'histoire avec un système. Je le sais, et je me hâte de déclarer ici que s'il n'y a pas d'autre méthode possible et raisonnable que celle que je viens d'exposer, il faut se mettre en garde contre ses séductions et ses inconvéniens, en la soumettant à l'épreuve rude et laborieuse de la première méthode; et c'est à quoi j'en voulais venir.

La méthode expérimentale seule, à peine praticable, ne peut conduire à rien qu'à la connaissance de ce qui fut, sans qu'on sache pourquoi ce qui fut a été, a été ainsi, a été là et non pas autrement ni ailleurs. D'un autre côté, la méthode spéculative pourrait nous conduire à un système faux qui nous conduisît lui-même à une vue fausse de l'histoire. Mais réunissez les deux méthodes, faites comme le grand physicien qui, dans son laboratoire, conçoit et expérimente, expérimente et conçoit, et se sert à la fois et de ses sens et de sa raison. Débutez par la méthode *à priori*, et donnez-lui comme contre-poids la méthode *à posteriori*. L'identité de ces deux méthodes est à mes yeux le flambeau à l'aide duquel seulement on peut s'orienter dans le labyrinthe de l'histoire. Il faut commencer par rechercher les élémens essentiels de l'humanité; puis de la nature de ces élémens tirer leurs rapports fondamentaux; de ces rapports tirer les lois de leur développement, et ensuite passant à l'histoire, se demander si elle confirme ou répudie ces résultats.

Si elle les confirmait, Messieurs, si l'expérience ne faisait que reproduire la spéculation, il s'ensuivrait, 1° que nous serions entrés dans une route qui nous aurait menés quelque part, ce qui était impossible par la méthode expérimentale toute seule; 2° que nous n'aurions plus alors des systèmes, des écoles, des époques pour ainsi dire juxta-posées dans l'espace, successives dans le temps, de la simple chronologie; mais que nous aurions de la chronologie dans un cadre supérieur à elle. L'histoire alors ne serait plus une suite de mots incohérens, mis les uns après les autres sans qu'on sacch pourquoi; ce serait une phrase intelligible dans laquelle tous les mots présentant une idée formeraient un ensemble qui lui-même représenterait une pensée complète. Ce ne serait ni un système abstrait *à priori*, ni une simple chronologie *à posteriori*; ce serait un système réalisé, l'alliance de l'idéal et du réel, quelque chose enfin de raisonnable. En effet, il implique trop que la raison humaine ait un développement déraisonnable, c'est-à-dire qui ne soit pas régulier et soumis à des lois. Comment la raison, en se développant, ne se développerait-elle pas conformément à sa nature, d'une manière régulière, avec des lois? Or, la raison humaine, c'est l'élément philosophique. Les différens élémens de la raison humaine avec leurs rapports et avec leurs lois, voilà ce qu'on appelle la philosophie. Si donc tout cela en tombant dans l'histoire s'y développe d'une manière raisonnable, il s'ensuit qu'après avoir commencé par la philosophie nous finirons encore par la philosophie, et qu'ainsi nous arriverons à l'identité de la philosophie et de l'histoire de la philosophie. L'histoire de la raison humaine, ou l'histoire de la philosophie, sera quelque chose de raisonnable et de philosophique. Ce sera la philosophie elle-même avec tous ses élémens, avec tous leurs rapports, avec toutes leurs lois, c'est-à-dire la philosophie dans son développement intérieur, représentée en grand et en caractères éclatans, des mains du temps et de l'histoire, dans la marche visible de l'espèce humaine.

Il me semble qu'un tel résultat vaut la peine d'être cherché ; ce n'est pas un rêve, Messieurs; c'est le fruit de la nature même des choses. Il est nécessaire en soi que la raison humaine se développe raisonnablement, et par conséquent qu'elle forme dans son développement quelque chose de régulier, d'harmonique, de systématique, de philosophique. Il est nécessaire en soi que tout cela, livré au temps et passé dans l'histoire, subsiste et ne fasse que paraître davantage et sur une échelle plus grande. L'identité de la philosophie et de son histoire est certaine ; il ne s'agit que de la découvrir et de la mettre en lumière.

Pour être fidèle à la méthode que je viens de vous exposer, il faut d'abord rechercher quels sont les élémens de la raison humaine.

Quels sont les élémens de la raison humaine, c'est-à-dire, quelles sont les idées fondamentales qui président à son développement? C'est là, Messieurs, la question vitale de la philosophie. La raison s'est développée bien long-temps avant qu'on ait recherché comment elle se développait; et en philosophie comme en toute autre chose, la pratique a précédé la théorie. Tout comme on avait admiré avant de rechercher pourquoi on admirait, comme on avait fait des actes de désintéressement avant d'avoir analysé le désintéressement; de même on avait appliqué la raison avant d'avoir interrogé sa nature, reconnu ses lois, mesuré sa portée. La philosophie ou la réflexion a commencé le jour où, au lieu de laisser la raison humaine se développer avec la vertu qui est en elle, selon les lois qui sont en elle et la libre portée de ces lois, on lui a demandé compte d'elle-même, de sa nature, de ses lois, on a discuté ses droits, on lui a demandé ses titres. La philosophie a commencé ce jour-là; et depuis, Messieurs, cette recherche a toujours été l'effort de tous les philosophes qui ont laissé leur trace dans l'histoire de la philosophie.

Cette recherche, pour être dirigée méthodiquement, doit se diviser en trois points. Il faut d'abord constater, énumérer dans leur totalité les élémens ou idées essentielles de la raison; il faut les avoir tous, être bien sûr que nous n'en supposons aucun, que nous n'en omettons aucun; car si nous en imaginons un seul, un élément purement hypothétique nous conduirait à des rapports hypothétiques, et de là à un système hypothétique. La première loi d'une sage méthode est donc une énumération complète. La seconde est un examen si approfondi de tous ces élémens, qu'il aboutisse à une réduction de ces élémens, et que nous finissions par avoir entre les mains le nombre déterminé d'élémens simples, irréductibles les uns aux autres, indécompensables et primitifs, qui sont la borne infranchissable de l'analyse. La troisième loi de la méthode est l'examen des différens rapports de ces élémens entre eux. Je dis des différens rapports; car ces élémens peuvent soutenir un très grand nombre de rapports différens; il n'en faudrait supposer aucun, mais il n'en faudrait négliger aucun. C'est quand nous aurons tous ces élémens, quand nous les aurons réduits, quand nous aurons saisi tous leurs rapports, que nous serons en possession des fondemens de la raison et de son histoire.

Messieurs, la recherche à laquelle nous allons nous livrer a déja occupé et presque rempli un enseignement oublié sans doute, mais qui doit être un motif d'indulgence pour les résultats, que je suis forcé de vous rappeler en peu de mots. J'ai besoin de vous dire que pendant les six années dont se compose la première partie de ma carrière de professeur, d'une manière ou d'une autre, sous une forme ou sous une autre, je n'ai guère eu qu'un but, l'analyse des élémens fondamentaux de la raison humaine dans les différentes sphères où elle se manifeste, en matière de beauté, dans la morale, dans le droit, dans toutes les parties de la philosophie. Cette question a toujours été devant mes yeux, et c'est la manière dont je l'ai résolue qui fait le caractère propre de mon premier enseignement. Sans doute, Messieurs, j'espère que vous ne me croirez jamais sur parole, et que vous ne me punirez point ainsi d'un tort qui n'est pas en moi, mais dans les choses, du tort d'être forcé de parcourir en quelques leçons l'histoire entière de l'humanité et de la philosophie. Mais j'espère aussi que vous croirez toujours que je n'improvise point ici, et que sous mes paroles sont de longues et de pénibles recherches. Il y a plus de douze ans que, pour la première fois dans une chaire publique, j'ai donné une énumération complète des élémens de la raison humaine, une réduction de ces élémens, et une analyse de leurs rapports. Je me contenterai aujourd'hui d'exprimer les résultats de ces travaux, laissant à vos méditations le soin de féconder ces germes, et me fiant à la vertu de l'histoire, qui, en les développant, les confirmera. J'ai l'air peut-être de hasarder beaucoup, et je ne fais que résumer les travaux de toute ma vie.

L'analyse rigoureuse et scientifique des élémens de la raison humaine a été deux fois sérieusement abordée. Il appartenait à l'un des premiers génies dont s'honore l'humanité, après avoir recherché les élémens de toutes les autres parties de la nature humaine, après avoir fondé sur la même méthode une science nouvelle dont les progrès récens n'ont fait qu'ajouter à la gloire de son fondateur; il appartenait, dis-je, à Aristote de pénétrer dans les profondeurs de la raison humaine, de la soumettre au même scalpel qui avait produit l'histoire des animaux, d'en constater et d'en décrire tous les élémens. Il y a environ cinquante ans que celui de tous les modernes qui pour la méthode, la pénétration et l'étendue de l'esprit, le goût et le sentiment de la réalité en toutes choses, rappelle le plus Aristote, Kant, a renouvelé cette laborieuse entreprise. Aristote avait tenté une énumération des élémens de la raison humaine, sous le titre si célèbre et si décrié de catégories. Kant s'est servi à peu près du même dictionnaire. Il importe extrêmement peu qu'on appelle les idées qui président au développement de la raison humaine, catégories en grec, ou principes de la nature humaine en anglais, ou qu'on les désigne par telle autre expression correspondante en allemand; toutes ces disputes de mots doivent être renvoyées à la scholastique. Il ne s'agit point ici des mots, il s'agit des faits. Je pense qu'après Aristote et Kant, la liste des élémens de la raison doit être fermée, et que ces deux grands analystes ont épuisé la statistique de la raison. Mais je suis loin de penser que la réduction qu'ils ont faite de ces élémens soit la borne de l'analyse, ni qu'ils aient discerné les rapports fondamentaux de ces élémens. Quels sont, Messieurs, ces élémens trouvés par Aristote et par Kant? Quelle est la réduction à laquelle on peut s'arrêter? Quels sont les rapports essentiels de ces élémens? Ce sont là des questions bien graves, et que je suis forcé de parcourir en quelques minutes.

Si je procédais analytiquement, je vous énumérerais l'un après l'autre tous les élémens de raison; je vous démontrerais leur réalité en m'adressant à votre conscience; et quand ils seraient dans votre conscience aussi clairement que dans la mienne, quand tous ces élémens seraient énumérés, constatés, décrits, je procéderais à leur réduction et à l'examen de leurs rapports. Mais il faut aller plus vite; il faut vous dire brusquement que la raison humaine, de quelque manière qu'elle se développe, quoi qu'elle aborde, quoi qu'elle considère, soit qu'elle s'arrête à l'observation de cette nature qui nous entoure, soit qu'elle s'enfonce dans les profondeurs du monde intérieur, ne conçoit toutes choses que sous la raison de deux idées. Examine-t-elle les nombres et la quantité? il lui est impossible d'y voir autre chose que l'unité ou la multiplicité. Ce sont là les deux idées auxquelles toute considération relative au nombre aboutit. L'un et le divers, l'un et le multiple, l'unité et la pluralité, voilà les idées élémentaires de la raison en matière de nombre. S'occupe-t-elle de l'espace? elle ne peut le considérer que sous deux points de vue; elle conçoit un espace déterminé et borné, ou l'espace des espaces, l'espace absolu. S'occupe-t-elle de l'existence? prend-elle les choses sous ce seul rapport qu'elles existent? elle ne peut concevoir que l'idée de l'existence absolue, ou l'idée de l'existence relative. Songe-t-elle au temps? elle conçoit ou un temps déterminé, le temps à proprement parler, ou le temps en soi; le temps absolu, savoir l'éternité, comme l'espace absolu est l'immensité. Songe-t-elle aux formes? elle conçoit une forme finie, déterminée, limitée, mesurable, et quelque chose qui est le principe de cette forme, et qui n'est ni mesurable, ni limité, ni fini, l'infini en un mot. Songe-t-elle au mouvement, à l'action? elle ne peut concevoir que des actions bornées et des principes d'actions bornés, des forces, des causes bornées, relatives, secondaires, ou une force absolue, une cause première au delà de laquelle, en matière d'action, il n'est pas possible de rien rechercher et de rien trouver. Pense-t-elle à tous les phénomènes extérieurs ou intérieurs qui se développent devant elle, à cette scène mobile d'événemens et d'accidens de toute espèce? là encore elle ne peut concevoir que deux choses, la manifestation et l'apparence, comme apparence et simple manifestation, ou ce qui tout en paraissant retient quelque chose encore qui ne tombe pas dans l'apparence, c'est-à-dire l'être en soi, et, pour prendre le langage de la science, le phénomène et la substance. Dans la pensée, elle conçoit des pensées relatives à ceci, relatives à cela, qui peuvent être ou n'être pas, et elle conçoit le principe en soi de la pensée, principe qui passe sans doute dans toutes les pensées relatives, mais qui ne s'y épuise point. Dans le monde moral aperçoit-elle quelque chose de beau ou de bon? elle y transporte invinciblement cette même catégorie du fini et de l'infini, qui devient ici l'imparfait et le parfait, le beau idéal et le beau réel, la vertu avec les misères de la réalité, ou le saint dans sa hauteur et dans sa pureté non souillée.

Je m'étendrais inutilement, Messieurs; puisque je suis forcé de fuir l'analyse, autant vaut que cette synthèse soit rapide. Voilà, selon moi, tous les élémens de la raison humaine. Monde extérieur, monde intellectuel, monde moral, tout est soumis à ces deux idées. La raison ne se développe et ne peut se développer qu'à ces deux conditions. La grande division des idées aujourd'hui acceptée est la division en idées contingentes et en idées nécessaires. Cette division est, dans un point de vue plus circonscrit, le reflet de la division à laquelle je m'arrête, et que vous pouvez vous représenter sous la formule de l'unité et de la multiplicité, de la substance et du phénomène, de la cause absolue et des causes relatives, du parfait et de l'imparfait, du fini et de l'infini.

Pensez-y, Messieurs: chacune de ces propositions a deux termes, l'un nécessaire, absolu, un, substantiel, causal, parfait, infini; l'autre imparfait, phénoménal, relatif, multiple, fini. Une analyse savante identifie entre eux tous les seconds termes et tous les premiers termes entre eux; elle identifie l'immensité, l'éternité, la substance absolue et la cause absolue, la perfection et l'unité, d'une part; et, de l'autre, le multiple, le phénoménal, le relatif, le limité, le fini, le borné, l'imparfait.

Voilà donc toutes les propositions que nous avions énumérées réduites à une seule, à une proposition aussi vaste que la raison et le possible, à l'opposition de l'unité et de la pluralité, de la substance et du phénomène, de l'être et du paraître, de l'identité et de la différence, etc.

Arrivés à cette réduction, examinons le rapport de ces deux termes; prenons, par exemple, comme proposition exemplaire, si l'on peut s'exprimer ainsi, l'unité et la multiplicité. Quels sont les rapports de ces deux termes de la même proposition? Dans quel ordre les concevons-nous, les acquérons-nous? Commençons-nous, Messieurs, par concevoir et acquérir l'idée de l'unité, puis l'idée de la diversité, ou bien, concevons-nous d'abord l'idée de la diversité et puis celle de l'unité? Messieurs, recueillez-vous un instant, rentrez un instant en vous-mêmes, et dites-moi si, aussitôt que je vous parle de l'idée de la multiplicité, il vous est possible de ne pas concevoir l'idée de l'unité; si, quand je vous parle du fini, vous ne concevez pas nécessairement l'infini. Eh bien, la réciproque est également vraie. Quand je vous parle d'unité, vous ne pouvez pas ne pas penser à la variété; quand je vous parle d'infini, vous ne pouvez pas ne pas concevoir le fini. Il ne faut pas dire, Messieurs, comme deux grandes écoles rivales, que l'esprit humain débute par l'unité et l'infini, ou par le fini, le contingent et le multiple; car, s'il débute par l'unité seule, je lui porte le défi d'arriver jamais à la multiplicité; ou, s'il part de la multiplicité seule, je lui porte également le défi d'arriver à l'unité; s'il partait du phénomène tout seul, et qu'il lui fût fidèle, il n'arriverait pas à la cause première, à la substance; s'il partait de la seule idée de l'imperfection, il n'arriverait pas à la perfection; s'il ne considérait que le vice et le mal comme tel, il ne trouverait jamais la vertu et le bien; et réciproquement. Les deux idées fondamentales auxquelles se réduit la raison sont donc deux idées contemporaines dans la raison, dont la raison non seulement ne peut pas se passer, mais qui lui arrivent en même temps. L'une suppose l'autre dans l'ordre d'acquisition de nos connaissances. Tout de même que nous ne débutons pas seulement par les sens et par l'expérience, et que nous ne débutons pas non plus par la pensée abstraite et par l'intelligence toute seule, et qu'il faut unir ces deux points de départ en un, de même l'esprit humain ne débute ni par l'idéalisme, ni par le réalisme, ni par l'unité, ni par la multiplicité ; il débute et ne peut pas ne pas débuter par l'un et par l'autre, l'un est le contraire de l'autre, mais le contraire impliquant son contraire, l'un n'est qu'à condition que l'autre soit en même temps. Voilà leurs rapports dans l'ordre de l'acquisition de nos connaissances. Mais c'est là le rapport de ces deux idées à l'esprit, ce n'est pas là le rapport de ces deux idées en elles-mêmes.

Sans doute, l'une ne nous est pas concevable sans l'autre. Mais en même temps que nous ne concevons pas l'une sans l'autre, nous ne concevons pas non plus que dans l'ordre intrinsèque des choses, dans l'ordre en soi, la variété puisse exister sans que préalablement n'ait existé l'unité. L'unité, la perfection, la substance, l'éternité, l'espace absolu nous paraissent l'affirmation, le positif, l'idée supérieure et antérieure dont la diversité, le fini, l'imparfait, le momentané, le successif, ne sont que la négation. C'est donc l'unité qui préexiste à la variété, comme l'affirmation à la négation, comme dans d'autres catégories l'être précède l'apparence, la cause première précède la cause seconde, le principe de toute manifestation précède toute manifestation.

L'unité est antérieure à la variété ; mais quoique l'une soit antérieure à l'autre, une fois qu'elles sont, peuvent-elles être isolées ? Qu'est-ce que l'unité, prise isolément ? Une unité indivisible, une unité morte, une unité qui, restant dans les profondeurs de son existence absolue, et ne se développant jamais en multiplicité, en variété et en pluralité, est pour elle-même comme si elle n'était pas. De même, qu'est-ce que la variété sans unité ? c'est une variété qui n'étant pas susceptible d'unité, ne pouvant pas être rapportée à une unité, ne peut jamais être élevée à une totalité, à une collection quelconque, ne peut jamais être additionnée, ne peut pas faire une somme ; c'est une suite de quantités indéfinies, de chacune desquelles on ne peut pas même dire qu'elle est telle et non pas une autre, car ce serait supposer qu'elle est une, c'est-à-dire supposer l'idée d'unité : de manière que sans unité, la variété aussi est comme si elle n'était pas. Voilà ce que produirait l'isolement de l'unité et de la variété; l'une est nécessaire à l'autre pour être, pour exister de la vraie existence, de cette existence qui n'est ni l'existence multiple, variée, mobile, fugitive et négative, ni cette existence absolue, éternelle, infinie, parfaite, qui est elle-même comme le néant de l'existence. Toute vraie existence, toute réalité, est dans l'union de ces deux élémens; quoique essentiellement l'un soit supérieur et antérieur à l'autre. Il faut qu'ils coexistent pour que de leur coexistence résulte la réalité. La variété manque de réalité sans unité : l'unité manque de réalité sans variété. La réalité ou la vie, je parle ici de la vie raisonnable, de la vie de la raison, est la simultanéité de ces deux élémens.

Mais il y a encore un tout autre rapport que celui de la coexistence. (Je vous demande mille pardons, Messieurs, de vous arrêter si longtemps, mais ce n'est pas moi, c'est la force et la liaison des choses, c'est la dialectique qui vous retient.

Vous ne pouvez séparer la variété de l'unité, ni l'unité de la variété, la substance du phénomène ni le phénomène de la substance; l'une est antérieure à l'autre, mais n'existe pas sans l'autre ; ils coexistent nécessairement. Mais comment coexistent-ils? quel est le mystère de cette coexistence? L'unité est antérieure à la multiplicité; comment donc l'unité a-t-elle pu admettre la multiplicité? La pensée ne pourrait admettre l'une sans l'autre; mais dans l'ordre réel, nous avons vu que l'une est antérieure à l'autre; comment donc s'est fait ce mouvement de l'unité à la variété? C'est là le vice fondamental des théories anciennes et modernes; c'est là le vice de la théorie de Kant. Elle pose l'unité d'un côté, la multiplicité de l'autre, l'infini et le fini dans une opposition telle que le passage de l'un à l'autre semble impossible. Une analyse supérieure résout cette contradiction.

Nous avons identifié tous les seconds termes entre eux; nous avons identifié aussi tous les premiers termes. Et quels sont ces premiers termes ? C'est l'immensité, l'éternité, l'infini, l'unité. Nous verrons un jour comment l'école d'Élée, en se plaçant exclusivement dans ce point de vue, à la cime de l'immensité, de l'éternité, de l'être en soi, de la substance infinie, a défié toutes les autres écoles de pouvoir jamais, en partant de là, arriver à l'être relatif, au fini, à la multiplicité, et s'est beaucoup moqué de ceux qui admettaient l'existence du monde, lequel n'est, après tout, qu'une grande multiplicité. L'erreur fondamentale de l'école d'Élée vient de ce que, dans tous les premiers termes que nous avons énumérés, elle en avait oublié un qui égale tous les autres en certitude, et a droit à la même autorité que tous les autres, savoir : l'idée de la cause. L'immensité ou l'unité de l'espace, l'éternité ou l'unité du temps, l'unité des nombres, l'unité de la perfection, l'idéal de toute beauté, l'infini, la substance, l'être en soi, l'absolu, c'est une cause aussi, non pas une cause relative, contingente, finie, mais une cause absolue. Or, étant une cause absolue, l'unité, la substance ne peut pas ne pas passer à l'acte, elle ne peut pas ne pas se développer. Soit donné seulement l'être en soi, la substance absolue sans causalité, le monde est impossible. Mais si l'être en soi est une cause absolue, la création n'est pas possible, elle est nécessaire, et le monde ne peut pas ne pas être. Otez la catégorie de la causalité à l'ensemble des autres catégories, l'observateur superficiel n'y aperçoit aucune importance; mais vous voyez ce qu'on fait alors : on détruit la possibilité de la création du monde, car il implique que l'unité seule passe à la variété et la substance au phénomène; il implique de tirer le relatif de l'absolu; mais l'absolu n'est pas l'*absolutum quid* de la scholastique : c'est la cause absolue qui absolument crée, absolument se manifeste, et qui en se développant tombe dans la condition de tout développement, entre dans la variété, dans le fini, dans l'imparfait, et produit tout ce que vous voyez autour de vous.

Reconnaissons où nous en sommes. Nous avons énuméré, constaté, décrit, ou plutôt cité tous les élémens de la raison humaine. Nous les avons réduits à deux. Nous avons trouvé que dans l'ordre d'acquisition de nos connaissances l'un supposait l'autre, l'un était inséparable de l'autre. Nous avons trouvé en même temps que l'un est antérieur et supérieur à l'autre dans l'essence. Mais quoique l'un soit antérieur et supérieur à l'autre, nous avons trouvé qu'une fois qu'ils existent l'un manquerait de réalité sans l'autre, et que tous deux sont nécessaires pour constituer la vie réelle de la raison. Enfin, nous avons trouvé que l'un est le produit de l'autre, et que l'un donné, il y a non seulement possibilité, mais nécessité du second. Ce dernier rapport est le rapport le plus essentiel de ces deux élémens. L'unité en soi, comme cause absolue, contient la puisance de la variété et de la différence; elle la contient, mais tant qu'elle ne l'a pas manifestée, c'est une unité stérile; mais aussitôt qu'elle l'a produite, ce n'est plus alors la première unité, c'est une unité riche de ses propres fruits, et dans laquelle se rencontrent la multiplicité, la variété, la vie. Il en est de même du principe de la pensée : non développé et à l'état de pure substance, c'est un principe intellectuel sans l'élément de la différence, et par conséquent sans aucune pensée; développé, c'est une vraie intelligence, riche de toutes les pensées qui sont en ses puissances et arrivée à la connaissance d'elle-même et de sa fécondité par la conscience de ses produits.

Je viens en apparence, Messieurs, de tourmenter des abstractions. J'ai fait ce qu'ont fait auparavant mes maîtres. J'espère que bientôt je vous prouverai que ces prétendues abstractions sont le fond de toute vie. D'abord cette unité enveloppée en elle-même, grosse pour ainsi dire de la différence et de la multiplicité, sans les avoir produites encore; puis la variété, la multiplicité, le fini, l'action relative, développée, en possession du monde, mais détachée de l'unité; enfin cette nouvelle unité qui a ressaisi les élémens échappés de son sein, et qui alors se sait elle-même comme variété et comme unité tout ensemble, eh bien! ces catégories si abstraites et si vaines en apparence, c'est la vie de la nature, c'est notre propre conscience, c'est la vie de l'humanité, c'est la vie de l'histoire: Tel sera le sujet de la prochaine leçon.

5ᵉ LEÇON. 21 MAI 1828.

COURS
DE L'HISTOIRE
DE
LA PHILOSOPHIE.

MESSIEURS,

Rappelez-vous les conclusions de la dernière leçon. La raison, dans quelque sens qu'elle se développe, à quoi que ce soit qu'elle s'applique, quoi que ce soit qu'elle considère, ne peut rien concevoir que sous la condition de deux idées qui président à l'exercice de son activité, savoir : l'idée de l'un et du multiple, du fini et de l'infini, de l'être et du paraître, de la substance et du phénomène, de la cause absolue et des causes secondes, de l'absolu et du relatif, du nécessaire et du contingent, de l'immensité et de l'espace, de l'éternité et du temps, etc. En rapprochant toutes ces propositions, en rapprochant par exemple tous leurs premiers termes, une analyse approfondie les identifie; elle identifie également tous les seconds termes entre eux; de sorte que de toutes ces propositions comparées et combinées, il résulte une seule proposition, une seule formule qui est la formule même de la pensée, et que vous pouvez exprimer, selon les cas, par l'un et le multiple, le temps et l'éternité, l'espace et l'immensité, l'unité et la variété, la substance et le phénomène, etc. Enfin, les deux termes de cette formule si compréhensive, ne constituent pas un dualisme dans lequel le premier terme est d'un côté, le second de l'autre, sans autre rapport que celui d'être aperçus en même temps par la raison; le rapport qui les lie est tout autrement essentiel: l'unité, la substance, l'être, l'immensité, l'éternité, etc., le premier terme de la formule est cause aussi et cause absolue; et en tant que cause absolue, il ne peut pas ne point se développer dans le second terme, savoir, la multiplicité, le fini, le phénomène, le relatif, l'espace et le temps, etc. Le résultat de tout ceci est que les deux termes, ainsi que le rapport de génération qui tire le second du premier, et qui, par conséquent, l'y rapporte sans cesse, sont les trois élémens intégrans de la raison. Il n'est pas au pouvoir de cette raison dans ses abstractions les plus hardies, de séparer aucun de ces trois termes l'un de l'autre. Essayez, par exemple, d'ôter l'unité, et la variété seule n'est plus additionnable, elle n'est plus compréhensible; d'un autre côté, essayez de retrancher la variété, et vous avez une unité immobile, une unité qui ne se manifeste point, et qui à elle seule n'est pas une pensée, toute pensée étant représentable par une proposition, et un seul terme ne suffisant à aucune proposition. Enfin, ôtez le rapport qui lie intimement la variété à l'unité, et vous détruisez encore le lien nécessaire des deux termes de toute proposition. Nous pouvons donc regarder comme un point incontestable que ces trois termes sont distincts, mais inséparables, et qu'ils constituent à la fois une triplicité et une unité nécessaire.

Parvenus à cette hauteur, nous avons perdu

terre, Messieurs, et il importe de bien reconnaître où nous en sommes; il faut reconnaître la nature de ces trois idées qui, dans leur triplicité et leur unité, nous ont paru le fond même de la raison.

Quelle est la nature des idées? Les idées sont-elles de simples signes, qui n'existent que dans le dictionnaire, de purs mots, et faut-il être nominaliste? nullement; car les noms, les mots, les signes à l'aide desquels nous pensons, nous ne pouvons les admettre qu'à la condition de les comprendre, et nous ne pouvons les comprendre, qu'à la condition générale de comprendre, de nous entendre avec nous-mêmes, c'est-à-dire précisément à la condition de ces trois idées qui gouvernent et dirigent toute opération de la pensée. Les signes sont sans doute des secours puissans pour la pensée, mais ils n'en sont pas le principe interne: il est trop clair que la pensée préexiste à son expression, que nous ne pensons pas parce que nous parlons, mais que nous parlons parce que nous pensons, et parce que nous avons quelque chose à dire. Si on repousse le nominalisme, faut-il donc être réaliste? faut-il admettre que les idées sont des choses qui existent comme tout le reste ; et, comme le dit Malebranche, que ce sont de petits êtres qui ne sont point méprisables. Pas davantage, Messieurs. Non, les idées ne sont pas des choses comme les autres. Qui est-ce qui a vu des idées ? qui est-ce qui a touché des idées ? qui est-ce qui a été en rapport avec des idées ? Si, ce dont je doute fort, les réalistes ont voulu parler de l'existence extérieure des idées, ils sont tombés dans la plus évidente absurdité. Je suis tenté de ne pas la leur imputer ; mais enfin on la leur prête, à tort ou à raison. Pour y échapper, nous adresserons-nous aux conceptualistes, afin de parcourir le cercle connu des trois grandes écoles françaises du moyen âge, sur la question des idées ? C'est à quoi on s'est généralement arrêté. Entendons-nous, Messieurs. Je suis prêt à accorder que les idées ne sont que des conceptions de la raison, de l'intelligence, de la pensée, si on veut bien s'entendre avec moi sur la nature de la raison, de l'intelligence, de la pensée. Songez-y bien : la raison est-elle humaine, à parler rigoureusement, ou bien n'est-elle humaine que par cela seulement qu'elle fait son apparition dans l'homme? La raison vous appartient-elle? Est-elle vôtre? Qu'est-ce qui vous appartient? qu'est-ce qui est vôtre en vous? C'est, Messieurs, la volonté et ses actes. Je veux mouvoir mon bras et je le meus; je prends telle résolution, cette résolution est exclusivement mienne, je ne puis l'imputer à aucun de vous; elle m'appartient, elle est ma propriété, et cela est si vrai que s'il me plaît, à l'instant même je prends une résolution contraire, je veux autre chose, je produis un autre mouvement, parce que, c'est l'essence même de ma volonté d'être libre, de faire ou de ne pas faire, de commencer une action ou de la suspendre ou de la changer, quand et comme il me plaît. En est-il de même des perceptions de la raison? La raison conçoit une vérité mathématique: peut-elle changer cette conception comme ma volonté a changé tout à l'heure ma résolution? peut-elle concevoir que deux et deux ne font pas quatre? Essayez, et vous n'y parviendrez point; et non seulement en mathématiques, mais dans toutes les autres sphères de la raison, le même phénomène a lieu. En morale, essayez de concevoir que le juste n'est point obligatoire; dans les arts, essayez de concevoir que telle ou telle forme n'est pas belle; vous l'essaierez en vain, la raison vous imposera toujours la même aperception. La raison ne se modifie pas à son gré; vous ne pensez pas comme vous voulez; votre intelligence n'est pas libre. Qu'est-ce à dire, Messieurs? c'est que vous ne constituez pas votre raison, et qu'elle ne vous appartient pas. Tout ce qui est libre est vôtre; ce qui n'est pas libre en vous n'est point à vous, et la liberté seule est la personalité. On ne peut s'empêcher de sourire quand de nos jours on entend parler contre la raison en tant qu'individuelle. En vérité, c'est un grand luxe de déclamation; car il n'y a rien de moins individuel que la raison; si elle était individuelle, elle serait personnelle, elle serait volontaire et libre, nous la maîtriserions comme nous maîtrisons nos résolutions et nos volontés; nous changerions à toutes les minutes ses actes, c'est-à-dire ses conceptions. Si ces conceptions n'étaient qu'individuelles, nous ne songerions pas à les imposer à une autre individu; car imposer ses conceptions individuelles et personnelles à un autre individu, à une autre personne, serait le despotisme le plus outré et le plus extravagant. Ce qui est purement individuel en moi n'a de valeur que dans mon individu. Mais les choses ne vont pas ainsi; nous déclarons tout-à-fait en délire ceux qui n'admettent pas les rapports mathématiques des nombres, ceux qui n'admettent pas la différence du beau et du laid, du juste et de l'injuste. Pourquoi? Parce que nous savons que ce n'est pas l'individu qui constitue ces conceptions, ou, en d'autres termes, que la raison en soi n'est pas individuelle, mais universelle et absolue; que c'est à ce titre qu'elle oblige tous les individus, et qu'un individu, en même temps qu'il se sait obligé par elle, sait que tous les autres sont obligés par elle et au même titre. La raison n'est donc pas individuelle; donc elle n'est pas nôtre, elle ne nous appartient pas, elle n'est pas humaine; car encore une fois, ce qui constitue l'homme et sa personnalité intrinsèque, c'est son activité volontaire et libre; tout ce qui n'est pas volontaire et libre est ajouté à l'homme, mais n'est pas partie intégrante de l'homme. Si on veut admettre ceci, j'accorderai, Messieurs, que les idées sont des conceptions de cette raison universelle et absolue que nous ne nous constituons pas, mais qui apparaît en nous et qui est la loi de tous les individus; cette raison que Fénelon retrouvait toujours au bout de toutes ses recherches, dont il essayait en vain de faire abstraction sans pouvoir jamais s'en séparer, et qui, revenant sans cesse, malgré tous ses efforts, dans toutes ses pensées les plus hautes ou les plus vulgaires, lui arrachait ce soupçon sublime: « O raison, raison, n'es-tu pas celui que je « cherche! » Si on veut l'entendre ainsi, nulle difficulté, et les idées seront des conceptions non de la raison humaine, mais de la raison en soi. Toutefois, Messieurs, faites attention que cette raison, qui en elle-même est universelle et absolue, et par conséquent infaillible, tombée qu'elle est dans l'homme, et par là en rapport avec les sens, les passions et l'imagination, d'infaillible qu'elle était en soi devient faillible. Ce n'est pas elle qui se trompe, mais ce en quoi elle est l'égare; de là toutes ses aberrations: elles sont nombreuses, et comme elles dérivent du rapport qui dans l'état actuel des choses est notre condition inévitable, elles sont inévitables elles-mêmes. La vérité peut être aperçue par la raison dans son état humain, si je puis m'exprimer ainsi; mais elle peut ne l'être pas toujours de la manière la plus fidèle; mais alors même elle n'est ni altérée ni détruite, elle subsiste indépendamment de la raison qui ne l'aperçoit pas ou l'aperçoit mal. La vérité en elle-même est aussi indépendante de la raison, dans son état actuel, que la raison est en elle-même indépendante de l'homme en qui elle apparaît. Ainsi arrachée à la raison faillible de l'homme, il ne reste plus qu'à la rapporter à la raison non encore tombée dans l'humanité, à la raison universelle, absolue, infaillible, à la raison éternelle, hors de l'espace et du temps, et de tout contact avec le relatif, le contingent et l'erreur, à cette intelligence dont la nôtre, ou plutôt celle qui fait son apparition en nous, est un fragment, à la pensée pure et incorruptible que la nôtre réfléchit. C'est là la théorie de Platon et celle de Leibnitz, théorie que j'ai moi-même adoptée, et qu'autrefois j'ai si souvent et si longuement développée à cette chaire.

Les idées ne sont donc pas de purs mots; ce ne sont pas non plus des êtres. Ce sont des conceptions de la raison humaine; et même la rigueur de l'analyse force de les rapporter au principe éternel de la raison humaine, à la raison absolue ; c'est à cette raison seule qu'elles appartiennent ; elles ne sont que prêtées en quelque sorte à toutes les autres raisons. C'est là qu'elles existent ; mais de quelle manière ? Il ne faut pas chercher bien loin : elles existent de l'existence de l'esprit ; elles ne sont pas autre chose que la manière d'être de la raison éternelle. Or, la manière d'être de la raison éternelle et de l'esprit absolu, c'est une manière d'être tout intellectuelle et tout idéale. Ici toute discussion cesse, l'esprit ne s'explique que par lui-même ; il atteste seul et légitime seul sa manière d'exister. Et remarquez qu'en faisant des idées, avec Platon et Leibnitz, les manières d'être de l'éternelle intelligence, vous donnez à cette intelligence ce qui lui est nécessaire pour être une vraie intelligence, c'est-à-dire pour se connaître ; car le propre de l'intelligence n'est pas de pouvoir connaître, mais de connaître en effet. A quelle condition y a-t-il intelligence pour nous ? Ce n'est pas à la seule condition qu'il y aura un principe d'intelligence en nous, mais à la condition que ce principe se développera, c'est-à-dire à la condition qu'il sortira de lui-même, afin de pouvoir se prendre lui-même comme objet de sa propre intelligence. La condition de l'intelligence, c'est la différence; et il ne peut y avoir acte de connaissance que là où il y a plusieurs termes. L'unité ne suffit pas à la conception, la variété y est nécessaire; et encore il ne faut pas seulement qu'il y ait variété, mais il faut qu'il y ait aussi un rapport intime entre le principe de l'unité et la variété, sans quoi la variété n'étant pas aperçue par l'unité, l'une est comme si elle ne pouvait apercevoir et l'autre comme si elle ne pouvait être aperçue. Rentrez un instant en vous-même, et vous verrez que ce qui constitue l'intelligence dans notre faible conscience, c'est qu'il y ait plusieurs termes dont l'un aperçoit l'autre, dont le second est aperçu par le premier : c'est là se connaître, c'est là se comprendre, c'est là l'intelligence : l'intelligence sans conscience est la possibilité abstraite de l'intelligence, non l'intelligence en acte; et la conscience implique la diversité et la différence. Transportez tout ceci de l'intelligence humaine à l'intelligence absolue, c'est-à-dire rapportez les idées à la seule intelligence à laquelle elles puissent appartenir, vous avez, si je puis m'exprimer ainsi, la vie de l'intelligence absolue, vous avez cette intelligence avec l'entier développement des élémens qui lui sont nécessaires pour être une vraie intelligence, vous avez tous les momens dont le rapport et le mouvement constituent la réalité de la connaissance.

Résumons-nous. Il y a dans la raison humaine deux élémens et leur rapport, c'est-à-dire trois élémens, trois idées. Ces trois idées ne sont pas un produit arbitraire de la raison humaine; loin de là, dans leur triplicité et dans leur unité, elles constituent le fond même de cette raison; elles y apparaissent pour la gouverner, comme la raison apparaît dans l'homme pour le gouverner. Ce qui était vrai dans la raison humainement considérée subsiste dans la raison considérée en soi; ce qui faisait le fonds de notre raison fait le fonds de la raison éternelle, c'est-à-dire une triplicité qui se résout en unité, et une unité qui se développe en triplicité. L'unité de cette triplicité est seule réelle, et en même temps cette unité périroit tout entière dans un seul des trois élémens qui lui sont nécessaires; ils ont donc tous la même valeur logique, et constituent une unité indécomposable. Quelle est cette unité? L'intelligence divine elle-même.

Voilà, Messieurs, jusqu'où, sur les ailes des idées, pour parler comme Platon, s'élève notre intelligence : voilà le Dieu trois fois saint que reconnoît et adore le genre humain, et au nom duquel l'auteur du système du monde découvrait et inclinait toujours sa tête octogénaire.

Messieurs, nous sommes bien au dessus du monde, au dessus de l'humanité, au dessus de l'humaine raison. La nature et l'humanité ne sont pas encore pour nous; nous ne sommes que dans le monde des idées. Est-il permis d'espérer que, puisqu'il n'est pas encore question de la nature ni même de l'humanité, on voudra bien ne pas traiter la théorie précédente de panthéisme? Le panthéisme est aujourd'hui l'épouvantail des imaginations faibles; nous verrons un jour à quoi il se réduit : en attendant, j'espère qu'on ne m'accusera pas de confondre avec le monde l'éternelle intelligence qui, avant le monde et l'humanité, existe déjà de la triple existence qui est inhérente à sa nature. Mais si, à cette hauteur, la philosophie échappe à l'accusation de panthéisme, on ne lui fera pas grace d'une accusation tout opposée, et qu'elle accepte, celle de vouloir pénétrer dans la profondeur de l'essence divine, qui, dit-on, est incompréhensible. On veut qu'elle soit incompréhensible. Des hommes, des êtres raisonnables, dont la mission est de comprendre, et qui croient à l'existence de Dieu, n'y veulent croire que sous cette réserve expresse, que cette existence soit incompréhensible. Que veut-on dire par là, Messieurs? veut-on dire qu'elle soit absolument incompréhensible? Mais ce qui serait absolument incompréhensible n'aurait nul rapport avec notre intelligence, ne pourrait être nullement admis par elle. Un dieu qui nous est absolument incompréhensible est un Dieu qui n'existe pas pour nous. En vérité, que seroit-ce pour nous qu'un Dieu qui n'aurait pas cru devoir donner à sa créature quelque chose de lui-même, assez d'intelligence pour que cette pauvre créature pût s'élever jusqu'à lui, le comprendre et y croire? Messieurs, qu'est-ce que croire? c'est comprendre en quelque degré. La foi, quelle que soit sa forme, quel que soit son objet, vulgaire ou sublime, la foi ne peut pas être autre chose que le consentement de la raison à ce que la raison comprend comme vrai C'est là le fond de toute foi. Otez la possibilité de connaître, il ne reste rien à croire, et la racine de la foi est enlevée. Dira-t-on que si Dieu n'est pas entièrement incompréhensible, il l'est un peu? Soit; mais je prie qu'on veuille bien déterminer la mesure, et alors je soutiendrai que c'est précisément cette mesure de la compréhensibilité de Dieu qui sera la mesure de la foi humaine. Dieu est si peu incompréhensible, que ce qui constitue sa nature, ce sont précisément les idées, les idées dont la nature est d'être intelligibles. En effet, on a beaucoup recherché si les idées représentent ou ne représentent pas, si elles sont conformes ou non conformes à leurs objets. En vérité, la question n'est pas de savoir si les idées représentent, car les idées sont au dessus de toutes choses: la vraie question philosophique serait plutôt de savoir si les choses représentent; car les idées ne sont pas le reflet des choses, mais les choses sont le reflet des idées. Dieu, la substance des idées, est essentiellement intelligent et essentiellement intelligible. J'irai plus loin; et à ce reproche d'un mysticisme pusillanisme, je répondrai du haut de l'orthodoxie chrétienne. Car savez-vous, Messieurs, quelle est la théorie que je vous ai exposée? pas autre chose que le fond même du christianisme. Le Dieu des chrétiens est triple et un tout ensemble, et les accusations qu'on élèverait contre la doctrine que j'enseigne doivent remonter jusqu'à la Trinité chrétienne. Le dogme de la Trinité est la révélation de l'essence divine, éclairée dans toute sa profondeur, et amenée tout entière sous le regard de la pensée. Et il ne paraît pas que le christianisme croie l'essence divine inaccessible ou interdite à l'intelligence humaine, puisqu'il la fait enseigner au plus humble d'esprit, puisqu'il en fait la première des vérités qu'il inculque à ses enfans. Mais quoi, s'écriera-t-on, oubliez-vous que cette vérité est un mystère? Non, je ne l'oublie pas, mais n'oubliez pas non plus que ce mystère est une vérité. D'ailleurs je m'expliquerai nettement à cet égard. (Mouvement marqué d'attention.) Mystère est un mot qui appartient non à la langue de la philosophie, mais à celle de la religion. Le mysticisme est la forme nécessaire de toute religion, en tant que religion; mais sous cette forme sont des idées qui peuvent être abordées et comprises en elles-mêmes. Et, Messieurs, je ne fais que répéter ce qu'ont dit bien avant moi les plus grands docteurs de l'église, saint Thomas, saint Anselme de Cantorbéry, et Bossuet lui-même au dix-septième siècle, à la fin de l'*Histoire universelle*. Ces grands hommes ont tenté une explication des mystères, entre autres du mystère de la très sainte Trinité; donc ce mystère, tout saint et sacré qu'il était à leurs propres yeux, contenait des idées qu'il était possible de dégager de leur forme. La forme symbolique et mystique est inhérente à la religion; elle est, dans le cas qui nous occupe, empruntée aux relations humaines les plus intimes et les plus touchantes. Mais, encore une fois, si la forme est sainte, les idées qui sont dessous le sont aussi, et ce sont ces idées que la philosophie dégage, et qu'elle considère en elles-mêmes. Laissons à la religion la forme qui lui est inhérente : elle trouvera toujours ici le respect le plus profond et le plus vrai; mais, en même temps, sans toucher aux droits de la religion, déjà j'ai défendu et je défendrai constamment ceux de la philosophie. Or le droit comme le devoir de la philosophie est, sous la réserve du plus profond respect pour les formes religieuses, de ne rien comprendre, de ne rien admettre qu'en tant que vrai en soi et sous la forme de l'idée. La forme de la religion et la forme de la philosophie, disons-le nettement, sont différentes ; mais en même temps le contenu, si je puis m'exprimer ainsi, de la religion et de la philosophie, est le même. C'est donc une puérilité, là où il y a identité de contenu, d'insister hostilement sur la différence de la forme. La religion est la philosophie de l'espèce humaine ; un petit nombre d'hommes va plus loin encore ; mais en considérant l'identité essentielle de la religion et de la philosophie, ce petit nombre entoure de vénération la religion et ses formes ; et il ne la révère pas, Messieurs, par une sorte d'indulgence philosophique qui serait fort déplacée, il la révère sincèrement parce qu'elle est la forme de la vérité en soi. (Applaudissemens.) Excusez, Messieurs, ces développemens, excessifs peut-être, car j'ai besoin de me hâter dans la longue carrière qui est devant moi.

Dieu est ; il est avec tout ce qui constitue sa vraie existence ; avec les trois momens nécessaires de l'existence intellectuelle. Il faut avancer, Messieurs, il faut aller de Dieu à l'univers. Comment y va-t-on ? et qui conduit de Dieu à l'univers ? La création. Et qu'est-ce que la création ? Qu'est-ce que créer ? Voulez-vous la définition vulgaire? La voici: Créer, c'est faire quelque chose de rien, c'est tirer du néant; et il faut que cette définition paraisse bien satisfaisante, puisqu'on la répète encore aujourd'hui presque partout. Or, Leucippe, Épicure, Lucrèce, Bayle, Spinosa, et tous les penseurs un peu exercés, démontrent trop aisément que de rien on ne tire rien, que du néant rien ne peut sortir; d'où il suit que la création est impossible. En prenant une tout autre route, nous arriverons à cet autre résultat: que la création est, je ne dis pas possible, mais nécessaire. Mais d'abord, examinons un peu cette définition, que créer c'est tirer du néant. Le fond de la définition est dans l'idée même du néant. Mais qu'est-ce que cette idée? Une idée purement négative. C'est la puissance de l'esprit de faire toutes sortes d'hypothèses, de pouvoir, par exemple, en présence de la réalité, supposer le contraire; mais il y a une véritable extravagance à aller de la possibilité d'une hypothèse à la réalité de cette hypothèse. Celle-ci a encore un malheur de plus que bien d'autres hypothèses : elle renferme une contradiction absolue. Le néant est la négation de toute existence; mais qui fait ici la négation de toute existence? Qui? La pensée, c'est-à-dire vous qui pensez; de sorte que vous qui pensez, et qui êtes en tant que vous pensez et puisque vous pensez, et qui le savez puisque vous savez que vous pensez, en niant l'existence, vous niez précisément vous, votre pensée et votre négation même. Si vous faisiez attention au principe même de votre hypothèse, ce principe la détruirait, ou l'hypothèse détruirait le principe. Ce qu'on a dit du doute, ce que Descartes a démontré relativement au doute, s'applique, et à plus forte raison, à l'idée du néant. Douter c'est croire, car douter c'est penser; celui qui doute croit-il qu'il doute, ou doute-t-il qu'il doute? S'il doute qu'il doute, il détruit par cela même son scepticisme; et s'il croit qu'il doute, il le détruit encore. De même, penser c'est être et savoir qu'on est, c'est affirmer l'existence; or, faire l'hypothèse du néant, c'est penser, donc c'est être et savoir qu'on est, donc c'est faire l'hypothèse du néant, à la condition de la supposition contraire, savoir, celle de l'existence de la pensée, et de l'existence de celui qui pense. Vainement on cherche à sortir de la pensée et de l'idée d'existence. Au fond de toute négation gît une affirmation; au fond de l'hypothèse du néant est, comme condition absolue, la supposition de l'existence, de l'existence de celui qui fait cette même supposition du néant.

Il faut donc abandonner la définition, que créer c'est tirer de néant, car le néant est une chimère et une contradiction. Or, en abandonnant la définition, il faut abandonner ses conséquences, et la conséquence immédiate de l'hypothèse du néant, comme condition de la création, est une autre hypothèse; car une fois dans la route de l'hypothèse, on marche d'hypothèse en hypothèse, on ne peut plus en sortir. Puisque Dieu ne peut créer qu'en tirant du néant, et qu'on ne tire rien de rien, et que cependant ce monde est incontestablement, et qu'il n'a pu être tiré de rien, il suit qu'il n'a pas été créé, donc il suit qu'il est indépendant de Dieu, et qu'il s'est formé en vertu de sa nature propre et des lois qui dérivent de sa nature. De là encore une autre hypothèse, celle d'un dualisme dans lequel Dieu est d'un côté, le monde de l'autre, c'est-à-dire une absurdité. Car précisément toutes les conditions de l'existence de Dieu sont des contradictions absolues de l'existence indépendante du monde. Si le monde est indépendant, il se suffit à lui-même; il est absolu, éternel, infini, tout puissant; et Dieu, s'il est indépendant du monde, doit être absolu, éternel, tout puissant. Voilà donc deux toutes puissances, en contradiction l'une avec l'autre. Je ne m'enfoncerai pas davantage dans cet abîme d'hypothèses et d'absurdités.

Qu'est-ce que créer, Messieurs, non d'après la méthode hypothétique, mais d'après la méthode que nous avons suivie, d'après cette méthode qui emprunte toujours à la conscience humaine ce que plus tard, par une induction supérieure, elle appliquera à l'essence divine? Créer est une chose très peu difficile à concevoir, car c'est une chose que nous faisons à toutes les minutes; en effet, nous créons toutes les fois que nous faisons un acte libre. Je veux, je prends une résolution, j'en prends une autre, puis une autre encore, je la modifie, je la suspends, je la poursuis. Qu'est-ce que je fais? je produis un effet que je ne rapporte à aucun de vous, que je rapporte à moi comme cause, et comme cause unique; de manière que, relativement à l'existence de cet effet, je ne cherche rien au dessus et au delà de moi-même. Voilà ce que c'est que créer. Nous créons un acte libre; nous le créons, dis-je, car nous ne le rapportons à aucun principe supérieur à nous; nous l'imputons à nous, et à nous exclusivement. Il n'était pas, il commence à être, par la vertu du principe de causalité propre que nous possédons. Ainsi causer c'est créer; mais avec quoi? avec rien? Non, sans doute; tout au contraire, avec le fond même de notre existence, c'est-à-dire avec toute notre force créatrice, avec toute notre liberté, toute notre activité volontaire, avec notre personnalité. L'homme ne tire point du néant l'action qu'il n'a pas faite encore et qu'il va faire; il la tire de la puissance qu'il a de la faire; il la tire de lui-même. Voilà le type d'une création. La création divine est de la même nature. Dieu, s'il est une cause, peut créer; et s'il est une cause absolue, il ne peut pas ne pas créer; et en créant l'univers, il ne le tire pas du néant, il le tire de lui-même, de cette puissance de causation et de création dont nous autres, faibles hommes, nous possédons une portion; et toute la différence de notre création à celle de Dieu est la différence générale de Dieu à l'homme, la différence de la cause absolue à une cause relative.

Je crée, car je cause, je produis un effet, mais cet effet expire sous l'œil même de celui qui le produit; il s'étend à peine au delà de la conscience; souvent il y meurt; jamais il ne la dépasse beaucoup; même dans toute l'énergie de sa force créatrice l'homme trouve très facilement des limites. Ces limites dans le monde intérieur sont mes passions, mes faiblesses; au dehors, le monde lui-même qui fait obstacle à mon mouvement. Je veux produire un mouvement, et souvent je ne produis que la volition du mouvement; le plus misérable accident paralyse mon bras, l'obstacle le plus vulgaire s'oppose à ma puissance; et mes créations, comme ma force créatrice, sont relatives, contingentes, bornées; mais enfin ce sont des créations, et là est le type de la conception de la création divine.

Dieu crée donc : il crée en vertu de sa puissance créatrice; il tire le monde, non du néant qui n'est pas, mais de lui qui est l'existence absolue. Son caractère éminent étant une force créatrice absolue qui ne peut pas ne pas passer à l'acte, il suit non que la création est possible, mais qu'elle est nécessaire; il suit que Dieu créant sans cesse et infiniment, la création est inépuisable et se maintient constamment. Il y a plus : Dieu crée avec lui-même; donc il crée avec tous les caractères que nous lui avons reconnus et qui passent nécessairement dans ses créations. Dieu est dans l'univers, comme la cause est dans son effet, comme nous-mêmes, causes faibles et bornées, nous sommes, en tant que causes, dans les effets faibles et bornés que nous produisons. Et si Dieu est pour nous l'unité de l'être, de l'intelligence et de la puissance, avec la variété qui lui est inhérente et avec le rapport tout aussi éternel et tout aussi nécessaire que les deux termes qu'il unit, il suit que tous ces caractères sont aussi dans le monde et dans l'existence visible. Donc, Messieurs, la création n'est pas un mal, elle est un bien; et ainsi nous la représentent en effet les saintes écritures : Il vit que cela était bien. Pourquoi? parce que cela lui était plus ou moins conforme.

Voilà, Messieurs, l'univers créé, nécessairement créé, et manifestant celui qui le crée; mais cette manifestation dans laquelle le principe de la manifestation fait son apparition, ne l'épuise pas. Je m'explique.

Je veux et produis une volition; ma force volontaire paraît par cet acte et dans cet acte; elle y paraît, car c'est à elle que je rapporte cet acte.

Elle y est donc. Mais comment y est-elle? y est-elle passée tout entière, de telle sorte qu'il n'en reste plus rien? Non, Messieurs, et cela est si vrai qu'après avoir fait tel acte, j'en produis un nouveau, je le modifie, je le change. Le principe intérieur de la causation, tout en se développant dans ses actes, retient ce qui le fait principe et cause, et ne s'absorbe point dans ses effets. De même si Dieu fait son apparition dans le monde, si Dieu est dans le monde, si Dieu y est avec tous les élémens qui constituent son être, il n'y est point épuisé; et après avoir produit ce monde un et triple tout ensemble, il ne reste pas moins tout entier dans son unité et sa triplicité essentielles.

C'est, Messieurs, dans ce double point de vue de la manifestation de Dieu dans ce monde, et dans la subsistance de l'essence divine en elle-même, quoiqu'elle soit manifestée dans le monde, qu'est le vrai rapport du monde à Dieu, rapport qui est à la fois un rapport de ressemblance et de différence, car il répugne que Dieu en se manifestant ne passe pas jusqu'à un certain point dans sa manifestation, et en même temps il répugne que le principe d'une manifestation ne reste pas supérieur à la manifestation qu'il produit, de toute la supériorité de la cause sur l'effet. L'univers est donc un reflet imparfait, mais un reflet de l'essence divine.

Je ne puis et je ne veux point établir ici, Messieurs, une théorie complète du monde extérieur, la métaphysique de la physique, et les lois intellectuelles cachées sous les lois physiques ordinaires. Mais tous les hommes, l'ignorant comme le savant, ne voient-ils pas dans l'univers une constante harmonie? Peut-on nier qu'il n'y ait de l'harmonie dans les mouvemens du monde? Ce serait nier que le monde dure, qu'il dure deux minutes; car s'il n'y avait pas d'harmonie dans les mouvemens du monde, le monde serait détruit. Or, qu'est-ce que l'harmonie? L'harmonie suppose l'unité. Et ne suppose-t-elle que l'unité? Non, Messieurs, car l'unité peut produire l'harmonie, mais n'est pas l'harmonie. Il y a déja de la variété dans l'harmonie; de plus il y a un rapport de la variété à l'unité, il y a le mélange de l'unité et de la variété, dans une mesure parfaite; c'est là l'harmonie et la vie de l'univers. Voilà pourquoi, Messieurs, vous trouvez le monde une belle chose; c'est ce rapport intime de l'unité et de la variété qui fait la beauté de ce monde; c'est ce même rapport qui, en faisant son existence, sa durée et sa beauté, fait aussi le caractère bienfaisant de ses lois; car ces lois, harmoniques en elles-mêmes, produisent de tous côtés l'harmonie. Mais ce ne sont là que des généralités. Entrez dans les détails, parcourez les sphères diverses dans lesquelles la science a divisé le monde, et vous y retrouverez les mêmes caractères que vous avait offerts : l'aspect général de la nature. Prenez la mécanique, l'astronomie, la physique; c'est le théâtre, c'est la base même de tous les phénomènes ultérieurs. Qu'y trouvez-vous? Deux forces à la fois opposées et liées entre elles. Vous trouvez d'abord la divisibilité à l'infini, c'est-à-dire l'expansion universelle. Or, la divisibilité à l'infini n'est pas autre chose que le mouvement de l'unité à la variété, conçu sans limites. Supposez qu'il soit réellement sans limites, savez-vous ce qui en arriverait? La dissolution de toutes choses. En effet, si la divisibilité à l'infini n'a pas de contre-poids, tout se divise et se subdivise infiniment; les élémens qui résultent de cette subdivision infinie se subdivisent eux-mêmes infiniment. Supposez que cette divisibilité ne s'épuise et ne s'arrête point; il n'y a plus ni contiguité dans l'espace, ni continuité dans le temps; il n'y a plus d'élémens distincts, il n'y a plus que des quantités indéfinies qui échappent à toute numération, à toute composition, à toute addition. Cette loi, cette tendance de la divisibilité à l'infini, est bien dans le monde, mais comment y est-elle? A la condition d'une autre loi, celle de l'attraction universelle. L'attraction est le retour de la variété à l'unité, comme l'expansion est le mouvement de l'unité à la variété. Et c'est parce que ces deux lois universelles sont en rapport l'une avec l'autre, et se forment l'une à l'autre contre-poids et équilibre, en un mot, c'est parce qu'elles sont en harmonie, que le monde subsiste deux minutes de suite. Montez-vous dans l'échelle de ce monde et dans les sphères diverses dont il se compose? allez-vous de la mécanique, de l'astronomie et de la physique à la chimie, à la physiologie végétale et animale? vous retrouvez ces deux mouvemens et leur rapport; la cohésion et son contraire, l'assimilation et son contraire encore, avec le rapport intime qui les rapproche. Je n'insiste pas, Messieurs; déja en

France ces grands résultats de la science de la nature commencent à se faire jour à travers les travaux de détail, et à agiter toutes les têtes pensantes. Déjà commence parmi nous une philosophie de la nature, ailleurs plus avancée peut-être, mais plus hypothétique, ici plus circonspecte, mais avec un grand avenir. Je me suis contenté de vous tracer à la hâte quelques traits de ce grand tableau; j'arrive à l'humanité.

Rien ne périt dans la vie universelle; tout se métamorphose et tout se résume. La mécanique, la physique passent dans la chimie, laquelle passe dans la physiologie végétale, laquelle a sa place aussi dans l'économie animale. Eh bien, tous ces antécédens, tous ces degrés de la vie sont dans l'humanité. L'humanité, c'est tout cela, plus la connaissance de tout cela; ce sont les élémens constitutifs de toute existence amenés sous les yeux de la conscience.

L'étude de la conscience est l'étude de l'humanité. L'étude de la conscience dans le dictionnaire philosophique s'appelle psycologie. Or, Messieurs, si l'homme résume le monde entier, comme le monde entier réfléchit Dieu, si tous les momens de l'essence divine passent dans le monde, et reviennent dans la conscience de l'homme, jugez du haut rang de l'homme dans la création et par conséquent de la psycologie dans la science. L'homme est un univers en abrégé : la psycologie est la science universelle concentrée. La psycologie contient et réfléchit tout, et ce qui est de Dieu, et ce qui est du monde, sous l'angle précis et déterminé de la conscience; tout y est à l'étroit, mais tout y est. Dans la conscience, il y a mille et mille phénomènes sans doute comme dans le monde extérieur; mais tout de même que le monde extérieur peut se résumer dans deux grandes lois et dans leur rapport, de même tous les faits de conscience peuvent se résumer, et se résument (je crois l'avoir démontré autrefois) dans un fait constant, permanent, universel, qui subsiste dans toutes les circonstances possibles, qui a lieu dans la conscience du pâtre comme dans celle de Leibnitz, qui est dans toute conscience à une seule condition, c'est qu'il y ait un acte de conscience. C'est le fait le plus vulgaire et le plus sublime : le plus vulgaire, en ce qu'il est dans toutes les consciences; le plus sublime, en ce qu'il renferme les plus vastes conséquences.

C'est le fait même de l'humanité, aperçu par l'humanité; c'est la connaissance de l'humanité par elle-même. Il contient la psycologie tout entière.

Il y a, Messieurs, un art psycologique, car la réflexion est pour ainsi dire contre nature, et cet art ne s'apprend pas en un jour; on ne se replie pas facilement sur soi-même sans un long exercice, une habitude soutenue, un apprentissage laborieux. Au lieu donc de me livrer ici à une analyse approfondie du fait de conscience, que l'auditoire pourrait avoir quelque peine à suivre, je me contenterai de vous présenter les caractères généraux de ce fait. Ne craignez rien, je serai court.

Tant que l'homme ne se connaît pas, ne s'aperçoit pas, n'a pas la conscience de lui-même, il ne connaît, il n'aperçoit rien; car nous ne pouvons rien savoir, qu'autant que nous sommes pour nous-mêmes, c'est-à-dire qu'autant que nous savons que nous sommes; tout savoir quelconque implique le savoir de soi-même, non sans doute un savoir développé, mais ce savoir qui consiste du moins à savoir que nous sommes. Tant que l'homme n'est pas pour lui-même, il est comme s'il n'était pas ; mais du moment qu'il se connaît (et remarquez bien que je ne parle pas ici d'un savoir développé et scientifique), il ne se connaît qu'à la condition de savoir tout le reste, de la même manière qu'il se sait lui-même. Tout est donné dans tout, et l'homme en s'apercevant, en s'abordant lui-même, touche déjà à tout ce qu'il peut atteindre plus tard.

Quand je m'aperçois, je me discerne de tout ce qui n'est pas moi ; et en me discernant de tout ce qui n'est pas moi, je fais deux choses : 1° Je m'affirme moi-même comme étant ; 2° j'affirme comme étant aussi ce dont je me distingue. Je ne suis moi, je ne suis ce moi qui ne se confond avec rien d'étranger à lui, qu'à la condition de me distinguer de tout le reste ; et se distinguer de quelque chose, c'est supposer que ce dont on se distingue existe. L'homme ne se trouve donc qu'en trouvant autre chose qui l'environne, et par conséquent le limite. En effet, rentrez un moment en vous-même, et vous reconnaîtrez que le moi que vous êtes, est un moi limité de toutes parts par des objets étrangers. Ce moi est donc fini ; et c'est même en tant que limité et fini, qu'il est moi. Mais si le monde extérieur borne le moi et lui fait obstacle en tout sens, le moi aussi agit sur le monde, le modifie, s'oppose à son action et lui imprime la sienne en quelque degré; et ce degré, si faible fût-il, devient pour le monde une borne, une limite. Ainsi le monde qui, dans son opposition au moi, est la limite du moi, ou le non moi, est à son tour contredit, modifié, limité par le moi qui par là, en même temps qu'il est forcé de se reconnaître limité, borné et fini, marque à son tour le monde extérieur, le non moi dont il se distingue, du caractère de borné, de limité et de fini. Voilà l'opposition mutuelle dans laquelle nous nous saisissons; cette opposition est permanente dans la conscience, elle dure tant qu'il y a conscience. Mais cette opposition, pensez-y bien, Messieurs, se résout en une seule et même notion, celle du fini. Ce moi que nous sommes est fini; le non moi qui le limite est fini lui-même, et limité par le moi; ils le sont à différens degrés, mais ils le sont également; nous sommes donc encore dans la sphère du fini. N'y a-t-il pas autre chose dans la conscience?

Oui, Messieurs; en même temps que la conscience saisit le moi comme fini dans son opposition au non moi fini lui-même, elle rapporte ce moi et ce non moi finis, bornés, relatifs, contingens, à une unité supérieure absolue et nécessaire qui les contient et qui les explique, et qui a tous les caractères opposés à ceux que le moi trouve en lui-même et dans le non moi qui lui est analogue. Cette unité est absolue, comme le moi et le non moi sont relatifs. Cette unité est une substance, comme le moi et le non moi tout en étant substantiels par leur rapport à la substance, sont en eux-mêmes de simples phénomènes, modifiables comme des phénomènes, limités comme des phénomènes, s'évanouissant et reparaissant comme des phénomènes. De plus, cette unité supérieure n'est pas seulement une substance, c'est une cause aussi. En effet, le moi ne se saisit que dans ses actes, comme une cause qui agit sur le monde extérieur; et le monde extérieur n'arrive à la connaissance du moi que par les impressions qu'il fait sur lui, par les sensations que le moi éprouve et qu'il ne fait pas, et qu'il ne peut pas détruire, qu'il ne peut donc rapporter à lui-même, et qu'il rapporte alors à quelque chose d'étranger à lui comme cause: cette cause étrangère est le monde; et comme c'est une cause finie, et que le moi aussi est une cause finie, l'unité, la substance qui contiennent le moi et le non moi, étant une cause, doit être conséquemment à sa nature une cause infinie.

Messieurs, il n'est pas au pouvoir de l'homme de détruire un seul de ces trois termes du fait de conscience. C'est là le fond de la conscience; l'étoffe avec laquelle nous faisons toutes nos idées ultérieures, toutes nos convictions. A toutes les minutes, dans toutes les circonstances les plus vulgaires de notre existence, nous croyons que nous sommes, nous croyons qu'il y a un monde extérieur qui existe aussi, et qui est comme nous limité, variable et fini, et nous rapportons et ce monde et nous-mêmes à quelque chose de meilleur, au-delà de quoi il nous est impossible de rien concevoir en fait d'existence, de durée, de puissance et de sagesse. La conscience a donc aussi trois momens comme la nature, comme l'essence divine elle-même; elle achève l'une et manifeste l'autre.

L'identité de la conscience constitue l'identité de la connaissance humaine. C'est sur ce fond commun que le temps dessine toutes les différences qui distinguent l'homme de l'homme.

Les trois termes de la conscience y forment une synthèse primitive plus ou moins confuse. Souvent l'homme s'y arrête, et c'est le cas de la plupart des hommes; quelquefois il en sort, il ajoute l'analyse à cette synthèse primitive, la développe par la réflexion, dégage le phénomène complexe en le soumettant à une lumière qui en se répandant successivement sur chacun des trois termes de la conscience, les éclaire l'un par l'autre; et alors, qu'arrive-t-il? L'homme sait mieux ce qu'il savait déjà. Toute la différence possible de l'homme à l'homme est là.

Telle est, Messieurs, la supériorité de la réflexion et de la science humaine sur les croyances primitives de la conscience : elle n'est pas plus grande. Ajoutez qu'il peut arriver que la réflexion qui est successive, et ne se porte que sur un des termes de la conscience à la fois, préoccupée de l'un d'eux s'y arrête exclusivement et néglige les autres, mutile la conscience, substitue à la synthèse et à l'aperception confuse, mais complète, de la conscience, une analyse imparfaite, une science exclusive.

Or, ce que je dis de l'individu, je le dis du

genre humain. J'ai absout l'individu et la nature humaine; j'ai rendu hommage à la providence, en retrouvant dans la conscience du plus vulgaire des hommes les trois termes qui sont dans la réflexion scientifique la plus développée, qui sont dans la nature, qui sont dans Dieu lui-même. La seule différence de l'individu à l'individu est le plus ou moins de clarté dans la manière de se rendre compte de ces élémens, et la préoccupation qui fait dominer tel ou tel élément aux yeux de la réflexion. Il en est de même du genre humain. Le genre humain, Messieurs, dans la première génération comme dans la dernière, possède, ni plus ni moins, les trois élémens que nous avons signalés. Il n'est pas au pouvoir du temps d'en faire un quatrième. C'est là l'unité et l'identité du genre humain. Mais il n'y a pas d'histoire de ce qui est un, identique à soi-même, permanent, sans changement, sans mouvement; si le genre humain était toujours identique à lui-même, s'il ne soutenait pas relativement à lui-même des différences graves, il n'aurait pas d'histoire, car il n'y a d'histoire que de ce qui change. La variété dans l'unité est l'élément de l'histoire. La puissance de la variété, entre les mains du temps et sur le théâtre de l'histoire, produit en grand ce qui se passe en petit sur le théâtre limité de la conscience individuelle. Le genre humain soutient avec lui-même, dans le cours de sa destinée, les mêmes différences que l'individu soutient relativement à lui-même dans les limites de la sienne. Le genre humain qui a toujours en permanence les trois élémens fondamentaux de la conscience, admet aussi des différences dans le degré de clarté avec lequel il les reconnaît et dans le degré d'attention qu'il dirige tantôt sur l'un, tantôt sur l'autre. Or, les différences caractéristiques qui divisent le développement de la conscience de l'individu sont les différentes époques de sa vie ; de même les différences que subit le genre humain dans son développement intérieur, deviennent les époques de la vie du genre humain, c'est-à-dire les époques distinctes de l'histoire.

Maintenant, quelles sont, quelles doivent être les époques différentes de l'histoire du genre humain ? Et dans quel ordre se succèdent ces différentes époques ? Pour le savoir, il est évident qu'il faut avoir reconnu dans quel ordre se développent les différences que nous avons signalées dans la conscience du genre humain et dans celle de l'individu. Est-ce l'idée de l'infini qui préoccupe d'abord l'humanité ou l'idée du fini? et dans ce dernier cas, lequel des deux termes du fini la frappe d'abord? C'est là, Messieurs, ce qu'il s'agit de reconnaître avec précision pour pouvoir déterminer rigoureusement l'ordre nécessaire des grandes époques de l'histoire : c'est à l'examen et à la solution de ce problème que sera consacrée notre prochaine leçon.

6ᵉ LEÇON. 29 MAI 1828.

COURS
DE L'HISTOIRE
DE
LA PHILOSOPHIE.

Messieurs,

Nous avons fait bien du chemin dans la dernière leçon. Partis de la raison humaine, nous nous sommes élevés jusqu'à Dieu pour descendre à la nature, et de là arriver à l'humanité. C'est le cercle des choses : c'est celui de la philosophie. Nous avons parcouru toutes les parties de la philosophie, rapidement, il est vrai, mais régulièrement, et dans l'enchaînement sévère et l'ordre même de la nécessité.

Il fallait bien, Messieurs, partir de la raison humaine; c'était là le point de départ légitime, puisque c'était là le seul point de départ possible. C'est avec la raison humaine que nous faisons tout, que nous comprenons, rejetons ou admettons toutes choses; ainsi c'était d'elle qu'il fallait partir. Dans la raison humaine nous avons trouvé trois idées, qu'elle ne constitue pas, mais qui la dominent et la gouvernent dans toutes ses applications. De ces idées à Dieu le passage n'était pas difficile, car ces idées sont Dieu même. Pour aller de la raison à Dieu, il n'est pas besoin d'un long circuit et d'intermédiaires étrangers; l'unique intermédiaire est la vérité; la vérité, qui, ne venant pas de l'homme, se rapporte d'elle-même à une source plus élevée. Il était impossible de s'arrêter là. Dieu étant une cause et une force en même temps qu'il est une substance et une intelligence, ne pouvait pas ne pas se manifester. La manifestation de Dieu est impliquée dans l'idée même de Dieu; et de Dieu au monde, le passage était nécessaire encore. Dans le monde, dans l'effet, nous avons reconnu la cause; nous avons reconnu dans l'harmonie qui est le caractère éminent de ce monde le rapport de la variété à l'unité, c'est-à-dire le cortége entier des idées. Le mouvement intérieur des forces du monde, dans son développement nécessaire, produit de degré en degré, de règne en règne, cet être merveilleux dont l'attribut fondamental est la conscience; et dans cette conscience nous avons rencontré précisément les mêmes élémens que sous des conditions différentes nous avions déjà trouvés dans la nature, les mêmes élémens que nous avions reconnus dans Dieu lui-même. Le fait fondamental de la conscience est un phénomène complexe, composé de trois termes, savoir : le moi et le non moi, bornés, limités, finis; de plus, l'idée de quelque autre chose, de l'infini, de l'unité, etc.; et de plus encore, l'idée du rapport du moi et du non moi, c'est-à-dire du fini à l'infini qui le contient et qui l'explique; ce sont là les trois termes dont se compose le fait fondamental de conscience. Or, ce fait transporté de l'individu dans l'espèce et dans l'histoire, est la base de tous les développemens ultérieurs de l'humanité. Il importe donc, Messieurs, de l'examiner attentivement, et de recueillir les caractères divers qu'une analyse approfondie peut y découvrir.

Lorsqu'aujourd'hui chacun de vous se replie sur lui-même et rentre dans sa conscience, il y trouve les trois élémens que nous avons signalés. D'abord, vous vous trouvez vous-même, c'est-à-dire un être évidemment borné, limité, fini. En possession de cette idée de limité, de borné, de fini, elle ne vous suffit pas, vous ne pouvez pas vous y arrêter, et la notion claire et déterminée de fini implique pour vous celle de l'infini. Aujourd'hui, dans l'intelligence développée, dans les langues, qui sont ce que les a faites l'intelligence, le fini suppose l'infini, comme l'infini le fini : le contraire appelle le contraire, et il en est du rapport comme des deux termes qui lui servent de base : il est tout aussi évident et tout aussi nécessaire. C'est avec ce phénomène fondamental de la conscience, constaté, décrit, développé, que vous faites ou que l'on a fait la catégorie du fini et de l'infini, du particulier et de l'universel, du contingent et du nécessaire, de la variété et de l'unité, etc. Cela est si vrai, qu'il vous est même impossible de prononcer un de ces noms sans que l'autre ne vienne immédiatement sur vos lèvres; et il ne vient sur vos lèvres que parce que l'idée qu'il représente arrive irrésistiblement dans votre conscience. Voilà comme aujourd'hui se passent les choses ; mais se sont-elles toujours ainsi passées ? Remarquez quel est le caractère éminent du fait que je viens de vous rappeler :

c'est que, quand vous avez un des trois termes, vous avez les deux autres, vous les concevez, vous les affirmez, et que si vous essayez, par hypothèse, de les nier, vous n'y réussissez pas; il y a à vos propres yeux impossibilité de ne pas faire ce que vous faites, impossibilité de ne pas concevoir ce que vous concevez; tentative d'un doute, d'une négation, et en même temps persuasion que cette tentative est impossible. La nécessité de la conception, c'est-à-dire la négation essayée et convaincue d'impuissance, est le caractère propre du phénomène, tel qu'il se manifeste aujourd'hui dans la conscience. Mais je vous demande, Messieurs, si l'intelligence commence par une négation. Je ne me donnerai pas la peine de démontrer que l'intelligence ne commence pas par une négation, attendu qu'une négation suppose une affirmation à nier, comme la réflexion suppose quelque chose d'antérieur à quoi elle s'applique. Vous ne commencez ni par la réflexion, ni par la négation; vous commencez par une opération qu'il s'agit de déterminer, et qui est la base nécessaire de la négation et de la réflexion. Mais la réflexion, qui suppose une opération antérieure, peut-elle ajouter quelques termes à ceux qui sont contenus dans cette opération que la logique nous démontre comme la base nécessaire de toute réflexion ? Il implique, Messieurs, que la réflexion ajoute à l'opération à laquelle elle s'applique. Réfléchir, c'est revenir sur ce qui fut, c'est à l'aide de la mémoire revenir sur le passé, et le rendre présent aux yeux de la conscience. La réflexion s'ajoute à ce qui fut, éclaire ce qui est, mais ne crée rien. Il s'ensuit que, si la réflexion ne crée rien, et si elle suppose une opération antérieure, dans cette opération antérieure il faudra bien qu'il y ait autant de termes que dans le phénomène, tel qu'il se passe aujourd'hui, et tel que la réflexion le découvre dans la conscience. Dans une négation vaincue, essayée et reconnue impuissante, dans la réflexion il ne peut pas y avoir autre chose que ce qui fut dans l'affirmation première, dans le phénomène auquel s'appliquait la réflexion. Voilà le résultat de la logique la plus vulgaire ; mais si vous avez la force de revenir plus profondément sur vous-même, de traverser la réflexion, d'arriver à la base de toute réflexion, vous convertirez en un fait évident de conscience le résultat que vous impose la logique.

Je veux penser et je pense. Mais, ne vous arrive-t-il pas quelquefois, Messieurs, de penser sans avoir voulu penser? Transportez-vous de suite au premier fait de l'intelligence; car l'intelligence a dû avoir son premier fait; elle a dû avoir un certain phénomène dans lequel elle s'est manifestée pour la première fois. Avant ce premier fait, vous n'existiez pas pour vous-mêmes; ou si vous existiez pour vous-mêmes, comme l'intelligence ne s'était pas encore développée en vous, vous ignoriez que vous fussiez une intelligence qui pût se développer, car l'intelligence ne se manifeste que par ses actes, par un acte au moins; et, avant cet acte il n'était pas en votre pouvoir de la soupçonner, et vous l'ignoriez absolument. Eh bien! quand pour la première fois l'intelligence s'est manifestée, il est clair qu'elle ne s'est pas manifestée volontairement. Elle s'est manifestée pourtant, et vous en avez eu la conscience plus ou moins vive. Tâchez de vous surprendre pensant, sans l'avoir voulu, vous vous retrouvez ainsi au point de départ de l'intelligence; et là vous pouvez aujourd'hui observer avec plus ou moins de précision ce qui se passa, et dut se passer nécessairement dans le premier fait de votre intelligence, dans ce temps qui n'est plus et ne peut plus revenir. Penser, c'est affirmer; la première affirmation dans laquelle n'est point intervenue la volonté, ni par conséquent la réflexion, ne peut pas être une affirmation mêlée de négation, car on ne débute pas par une négation : c'est donc une affirmation sans négation, une aperception instinctive de la vérité, un développement tout instinctif de la pensée. La vertu propre de la pensée est de penser; que vous y interveniez ou que vous n'y interveniez pas, la pensée se développe : c'est alors une affirmation qui n'est pas mêlée de négation, une affirmation pure, une aperception pure. Or, qu'y a-t-il dans cette intuition primitive ? tout ce qui sera plus tard dans la réflexion : mais si tout y est, tout y est à d'autres conditions. Nous ne commençons pas par nous chercher, car ce serait supposer que nous savons déjà que nous sommes; mais un jour, une heure, un instant, instant solennel dans l'existence, sans nous être cherchés nous nous trouvons ; la pensée, dans son développement instinctif, nous découvre que nous sommes; nous nous affirmons avec une sécurité profonde, avec une sécurité telle qu'elle n'est mêlée d'aucune négation. Nous nous apercevons, mais nous ne discernons pas avec toute la netteté de la réflexion notre caractère propre qui est d'être limités et bornés;

nous ne nous distinguons pas d'une manière précise de ce monde, et nous ne discernons pas très précisément le caractère de ce monde; nous nous trouvons et nous trouvons le monde, et nous apercevons quelque autre chose encore à quoi naturellement, instinctivement, nous rapportons et nous-mêmes et le monde; nous distinguons tout cela, mais sans le séparer bien sévèrement. L'intelligence, en se développant, aperçoit tout ce qui est, mais elle ne peut l'apercevoir d'abord d'une manière réfléchie, distincte, négative; et si elle aperçoit tout avec une parfaite certitude, elle l'aperçoit avec un peu de confusion.

Tel est, Messieurs, le fait de l'affirmation primitive, antérieure à toute réflexion et pure de toute négation; c'est ce fait que le genre humain a appelé inspiration. L'inspiration, dans toutes les langues, est distincte de la réflexion; c'est l'aperception de la vérité, j'entends des vérités essentielles et fondamentales, sans l'intervention de la volonté et de la personnalité. L'inspiration ne nous appartient pas. Nous ne sommes là que simples spectateurs; nous ne sommes pas agens, ou toute notre action consiste à avoir la conscience de ce qui s'y fait; c'est déjà de l'activité sans doute, mais ce n'est pas l'activité réfléchie, volontaire et personnelle. L'inspiration a pour caractère l'enthousiasme; elle est accompagnée de cette émotion puissante qui arrache l'âme à son état ordinaire et subalterne, et dégage en elle la partie sublime et divine de sa nature:

Est Deus, in nobis, agitante calescimus illo.

Et en effet, l'homme, dans le fait merveilleux de l'inspiration et de l'enthousiasme, ne pouvant le rapporter à lui-même, le rapporte à Dieu, et appelle révélation l'affirmation primitive et pure. Le genre humain a-t-il tort, Messieurs? Quand l'homme, avec la conscience de sa faible intervention dans l'inspiration, rapporte à Dieu les vérités qu'il n'a pas faites et qui le dominent, se trompe-t-il? Non certes, car qu'est-ce que Dieu? Je vous l'ai dit, c'est la pensée en soi, la pensée absolue avec ses momens fondamentaux, la raison éternelle, substance et cause des vérités que l'homme aperçoit. Quand donc l'homme rapporte à Dieu la vérité qu'il ne peut rapporter ni à ce monde ni à sa propre personnalité, il la rapporte à ce à quoi il doit la rapporter; et l'affirmation absolue de la vérité sans réflexion, l'inspiration, l'enthousiasme, est une révélation véritable. Voilà pourquoi dans le berceau de la civilisation, celui qui possède à un plus haut degré que ses semblables le don merveilleux de l'inspiration passe à leurs yeux pour le confident et l'interprète de Dieu. Il l'est pour les autres, Messieurs, parce qu'il l'est pour lui-même, et il l'est pour lui-même, parce qu'il l'est en effet dans un sens philosophique. Voilà l'origine sacrée des prophéties, des pontificats et des cultes.

Remarquez aussi, Messieurs, un effet particulier du phénomène de l'inspiration. Quand l'homme pressé par l'aperception vive et rapide de la vérité, et transporté par l'inspiration et l'enthousiasme, tente de produire au dehors ce qui se passe en lui et de l'exprimer par des mots, il ne peut l'exprimer que par des mots qui ont le même caractère que le phénomène qu'ils essaient de rendre. La forme nécessaire, la langue de l'inspiration est la poésie, et la parole primitive est un hymne. Nous ne débutons pas par la prose, mais par la poésie, parce que nous ne débutons pas par la réflexion, mais par l'intuition et l'affirmation absolue.

Il suit encore que nous ne débutons pas par la science, mais par la foi, par la foi dans la raison, car il n'y en a pas d'autre. En effet, dans le sens le plus strict, la foi implique une croyance sans bornes, avec cette condition que ce soit à quelque chose qui ne soit pas nous, et qui par conséquent devienne pour nous une autorité sacrée que nous invoquions contre les autres et contre nous-mêmes, qui devienne la mesure et la règle de notre conduite et de notre pensée. Or ce caractère de la foi, que plus tard, dans la lutte de la religion et de la philosophie, on opposera à la raison, ce caractère est précisément un caractère essentiel de la raison; car s'il est certain que nous n'avons foi qu'à ce qui n'est pas nous, et que toute autorité qui doit régner sur nous doit être impersonnelle, il est certain aussi que rien n'est moins personnel que la raison, qu'elle ne nous appartient pas en propre, et que c'est elle, et elle seule, qui, en se développant, nous révèle d'en haut des vérités qu'elle nous impose immédiatement, et que nous acceptons d'abord sans consulter la réflexion : phénomène admirable et incontestable qui identifie la raison et la foi dans l'aperception primitive, irrésistible et irréfléchie de la vérité.

J'appelle (pour abréger et pour nous entendre en peu de mots par la suite,) j'appelle spontanéité de la raison ce développement de la raison, antérieur à la réflexion, ce pouvoir que la raison a de saisir d'abord la vérité, de la comprendre, et de l'admettre sans s'en demander et s'en rendre compte.

C'est cette même raison spontanée, règle et mesure de la foi, qui, plus tard entre les mains de la réflexion, engendrera, à l'aide de l'analyse, ce que la philosophie appellera et a appelé les catégories de la raison. La pensée spontanée et instinctive, par sa seule vertu, entre en exercice et nous donne d'abord nous, le monde et Dieu, nous et le monde avec des bornes confusément aperçues, et Dieu sans bornes, le tout dans une synthèse où le clair et l'obscur sont mêlés ensemble. Peu à peu la réflexion et l'analyse transportent leur lumière dans ce phénomène complexe; alors tout s'éclaircit, se prononce et se détermine; le moi se sépare du non-moi, le moi et le non-moi dans leur opposition et dans leur rapport nous donnent l'idée claire du fini; et comme le fini ne peut pas se suffire à lui-même, il suppose et appelle l'infini, et voilà les catégories du moi et du non moi, du fini et de l'infini, etc. Mais quelle est la source de ces catégories ? l'aperception primitive : leur première forme n'était pas du tout la réflexion, mais la spontanéité; et comme il n'y a pas plus dans la réflexion que dans la spontanéité, dans l'analyse que dans la synthèse primitive, les catégories dans leur forme ultérieure, développée, scientifique, ne contiennet rien de plus que l'inspiration. Et comment avez-vous obtenu les catégories? Encore une fois vous les avez obtenues par l'analyse, c'est-à-dire par la réflexion. Or, encore une fois la réflexion a pour élément nécessaire la volonté, et la volonté c'est la personnalité, c'est vous-même. Les catégories obtenues par la réflexion ont donc l'air, par leur rapport à la réflexion, à a volonté et à la personnalité, d'être personnelles; elles ont si bien l'air d'être personnelles qu'on en a fait des lois de notre nature, sans trop s'expliquer sur ce que c'est que notre nature; et le plus grand analyste moderne, après avoir séparé une fois pour toutes les catégories d'avec la sensation et tout élément empirique, après les avoir énumérées et classées, et leur avoir attribué une force irrésistible, Kant les trouvant dans le fond de la conscience, où gît toute personnalité, les rapporte à la nature humaine, et conclut qu'elles ne sont que des lois de notre personne; et comme c'est nous qui formons le sujet de la conscience, Kant, dans son dictionnaire, les appelle subjectives, des lois subjectives, c'est-à-dire personnelles; de sorte que, quand nous les transportons à la nature extérieure, nous ne faisons pas autre chose que transporter, selon lui, le sujet dans l'objet, et pour parler allemand, qu'objectiver les lois subjectives de la pensée sans arriver à une objectivité légitime et véritable. Kant, après avoir arraché au sensualisme les catégories, leur a laissé ce caractère de subjectivité qu'elles ont dans la réflexion. Or, si elles sont purement subjectives, personnelles, vous n'avez pas le droit de les transporter hors de vous, hors du sujet pour lequel elles sont faites; ainsi le monde extérieur, que leur application vous donne, peut bien être pour vous une croyance invincible, mais non pas un être existant en lui-même; et Dieu aussi, Dieu peut bien pour vous être un objet de foi, mais non pas un objet de connaissance. Après avoir commencé par un peu d'idéalisme, Kant aboutit au scepticisme. Le problème, contre lequel ce grand homme a fait naufrage, est le problème que la philosophie moderne trouve encore devant elle. J'en ai donné autrefois une solution que le temps n'a point ébranlée. Cette solution est la distinction de la raison spontanée et de la raison réfléchie. Si Kant, sous sa profonde analyse, avait vu la source de toute analyse, si sous la réflexion il avait vu le fait primitif et certain de l'affirmation pure, il aurait vu que rien n'est moins personnel que la raison, surtout dans le phénomène de l'affirmation pure, que par conséquent rien n'est moins subjectif, et que les vérités qui nous sont ainsi données, sont des vérités absolues, subjectives, j'en conviens, par leur rapport, au moi dans le phénomène total de la conscience, mais objectives en ce qu'elles en sont indépendantes. La vérité est absolue, indépendante de notre raison, comme ce qu'on appelle notre raison est véritablement distinct de nous-mêmes. La raison n'est pas subjective; le sujet c'est moi, c'est la personne, la liberté, la volonté. La raison n'a aucun caractère de personnalité et de liberté. Qui a jamais dit ma vérité: votre vérité? Loin que nous puissions constituer les vérités que la raison nous découvre, c'est notre honneur, notre gloire de pouvoir en participer.

Pour nous résumer, le caractère de spontanéité dans la raison est la démonstration de l'indépendance des vérités aperçues par la raison. Oui, Messieurs, quand nous parlons du monde, nous n'en parlons pas sur la foi du sujet que nous sommes, car nous en parlerions sur une autorité étrangère et incompétente, mais nous en parlons sur la foi de la raison en soi, qui domine la nature aussi bien que l'humanité. Quand nous parlons de Dieu, nous avons droit d'en parler parce que nous en parlons d'après lui-même, d'après la raison qui le représente : nous sommes donc dans la vérité, dans l'essence et la substance des choses, nous y sommes en vertu de la raison qui elle-même dans son principe est la substance véritable et l'essence absolue.

Messieurs, le fait que je viens de vous signaler est universel. La réflexion, le doute, le scepticisme, appartiennent à quelques hommes; l'aperception pure, la foi spontanée appartient à tous; la spontanéité est le génie de l'humanité, comme la philosophie est le génie de quelques hommes. Dans la spontanéité il y a à peine quelque différence d'homme à homme. Sans doute il y a des natures plus ou moins heureusement douées, dans lesquelles la pensée se fait jour plus facilement et l'inspiration se manifeste avec plus d'éclat; mais enfin, avec plus ou moins d'énergie, la pensée se développe spontanément dans tous les êtres pensans, et c'est l'identité de la spontanéité, dans la race humaine, avec l'identité de la foi absolue qu'elle engendre, qui constituent l'identité du genre humain. Quel est celui qui, en se prenant sur le fait de l'exercice spontané de son intelligence, ne croit pas à lui-même, et ne croit pas au monde? Cela est évident pour notre existence personnelle et pour celle du monde. Eh bien, il en est de même pour celle de Dieu. Leibnitz a dit : Il y a de l'être dans toute proposition. Or, une proposition n'est qu'une pensée exprimée, et dans toute proposition il y a de l'être, parce qu'il y a de l'être dans toute pensée. Or, l'idée de l'être, à son plus bas degré, implique une idée plus ou moins claire, mais réelle de l'être en soi, c'est-à-dire de Dieu. Penser, c'est savoir qu'on pense, c'est se fier à sa pensée, c'est se fier au principe de la pensée, c'est croire au principe de la pensée, c'est croire à l'existence de ce principe; comme ce n'est croire ni à soi ni au monde, et comme c'est croire encore, il est clair que c'est croire, qu'on le sache ou qu'on l'ignore, au principe absolu de la pensée; de sorte que toute pensée implique une foi spontanée à Dieu, et qu'il n'y a pas d'athéisme naturel. Je ne dis pas seulement qu'il n'y a pas de langue où ce grand nom ne se trouve; mais quand on mettrait sous mes yeux des dictionnaires vides de ce nom, je n'en serais pas troublé; je ne demanderais qu'une chose : Un des hommes qui parlent cette langue pense-t-il et a-t-il foi dans sa pensée? croit-il qu'il existe, par exemple? S'il croit cela, cela me suffit; car s'il croit qu'il existe, il croit donc que cette pensée de croire qu'il existe est digne de foi ; il a donc foi au principe de la pensée, or, là est Dieu. C'est parce que dans toute pensée est la foi au principe de la pensée, que, selon moi, toute parole prononcée avec confiance n'est pas moins qu'une profession de foi à la pensée, à la raison en soi, c'est-à-dire à Dieu. Toute parole est un acte de foi ; cela est si vrai, que dans le berceau des sociétés toute parole primitive est un hymne. Cherchez dans l'histoire des langues, des sociétés, et dans toute époque reculée, et vous n'y trouverez rien qui soit antérieur à son élément lyrique, aux hymnes, aux litanies : tant il est vrai que toute conception primitive est une aperception spontanée, empreinte de foi, une inspiration accompagnée d'enthousiasme, c'est-à-dire un mouvement religieux. Là, Messieurs, je vous le répète, est l'identité du genre humain. Partout, sous sa forme instinctive et spontanée, la raison est égale à elle-même dans toutes les générations de l'humanité et dans tous les individus dont ces diverses générations se composent. Quiconque n'a pas été déshérité de la pensée n'a pas été déshérité non plus des idées que soulève son développement le pus immédiat, et que la science plus tard présente avec l'appareil et sous le titre effrayant de catégories. Sous leur forme naïve et primitive, ces idées sont partout les mêmes. C'est en quelque sorte l'état d'innocence, l'âge d'or de la pensée. Respectez donc, Messieurs, respectez l'humanité, qui partout possède la vérité sous cette forme. Respectez l'humanité dans tous ses membres, car dans tous ses membres est le rayon divin de l'intelligence et une confraternité essentielle, dans l'unité des idées fondamentales, qui dérivent du développement le plus immédiat de la raison.

Cependant, Messieurs, sous cette unité sont des différences; il y a dans le genre humain, de siècle à siècle, de peuple à peuple, d'individu à individu, des différences manifestes. Il ne faut pas les nier, il faut les comprendre et rechercher d'où elles viennent. D'où peuvent-elles venir? d'une seule cause. La raison se développe de deux manières: ou spontanément, ou reflexivement. Spontanéité ou réflexion, aperception et affirmation pure de la vérité avec une sécurité parfaite, non seulement sans aucun mélange de doute, mais sans la supposition de la possibilité d'une négation, ou conception nécessaire de la vérité après l'essai d'une négation convaincue d'absurdité et rejetée, synthèse primitive et obscure, ou analyse claire et plus ou moins parfaite, il n'y a pas d'autre forme de la pensée. Or, nous avons vu que la spontanéité n'admet guère de différences essentielles. Reste donc que les différences frappantes qui se voient dans l'espèce humaine, naissent de la réflexion. Une analyse sérieuse de la réflexion change cette induction en un fait certain.

A quelle condition, Messieurs, réfléchissez-vous? à la condition de la mémoire. A quelle condition y a-t-il mémoire? à la condition du temps, c'est-à-dire de la succession. La réflexion ne considère les élémens de la pensée que successivement, et non à la fois. Si elle les considère successivement, elle les considère, pour un moment au moins, isolément; et comme chacun de ces élémens est important en lui-même, l'effet qu'il produit sur la réflexion peut être tel que la réflexion prenne cet élément particulier du phénomène complexe de la pensée, pour la pensée entière et le phénomène total. C'est là le péril de la réflexion; c'est dans cette possibilité que gît la possibilité de l'erreur, et dans cette possibilité de l'erreur que réside la possibilité de la différence. Il n'y a pas de différence dans l'aperception de la vérité, ou bien les différences sont peu importantes; c'est dans l'erreur essentiellement mobile et diverse que peut être la différence, et l'erreur naît d'une vue incomplète et partielle des choses. Là, Messieurs, je le répète est toute la possibité de l'erreur; elle est donc par conséquent dans la réflexion. Mais sans la réflexion aussi il n'y aurait jamais cette haute clarté qui résulte d'un examen successif et alternatif des différens points de vue d'un fait, d'un problème, de toute chose. Sans la réflexion, l'homme ne jouerait qu'un faible rôle dans l'aperception de la vérité; il n'en prend bien possession, il ne se l'approprie que par la réflexion. C'est donc là un haut et excellent développement de la raison humaine; et il est bon que ce développement ait lieu, même à la condition de toutes les chances d'erreurs.

Si toutes les chances d'erreurs sont là et non ailleurs, il s'ensuit que l'erreur n'est et ne peut jamais être une extravagance complète, un délire total, car un délire total (hors le cas de folie réelle) est impossible. En effet, à quelle condition peut-il y avoir erreur? A la condition qu'il y ait pensée et conscience. Et à quelle condition peut-il y avoir conscience? A la condition qu'il y ait dans la conscience quelqu'un des élémens nécessaires de cette conscience. Si au moins vous ne croyez pas à vous-mêmes, par exemple, vous n'apercevrez rien, vous ne penserez pas, et il n'y aura aucune conscience. Ne perdez pas cela de vue. Pour qu'il y ait conscience, même avec aberration, il faut qu'il y ait au moins conscience de quelqu'un des élémens de la conscience; il faut donc qu'il y ait aperception de quelque chose de réel, c'est-à-dire de quelque vérité. Par conséquent l'erreur n'est pas une erreur totale et absolue; car dans l'erreur totale et absolue périrait la possibilité même de la conscience. Il n'y a de possible qu'une erreur particulière. S'il n'y a de possible qu'une erreur particulière, il suit qu'à côté de l'erreur il y a toujours aperception quelconque de la vérité. Ainsi, par exemple, la réflexion, s'appliquant à la conscience et essayant l'hypothèse du doute et de la négation, réussit à ne pas admettre un des termes de cette conscience, l'infini, je suppose, et elle s'arrête au fini. Voilà l'infini nié, rejeté. Soit, mais la conscience n'est pas détruite, et tous les autres élémens subsistent : à côté de cette erreur il y aura la croyance au monde extérieur, et la croyance à soi-même. L'erreur tombe sur un point, l'aperception de la vérité tombe sur un autre; mais il y a encore, il y a toujours de la vérité dans la conscience. On m'objectera le sceptique absolu, celui qui nie tout. Je répondrai comme dans ma dernière leçon : Nie-t-il qu'il nie? doute-t-il qu'il doute? Je ne lui demande que cela. S'il croit qu'il doute, il affirme qu'il doute; or, s'il affirme qu'il doute, il affirme qu'il existe en tant que doutant. Il croit donc à lui-même : c'est déjà quelque chose; et je me chargerai ainsi de rétablir successivement tous les élémens de la croyance générale. La réflexion dans ses aberrations les plus bizarres est toujours ramenable, parce que ses aberrations ne sont jamais que partielles : il y a toujours de la ressource là où il y a encore quelque élément de vérité; et il ne peut pas ne pas y avoir constamment quelque élément de vérité dans la pensée, même pour le scepticisme le plus absolu en apparence. Dans des jours de crise et d'agitation, le doute et le scepticisme entrent avec la réflexion dans beaucoup d'excellens esprits qui en gémissent eux-mêmes, et s'effrayent de leur propre incrédulité. Eh bien, je prendrai leur défense contre eux-mêmes; je leur démontrerai qu'ils croient toujours à quelque chose. Prenez les choses par le bon côté, Messieurs. Quand la vérité vous manque sur un point et qu'elle ne vous manque pas sur un autre, attachez-vous à cette portion de vérité que vous possédez, et agrandissez-la successivement. De même, quand vous voyez un de vos semblables qui, ne pouvant trop se nier lui-même (car c'est là un tour de force dont on s'avise assez peu), se met à douter de l'existence du monde (ce qui n'est pas non plus très commun), et surtout de l'existence de Dieu (ce qui paraît plus facile et plus fréquent sans l'être davantage), dites-vous, répétez-vous perpétuellement que cet être n'est point dégradé, qu'il croit encore puisqu'il affirme encore quelque chose; que par conséquent il a de la foi, que seulement cette foi tombe et se concentre sur un point; et au lieu de le considérer sans cesse comme un athée, comme un sceptique, et dans ce qui lui manque, considérez-le plutôt dans ce qui lui reste, et vous verrez que dans la réflexion la plus partielle, la plus bornée, la plus sceptique, il reste toujours un élément considérable de foi et des croyances fortes et étendues. Voilà pour la réflexion. Mais sous la réflexion est encore la spontanéité; et quand le savant a nié l'existence de Dieu, écoutez l'homme, interrogez-le, surprenez-le, et vous verrez que toutes ses paroles impliquent l'idée de Dieu, et que la foi à Dieu est à son insu au fond de son cœur. Enfin, pour me résumer, la spontanéité indestructible de la pensée est toujours là qui produit et soutient toutes les vérités essentielles, même sous la réflexion la plus sceptique ; et même dans la réflexion, l'erreur n'est jamais entière ; elle n'est que partielle ; elle vient de la succession nécessaire des élémens de la conscience et de la pensée sous l'œil pénétrant, mais borné de la réflexion.

Or, ce que je viens de vous montrer sur le théâtre limité de la conscience individuelle, transportez-le sur celui de la conscience universelle, sur le théâtre de l'histoire. L'unité du genre humain y est aussi, avec ses différences, qui grandissent en proportion de la scène, mais sans changer de nature.

Les différens élémens de la conscience du genre humain ne se développent entre les mains du temps dans l'histoire, qu'à la condition d'être successifs, par conséquent à la condition de paraître l'un après l'autre. Or, au moment où l'un de ces élémens paraît, l'autre ne paraît pas encore. Au moment où l'un paraît, le genre humain, qui spontanément croit à tout, sans rien distinguer, réflexivement se préoccupe de cet élément qui passe devant ses yeux, et dans sa faiblesse n'aperçoit que celui-là. Il a raison de croire que cet élément existe, mais il a tort de croire que celui-là seul existe. De là l'erreur. Ici encore l'erreur n'est pas extravagance; c'est seulement une vue incomplète.

Or, cet élément particulier qui passe sur le théâtre de l'histoire, en tant que partiel et circonscrit, ne peut pas suffire à l'étendue de la durée; et par conséquent, après avoir paru, il est condamné à disparaître : puisqu'il avait commencé à être, il devait finir. Cela seul qui ne commence pas à être, ne cesse pas d'être, est infini, universel, absolu; ce qui fait l'identité du genre humain, c'est-à-dire la vérité, n'a pas commencé un jour, et ne finira pas demain. Mais ce qui commence un jour et ce qui finit l'autre, ce sont les différences, c'est-à-dire les erreurs. La première différence dure un jour, commence et finit; vient une autre différence qui a la même destinée, un autre élément qui nous fait illusion au même titre et s'évanouit à son tour. Nous nous arrêtons à celui-là, comme nous nous sommes arrêtés au premier. Nous n'avons pas tort, je le répète, de croire à celui-là, mais nous avons tort de ne croire qu'à celui-là. Ainsi nouvelle vérité, et en même temps nouvelle erreur. Entendez-moi bien, Messieurs, tout est vrai pris en soi, mais ce qui, pris en soi-même, est vrai, peut devenir faux si on le prend exclusivement. Toute nouvelle vérité qui paraît sur le théâtre de l'histoire, est une nouvelle erreur, et toute erreur est une vérité jusqu'à ce que de vérités incomplètes en vérités incomplètes, c'est-à-dire d'erreurs en erreurs, le cercle des vérités et des erreurs s'accomplisse, les différens élémens particuliers de la pensée se manifestent, se dégagent, s'éclaircissent, et arrivent à leur complet développement.

Au premier coup d'œil, qu'apercevez-vous dans l'histoire? Vous n'apercevez que des particularités : d'abord tel peuple, puis tel autre, telle époque, tel système, toujours et toujours des particularités. Rien n'existe réellement que sous la condition de la particularité. Toute particularité naît, et par conséquent finit. Donc, toute particularité est vaine. Donc vous n'apercevez dans l'histoire que des illusions en même temps que sous un autre point de vue vous n'y apercevez que des vérités. L'histoire est une succession de vérités et une succession d'erreurs; c'est là sa condition forcée; car la condition de l'histoire est la succession; la condition de la succession est la particularité, la condition de la particularité est l'erreur, la diversité de l'erreur, l'opposition, la contradiction, la misère. Ce qui était succession et division dans la réflexion individuelle, est dans l'histoire la lutte et la guerre. La guerre est le grand caractère que vous présente l'histoire, spectacle au premier coup d'œil plein de tristesse. Celui qui n'a pas le secret des mouvements de l'histoire, qui ne sait pas que toute erreur renferme une vérité dont le seul défaut est d'être incomplète, en contemplant l'histoire, croit que le genre humain est dans une erreur perpétuelle, et ne voit partout que des erreurs aux prises les unes avec les autres; et comme il n'y a pas de chances que cela finisse, et que le genre humain, après avoir été jusqu'à l'année 1828 dans un flux et un reflux perpétuel d'illusions contradictoires, arrive enfin à la vérité et à la paix, l'erreur et la discorde se répandent en quelque sorte du passé dans l'avenir, et plongent le spectateur dans une mélancolie profonde. Ce résultat est fort naturel; il est presque inévitable au début de la réflexion et des études historiques; mais il ne faut pas y succomber, il faut se dire que toute erreur n'est qu'une apparence et implique une vérité; et que l'erreur, si je puis m'exprimer ainsi, est la forme de la vérité dans l'histoire. Toutes ces erreurs, c'est-à-dire toutes ces vérités se succèdent; elles commencent et elles périssent, elles se contredisent et elles se détruisent; les époques se poussent et se dévorent successivement. Eh bien, cela même est un bien : pourquoi? c'est qu'à cette condition, et à cette condition seule, les élémens fondamentaux de l'humanité se développent. Savez-vous ce qu'il faut pour que vous connaissiez une chose? savez-vous ce qu'il faut pour que vous connaissiez ce qui se passe dans votre conscience? il faut que la réflexion s'y applique; et la condition de la réflexion, c'est de ne considérer les choses qu'une à une, et de ne pouvoir se passer du temps, pour comprendre et savoir. De même une idée ne paraît sur le théâtre de l'histoire que dans sa particularité, afin qu'elle s'y développe, afin que tous ses momens essentiels, toutes les puissances cachées qu'elle recèle dans son sein se fassent jour peu à peu et se manifestent. Toute idée dont le développement n'a pas été épuisé est encore inconnue par quelque côté; vous ne connaissez un principe qu'à condition de connaître toutes ses conséquences; je dis toutes, car s'il y en a une seule qui lui manque, il y a dans ce principe quelque chose d'essentiel que vous ignorez; il y a un coin de cette vérité qui ne vous a pas été dévoilé. Pour connaître tous les replis d'une idée, il faut la considérer toute seule, il faut la séparer de toutes les autres, il faut la prendre comme un tout, pour la considérer à son commencement, dans son milieu, et à sa fin ; et c'est alors qu'exclusivement considérée, vous l'avez approfondie, vous savez ce qu'elle est ; elle est sans aucun voile devant vos yeux. Ainsi fait chaque idée dans l'histoire, elle s'y déroule isolément et successivement ; et quand elle a épuisé son développement, quand tous ses points de vue ont passé sous les yeux, elle a joué son rôle sur le théâtre du monde, et elle fait place à une autre, qui parcourt la même carrière. Répugnez-vous à cette mobilité, à ce perpétuel changement? savez-vous à quoi vous répugnez? vous répugnez à la lumière, à la connaissance, à la science. La science ne s'acquiert que laborieusement, à la sueur de notre front, à la condition du travail perpétuel de l'humanité. La spontanéité est l'innocence, l'âge d'or de la pensée, mais la vertu vaut mieux que l'innocence, et la vertu impose une lutte perpétuelle. L'histoire n'a point d'âge d'or, Messieurs; elle commence au règne de fer, avec les différences et les contradictions du temps et du mouvement. Ignorer une chose, faibles que nous sommes, est pour nous la condition d'en connaître à fond une autre : une vue exclusive de tel élément est la condition de la connaissance approfondie de cet élément dans tous ses momens fondamentaux. Enfin, n'oubliez pas que si tous ces points de vue, tous ces systèmes, toutes ces époques, excellentes en elles-mêmes, mais incomplètes, se détruisent les unes les autres, il y a quelque chose qui reste, qui les a précédées, qui leur survit, savoir, l'humanité. L'humanité embrasse tout, profite de tout, avance toujours, et à travers tout. Et quand je dis l'humanité, je dis toutes les puissances qui la représentent dans l'histoire, l'industrie, l'état, la religion, l'art, la philosophie. Par exemple, en fait de philosophie, la raison avance sans cesse. Elle ne peut périr dans le mouvement de l'histoire, car elle n'en est pas née. Le platonisme a commencé et le platonisme a fini. C'est un malheur si l'on veut; mais pour qui? Pour le platonisme, et non pour l'humanité, car après Platon est venu Aristote, et l'humanité sans perdre l'un, a acquis l'autre. Est-ce que Platon est perdu pour l'humanité? Ne pouvez-vous pas le lire? n'a-t-il pas fait son temps? n'a-t-il pas imprimé à son siècle un mouvement qui a laissé sa trace? n'a-t-il pas déposé dans l'histoire un élément mémorable? Aristote, et le péripatétisme, y ont déposé un autre élément; et c'est d'élémens en élémens ajoutés les uns aux autres que s'est enrichi le trésor de l'histoire. L'histoire est un jeu où tout le monde perd successivement, excepté l'humanité qui gagne à tout, à la ruine de l'un comme à la victoire de l'autre. Les révolutions ont beau se succéder, elle domine toutes les révolutions. En effet, l'humanité est supérieure à toutes ses époques. Que font toutes ses époques? elles aspirent à équivaloir à l'humanité; elles mesurent sa durée, et essaient de la remplir; elles aspirent à donner de l'humanité une idée complète. Que font les différentes philosophies? Elles aspirent à donner de la raison une représentation complète, donc chacune d'elles est bonne à sa place et dans son temps, et il est bien aussi que toutes se succèdent et se remplacent. De même dans l'histoire générale tout se succède, tout se détruit, tout se développe, tout tend à l'accomplissement du but de l'histoire.

Quel est ce but? Quel est le but de l'humanité et de la vie? Nous contenterons-nous, Messieurs, du lieu commun ordinaire de la per- perfectibilité indéfinie? Mais qu'est-ce qu'une perfectibilité indéfinie? On conçoit le perfectionnement d'un être, une fois le type de perfection de cet être assigné et défini. Ce type défini, un but au perfectionnement est donné;

ce perfectionnement peut avoir son plan, ses lois, son progrès régulier et mesurable, son point de départ. Mais où le but est indéfini, qui peut mesurer et déterminer la route? Et qu'est-ce que le perfectionnement pour qui ne sait pas en quoi consiste la perfection? Il faut absolument établir en quoi elle consiste, ou ne plus parler d'une perfectibilité sans but, sans mesure possible, c'est-à-dire inintelligible. Voilà à quoi on se condamne si par indéfini on entend non défini, non définissable. L'entend-on autrement? Veut-on dire que l'humanité est perfectible d'une perfectibilité infinie? On répugne à le croire; c'est pourtant ce qu'on est forcé de conclure des déclamations qui ont cours sur cette matière. Je n'invente pas, Messieurs; oui, on a dit que la perfectibilité était indéfinie, c'est-à-dire illimitée; et comme l'objection de la vie physique avec ses bornes données se présentait assez naturellement, et menaçait d'abattre l'hypothèse d'un seul coup, on a poussé la chimère de la perfectibilité au point d'assurer, je répugne à le dire, que la vie physique de l'homme non-seulement s'étendra plus ou moins, mais qu'avec le progrès des sciences naturelles, et d'une sage philosophie, elle se prolongera à peu près indéfiniment, et que nous arriverons presque à l'immortalité en ce monde. C'est un peu trop espérer. Oui, l'homme est perfectible, mais dans un tout autre sens. L'humanité a son but, et par conséquent de son point de départ à ce but, elle marche, elle marche sans cesse et régulièrement : elle se perfectionne. Le perfectionnement vient du but supérieur qu'elle poursuit, et dans chaque époque donnée et dans l'ensemble de l'histoire : voilà sa perfectibilité, elle n'en a pas d'autre. Il ne faut pas s'imaginer qu'avec le temps l'homme prendra une autre nature, et que cette nature acquerra de nouveaux élémens, lesquels auront des lois nouvelles. L'homme change beaucoup, mais il ne change point fondamentalement; l'homme est donné, sa nature est donnée, son intelligence est donnée, sa constitution physique est donnée avec ses bornes nécessaires. Le développement de son intelligence n'est pas infini, il est fini, il est mesurable sur la nature même de cette intelligence et sur sa portée. Or, nous avons vu qu'il ne peut y avoir dans l'intelligence humaine que trois idées. La réflexion appliquée à la conscience, pourrait s'y attacher pendant des milliers de siècles, je lui porte le défi d'y voir jamais autre chose que ce qui y est, c'est-à-dire, ces trois élémens diversement combinés. Et les combinaisons ne sont point inépuisables. Une fois que vous avez les seuls termes ni plus ni moins de la combinaison à faire, vous en pouvez calculer tous les modes. Si la réflexion ne peut ajouter à la conscience un seul élément, l'histoire ne pourra pas ajouter un seul élément fondamental à la nature humaine. Elle la développe et rien de plus. Voilà sa seule puissance, et par conséquent son seul but. Le but de l'histoire et de l'humanité n'est pas autre chose que le mouvement de la pensée, qui, aspirant nécessairement à se connaître complétement, et ne pouvant se connaître complétement qu'après avoir épuisé toutes les vues incomplètes d'elle-même, tend de vue incomplète en vue incomplète, par un progrès mesurable, à la vue complète d'elle-même et de tous ses élemens substantiels successivement dégagés, éclaircis par leurs contrastes, par leurs conciliations momentanées et leurs guerres nouvelles. Tel est le but général de l'histoire et de l'humanité. Ce but assigné, ce type de perfection déterminé, le mouvement de l'humanité et de l'histoire pour l'atteindre est déterminable; le perfectionnement progressif est certain, mais il est définissable, et il est fini; il a pour mesure et pour limite la nature humaine, la nature même de la pensée. Je le répète : que l'individu dure dix siècles, et que l'humanité dure des millions d'années, l'humanité ni l'individu ne se donneront pas un seul élément nouveau. L'individu naîtra; s'il naît, il mourra, quoi qu'en ait dit Condorcet. Si la raison commence à apercevoir telle idée particulière, elle l'épuisera et cessera de la considérer. Si tel peuple accomplit l'idée qu'il est appelé à réaliser, il passera après avoir réalisé cette idée. Le système de l'empirisme et de la sensation peut être fort vaste; il ne suffit pas cependant à la pensée; il naquit un jour, et il passera comme beaucoup d'autres systèmes; que dis-je ! malgré l'immortalité qui lui avait été promise, il est passé déjà, ou bien obscurci; et c'est à cette condition que s'accomplit le cercle de l'histoire, qui est le cercle de la pensée. Encore une fois ce cercle est donné. En effet, combien y a-t-il d'élémens dans la pensée ? Vous l'avez vu : trois, ni plus ni moins, savoir, le fini et l'infini, et le rapport du fini et de l'infini. Il me paraît donc absolument impossible qu'il y ait jamais dans le développement de la pensée et de l'humanité plus de trois grands caractères, plus de trois points de vue; par conséquent plus de trois grandes époques. Ces trois époques, je ne les mets pas ici dans un ordre déterminé, je ne fais que les énumérer sans choix : il y aura nécessairement une époque où le genre humain sera surtout préoccupé de telle idée particulière, de l'idée du fini, par exemple, et, donnera à toutes ses créations et à toutes ses conceptions ce caractère exclusif; ou frappé exclusivement de l'idée de l'infini, il donnera à tout ce seul caractère ; ou enfin, après avoir connu et épuisé dans leur particularité, c'est-à-dire dans leur vérité et dans leur erreur tout ensemble, ces deux idées isolées, il cherchera, les deux termes étant bien connus, à dégager leur vrai rapport. Il ne peut y avoir que trois époques; chacune sera plus ou moins compréhensive; mais il ne peut y en avoir davantage. C'est ce qu'il s'agit de bien établir ainsi que l'ordre de ces trois époques. Ce sera le sujet de ma prochaine leçon.

PARIS. — DE L'IMPRIMERIE DE RIGNOUX,
rue des Francs-Bourgeois-S.-Michel, n° 8.

7ᵉ LEÇON. 5 JUIN 1828.

COURS
DE L'HISTOIRE
DE
LA PHILOSOPHIE.

Messieurs,

L'instinct de la raison révèle à l'humanité toutes les vérités essentielles, à la fois, et par conséquent confusément : toutes les vérités nous sont données d'abord dans une unité confuse. C'est la réflexion qui, en brisant cette unité, dissipe les nuages qui enveloppent ses divers élémens et les éclaircit en les distinguant. Distinguer, c'est considérer séparément, et la réflexion a pour condition de considérer un à un tous les élémens de l'unité primitive. Le but dernier de la réflexion est, en considérant à part chacun de ces élémens, de les éclaircir tous, et d'arriver ainsi, par une décomposition et un examen successif, à la recomposition d'une unité nouvelle, dans laquelle tous les élémens primitifs se retrouvent, mais environnés de la haute lumière qui est attachée à la réflexion, et qui résulte de l'examen spécial, distinct et approfondi de chacun d'eux. La raison débute par une synthèse riche et féconde, mais obscure; vient après l'analyse qui éclaircit tout en divisant tout, et qui se résout elle-même dans une synthèse supérieure aussi compréhensive que la première et plus lumineuse. La spontanéité donne la verité; la réflexion produit la science : l'une fournit une base large et solide aux développemens de l'humanité; l'autre imprime à ces développemens leur forme véritable.

Le but de la réflexion est grand et excellent, Messieurs, il faut donc consentir à la seule voie qui puisse y conduire, savoir, la décomposition, l'examen spécial de chacun des élémens primitifs. Or, quelle est la condition de l'examen spécial d'un élément? La négligence, l'oubli, l'ignorance de tous les autres.

Quand la réflexion examine isolément un des élémens donnés de l'unité primitive, elle ne sait pas, elle ne peut pas savoir qu'il en existe un autre; car comment le saurait-elle? Elle le saurait si elle était arrivée au but dernier de la réflexion, c'est-à-dire à la recomposition du tout, ce qui est la fin, non le point de départ de la réflexion ; elle le saurait si elle avait une mémoire distincte et ferme de l'unité primitive, ce qui ne peut pas être, car il n'y a de mémoire ferme et distincte qu'à la suite de la réflexion. Quand la réflexion entre en exercice, elle ne sait pas qu'avant elle avoit eu lieu déjà une autre opération qui avoit donné plusieurs élémens : elle ne sait pas qu'un jour dans ses applications successives elle aboutira à une unité nouvelle; elle commence par elle-même et par l'opération qui lui est propre, ne suppose rien en deçà, ne prévoit rien au delà. Sa fonction est de distinguer pour éclaircir : elle distingue, elle sépare, elle prend chaque élément un à un; or, quand elle prend l'un, elle n'a pas l'autre, et l'ignore entièrement; elle est donc condamnée à considérer ce qui passe présentement sous son regard comme le seul et unique élément de la pensée; elle n'en connaît pas, elle n'en peut pas connaître d'autre. De là, Messieurs, non pas seulement, comme je l'ai dit dans la dernière leçon, la possibilité, mais la nécessité de l'erreur. Qu'est-ce donc que l'erreur? Un des élémens de la pensée considéré exclusivement, et pris pour la pensée tout entière. L'erreur n'est pas autre chose qu'une vérité incomplète, convertie en une vérité absolue. Il n'y a pas d'autre erreur possible. En effet, il n'est pas au pouvoir de la pensée de s'éluder elle-même; il n'est pas au pouvoir de la conscience, si elle est, d'être à une autre condition que de posséder quelqu'un des élémens qui la constituent; sans quoi, tout élément de réalité manquant, tout phénomène de conscience, toute pensée, même extravagante, serait impossible. Nous sommes donc toujours dans le vrai, Messieurs, et en même temps nous sommes presque toujours dans le faux lorsque nous réfléchissons, parce que nous sommes presque toujours alors dans l'incomplet, et que l'incomplet est nécessairement de la vérité encore et déjà de l'erreur. De la nécessité de l'erreur vient la nécessité des différences des hommes entre eux, et d'un homme à lui-même. L'unité primitive, ne supposant aucune distinction, n'admet ni erreur, ni différence ; mais la réflexion, en divisant les élémens de la pensée et en les considérant exclusivement l'un à l'autre, amène l'erreur ; et en considérant tantôt l'un, tantôt l'autre, amène la diversité de l'erreur, et par conséquent la différence dans un seul et même individu. Ainsi l'homme qui au fond et dans l'élan spontané de son intelligence est identique à lui-même ne se ressemble pas à lui-même dans la réflexion, à tous les instans de son existence. De là, les diverses époques de l'existence individuelle. On peut, en se repliant sur soi-même, être frappé de tel ou tel élément de sa pensée ; tous étant vrais peuvent également nous préoccuper, et on se livre à cette vue exclusive, c'est-à-dire, à l'erreur précisément sur la foi de la vérité qui est en elle. L'homme ne se livre qu'à la vérité, et il faut que l'erreur prenne la forme de la vérité pour arriver à se faire admettre. C'est parce que cet élément est réel que nous le considérons à part, que nous nous abandonnons à cette considération exclusive ; mais cet élément tout réel qu'il est, par cela seul qu'il est un élément particulier, ne suffit point à toute la capacité de la réflexion, ne l'occupe pas, ne la remplit pas constamment ; après cette considération exclusive peut en venir une autre, et une autre encore après celle-là; ainsi va la vie intellectuelle et sa continuelle métamorphose. Ce ne sont pas, Messieurs, les accidens extérieurs qui mesurent et partagent la vie, ce sont les accidens intérieurs, les événemens de la pensée. Celui qui ne changerait jamais de point de vue, qui serait toujours sous la domination d'une seule idée, celui-là n'aurait qu'une seule et même époque pendant toute sa vie, quelque long âge qu'il atteignît, quelque mobiles et diverses que pussent être ses aventures et sa position en ce monde. On peut même dire qu'il n'y aurait pas d'accidens pour lui; car tous les accidens, ne modifiant pas sa pensée, y prendraient une couleur, un caractère uniforme. Ce qui fait époque dans la vie, c'est un changement dans les idées; voilà ce qui divise vraiment l'existence et la rend différente d'elle-même. La succession nécessaire des points de vue de la réflexion constitue les différences réelles de l'homme vis-à-vis lui-même. Il en est de même des hommes relativement les uns aux autres. Comme il est impossible que tous les hommes se donnent en quelque sorte le mot pour considérer en même temps le même élément de la pensée, il s'ensuit que dans le même temps ils diffèrent nécessairement entre eux qu'ils ne se comprennent pas et ne peuvent pas se comprendre, et qu'ils se traitent réciproquement d'insensés et d'extravagans. Celui que préoccupe l'idée de l'unité et de l'infini, par exemple, et qui s'y tient attaché comme au tout de son être et de sa pensée, celui-là prend en pitié l'homme auquel ce monde fini et borné peut plaire, auquel la vie, dans sa variété, est agréable et chère; d'un autre côté, celui qui se trouve bien dans ce monde, dans le mouvement des affaires et des intérêts de la vie, regarde comme un fou celui qui pense et s'élève sans cesse au principe invisible de l'existence. Les hommes ne sont guère que des moitiés, des quarts d'hommes qui, ne pouvant se comprendre, s'accusent les uns les autres. J'espère que les jeunes gens qui fréquenteront quelque temps cet auditoire y contracteront d'autres habitudes, et y apprendront que toute erreur renfermant une vérité mérite une profonde indulgence, que toutes ces moitiés d'hommes que l'on rencontre autour de soi sont pourtant des fragmens de l'humanité, et qu'en eux il faut respecter encore et la vérité et l'humanité dont ils participent. Et savez-vous à quelles conditions, Messieurs, vous arriverez à cette tolérance, ou plutôt à cette sympathie universelle? A une seule : c'est d'échapper vous-mêmes à toute préoccupation exclusive, d'embrasser tous les élémens de la pensée, et de reconstruire ainsi en vous l'humanité tout entière. Alors quel que soit celui de vos semblables qui se présente à vous, quelle que soit l'idée exclusive qui le préoccupe, celle de l'unité et de l'infini, ou celle du fini et de la variété, vous sympathiserez avec lui, car l'idée qui le subjugue ne vous manquera pas; vous amnistierez donc en lui l'humanité, car vous la comprendrez, et vous la comprendrez parce que vous la posséderez tout entière; c'est là le seul remède à la maladie du fanatisme qui n'est pas autre chose, quel que soit son objet, que la préoccupation d'un élément de la pensée, dans l'ignorance et le dédain de tous les autres.

Messieurs, il en est du genre humain comme de l'individu. Une révélation primitive éclaire le berceau de la civilisation humaine. Toutes les traditions antiques remontent à un âge où l'homme, au sortir des mains de Dieu, en reçoit immédiatement toutes les lumières et toutes les vérités, bientôt obscurcies et corrompues par le temps et par la science incomplète des hommes. C'est l'âge d'or, c'est l'Éden que la poésie et la religion placent au début de l'histoire, image vive et sacrée du développement spontané de la raison dans son énergie native, antérieurement à son développement réfléchi.

Ce que la réflexion est à l'individu, l'histoire l'est au genre humain. L'histoire développe tous les élémens essentiels de l'humanité, et les développe au moyen du temps ; or, la condition du temps, nous l'avons vu, c'est la succession ; et la succession implique qu'au moment où un élément se développe, les autres ne se développent pas encore ou ne se développent plus, qu'ils ne se développent point tous ensemble, car ainsi ils ne se développeraient pas. De là, la nécessité de diverses époques dans le genre humain. Une époque du genre humain n'est pas autre chose qu'un des élémens de l'humanité développé à part, et occupant sur le théâtre de l'histoire un espace de temps plus ou moins considérable, avec la mission de jouer sur ce théâtre le rôle qui lui a été assigné, d'y déployer toutes les puissances qui sont en lui, et de ne se retirer qu'après avoir livré à l'histoire tout ce qui était dans son sein. Ainsi les époques de l'humanité diffèrent nécessairement, puisque chaque époque n'est que la prédominance d'un des élémens de humanité. L'histoire est diverse, puisqu'elle est successive; et la diversité est ici une contradiction, une lutte, une guerre; car une époque ne se retire pas d'elle-même et volontairement de la scène, et il faut que la nouvelle époque la contraigne, avec le fer et avec le feu, à lui céder la place. Le but de ces révolutions est le développement complet de la civilisation, c'est-à dire le développement complet de l'humanité; et là est à la fois, Messieurs, leur nécessité et leur absolution. Toutes les époques de l'histoire, dans leur diversité, conspirent au même but. Incomplète, prise en elle-même, chaque époque, ajoutée à celle qui la précède et à celle qui la suit, concourt à la représentation complète et achevée de la nature humaine.

Or, si une époque n'est pas autre chose que la prédominance d'un des élémens de l'humanité pendant le temps nécessaire pour que cet élément parcoure tout son développement, il y a nécessairement plusieurs époques, puisqu'il y a plusieurs élémens. Reste à savoir combien il y a d'époques. Il est clair qu'il doit y avoir autant d'époques qu'il a y d'élémens; et s'il n'y a que trois élémens, il suit qu'il n'y a et qu'il ne peut y avoir que trois grandes époques. Pensez-y : que peut développer l'histoire, sinon l'humanité? et que peut-elle développer dans l'humanité, sinon les élémens qui la constituent? Et par conséquent quels caractères peut-elle prendre successivement, sinon ceux des diverses idées qui sont le fond, la loi et la règle de l'esprit humain? Par exemple, l'idée du fini est-elle un élément nécessaire de la pensée, il faudra bien que cet élément ait son développement historique complet, c'est-à-dire son époque spéciale, consacrée exclusivement à la domination de l'idée du fini; car il est impossible que cette idée ait tout son développement, si elle n'est pas développée exclusivement : supposez en effet qu'elle soit développée en même temps que celle de l'infini, le développement de l'infini nuira au développement du fini, et vous n'arriverez jamais à savoir ce que renferme ni plus ni moins le fini. De là la nécessité d'une époque particulière où l'humanité jette pour ainsi dire tout ce qu'elle fait et tout ce qu'elle conçoit dans le moule de l'idée du fini, et pénètre de cette idée les différentes sphères qui remplissent la vie de toute époque, de tout peuple, de tout individu ; savoir, l'industrie, l'état, l'art, la religion, et la philosophie. Une époque est complète lorsqu'elle a fait passer l'idée qui lui est donnée à développer à travers toutes ces sphères. Ainsi l'époque qui doit dans l'histoire représenter l'idée du fini, l'imposera à l'industrie, à l'état, à l'art, à la religion, à la philosophie ; et c'est dans l'identité de cette idée que sera l'identité de cette époque, laquelle identité se réfléchira sur toutes les sphères dont cette époque est composée. Une époque est une parce qu'elle n'a qu'un rôle à jouer ; elle n'a qu'un rôle à jouer parce qu'elle est la représentation nécessairement exclusive d'un seul élément de la pensée. Voila pourquoi tout ce qui tient à une époque donnée, une fois le caractère de cette époque bien déterminé, peut être déterminé d'avance. Assurez-vous donc que quand dans l'humanité le moment de l'idée du fini sera arrivé, elle s'y déploiera avec tout le cortége des idées qui l'accompagnent et qui ne sont qu'elle-même diversement considérée, comme l'idée du mouvement, l'idée de la variété, etc.; et elle repandra leur caractère, c'est-à-dire le sien propre, sur tout ce qui se passera dans cette époque. L'industrie n'y sera pas immobile et stationnaire, mais progressive. Elle ne se contentera pas de recevoir de la nature ce que celle-ci voudra bien lui accorder; la pêche et la vie pastorale ne lui suffiront pas; elle tourmentera la terre pour lui arracher le plus de produits possible; et de nouveau elle tourmentera ces produits pour leur donner la forme qui exprime le mieux l'idée de l'époque. Le commerce s'y développera sur une grande échelle; et toutes les nations qui joueront un rôle dans cette époque seront des nations plus ou moins commerçantes. Et comme le plus grand lien du commerce est la mer, la mer, empire du fini, de la variété et du mouvement, ce sera l'époque des grandes entreprises maritimes. N'attendez pas qu'alors l'état soit immobile, que les lois et les gouvernemens y pèsent sur l'individu du poids de l'unité absolue, et y soumettent la vie sociale au joug d'une uniformité despotique. Loin de là, la variété et le mouvement passeront jusque dans les lois; l'activité individuelle y aura ses droits : ce sera l'âge de la liberté et de la démocratie. Il en sera de même de l'art; il aura plutôt le caractère du beau que celui du sublime; rien de colossal et de gigantesque; rien d'immobile et d'uniforme; il sera progressif et mobile comme l'état et l'industrie, et, comme l'état et l'industrie, il tiendra compte de la variété, il aimera le mouvement et la mesure. De tous les objets d'imitation, celui qu'il reproduira le plus, ce sera l'homme, et la figure de l'homme, c'est-à-dire l'image la plus vraie du fini, du mouvement et de la mesure. La religion ne sera pas alors la religion de l'être en soi, du Dieu invisible et inaccessible; ce sera cette religion qui transporte la terre dans le ciel, et fait le ciel à l'image de la terre, arrache la divinité à son unité majestueuse, la divise et la répand dans les cultes les plus divers. De là le polythéisme, ou la domination de l'idée de la variété et du fini dans les représentations religieuses. En vain la philosophie a l'air, dans ses abstractions, d'être étrangère à son temps et aux idées qui le dominent; elle ne fait autre chose encore que réfléchir d'une manière plus précise et plus lumineuse le caractère de l'industrie, de l'art, de l'état, de la religion à chaque époque; elle est de son temps comme tout le reste; et dans une époque du monde où dominera l'idée du fini, soyez assurés que la philosophie dominante sera la physique et la psycologie, l'étude de la nature et surtout celle de l'homme, qui se prendra lui-même comme le centre et la mesure de toutes choses. C'est de cette manière que se développe et s'organise une époque ; une pensée unique lui est donnée à développer, et cette pensée ne se développe qu'à la condition de parcourir toutes les différentes sphères nécessaires d'une époque. Il faut qu'une époque ait son industrie, sa législation, ses arts, sa religion, sa philosophie, et tout cela sous l'empire d'une idée commune. Quand cette idée a fait le tour de ces différentes sphères, cette époque est complète et achevée, elle n'a plus rien à faire, elle passe et fait place à une autre. L'époque qui doit représenter dans l'histoire l'idée de l'infini est-elle venue? vous aurez un spectacle absolument contraire. Là, tout étant sous la condition de l'idée de l'infini, de l'unité, de l'être en soi, de l'absolu, tout sera plus ou moins immobile. L'industrie sera faible et bornée; le commerce limité aux relations inévitables des hommes entre eux sur une même terre; ils tourmenteront peu cette terre, et quand ils en auront tiré quelques produits, n'attendez pas qu'ils les métamorphosent; ils ne se hasarderont pas à changer ce que Dieu a fait, ou du moins ils ne le changeront guère. Peu de commerce intérieur, peu ou point de commerce maritime; la mer jouera un très faible rôle dans l'histoire de cette époque, car la mer, surtout la mer intérieure et les fleuves, c'est le mouvement. Les nations qui rempliront cette époque seront fortement attachées à leur territoire; si elles en sortent, ce sera pour se répandre comme un torrent, mais sans fertiliser ni garder la terre sur laquelle elles se répandront momentanément. Si dans cette époque les sciences ont un peu de développement, ce seront les sciences mathématiques et astronomiques qui rappellent davantage à l'homme l'idéal, l'abstrait, l'infini. Ce ne sera pas cette époque qui découvrira et cultivera avec succès la physique expérimentale, la chimie, les sciences naturelles. L'état y sera le règne de la loi absolue, fixe, immobile : à peine s'il reconnaîtra et apercevra des individus. Les arts seront gigantesques et démesurés. Ils dédaigneront en quelque sorte la représentation de tout ce qui sera fini; ils s'élanceront sans cesse vers l'infini et tenteront de le représenter. Ne pouvant le faire que sous la forme du fini, ils dénatureront cette forme, et la rendront bizarre pour lui ôter son caractère propre et contraindre la pensée de se porter vers quelque chose de démesuré et d'infini. La religion de cette époque s'attachera à l'invisible; ce sera beaucoup plus la religion de la mort que celle de la vie. La vie est variée, mobile, diverse, active; la religion aura moins pour but de la régler que d'en enseigner le mépris, de la faire prendre en dédain, de la montrer comme une ombre, comme une ombre sans aucun prix, une épreuve misérable, à peine même une épreuve : elle se composera presque exclusivement des représentations hypothétiques de ce qui fut avant la vie, ou de ce qui sera après elle. La philosophie ne sera pas autre chose alors que la contemplation de l'unité absolue. Enfin, Messieurs, comme je vous ai montré que ces deux élémens du fini et de l'infini ne sont pas seuls dans la pensée, qu'il y en a un troisième, savoir le rapport du fini à l'infini, et de l'infini au fini, et comme ce rapport est réel et joue un grand rôle dans la pensée, il faudra que dans l'histoire il reçoive aussi son développement; il faudra qu'une époque lui soit donnée. Alors vous n'avez qu'à concevoir un mélange des deux premières époques du fini et de l'infini, et vous aurez l'industrie, l'état, l'art, la religion et la philosophie de cette troisième époque, tous les genres d'industrie, toutes les sciences mathématiques et naturelles, la puissance territoriale et la puissance maritime, la force prépondérante de l'État et la liberté individuelle, le fini, mais avec un rapport harmonique à l'infini, dans la religion la vie présente rapportée à Dieu, mais en même temps l'application sévère du dogme religieux à la morale, cette vie prise au sérieux et ayant son prix, et un prix d'une valeur immense ; enfin dans la philosophie, le mélange de la psycologie avec l'ontologie. Telles sont les diverses époques possibles. Comme on ne peut concevoir que trois élémens dans la pensée, on ne peut concevoir que trois époques dans le développement de la pensée par l'histoire; on ne peut concevoir qu'il puisse y avoir d'autres époques ou qu'il puisse y en avoir une de moins.

Mais entendons-nous bien, Messieurs ; comme sous la réflexion est toujours la spontanéité, et que dans la réflexion les trois élémens de la pensée subsistent, sous la condition de la prédominance de l'un d'eux, de même dans chacune des époques du monde, les deux autres élémens existent sans doute, mais subordonnés et soumis à l'élément qui est appelé à la domination. Il n'y a pas d'époque où une idée règne seule, au point qu'il n'en paraisse aucune autre. Dans toutes les époques est le fini et l'infini, et le rapport de l'un à l'autre, car il n'y a de vie que dans la complexité; mais de ce fonds commun se détache l'élément dont l'heure est venue, et qui, dans son contraste avec tous les autres élémens, et dans sa supériorité sur eux tous, donne son nom à cette époque de l'histoire, et en fait par là une époque spéciale. Ainsi, encore une fois, n'imaginez pas que, quand je parle d'une époque où l'infini domine, j'entends que l'infini y soit seul sans aucune opposition, mais concevez en même temps que dans une totalité il doit y avoir nécessairement, aussitôt que nous sommes sortis de l'unité primitive, un élément prédominant; et c'est cet élément qui imprime son caractère à la totalité; d'où il suit que chaque époque, dans sa complexité, est le développement d'un élément principal à travers les cinq sphères dans lesquelles nous avons partagé toute époque. Et, comme cet élément en se développant rencontre nécessairement les autres élémens qui aspirent aussi à jouer le rôle principal, il suit que, de même que les différentes époques de l'humanité ne se succèdent qu'en se faisant la guerre, de même le développement d'un élément dans une époque particulière n'a lieu que par la guerre de cet élément avec tous les autres.

Tout est dans tout : les trois élémens sont dans chaque époque; mais chacun d'eux, pour parcourir tout son développement, doit avoir une époque à lui. Si donc il n'y a que trois élémens, il ne peut y avoir que trois époques. Essayez de retrancher une de ces époques; en ne faisant que deux grandes époques, vous détruisez le développement d'un des élémens de l'humanité, et vous condamnez l'humanité à ne pas se développer toute entière. Retranchez l'époque de l'infini, par exemple; mais est-il possible que, si l'infini est un élément considérable et réel de la pensée, il n'occupe pas une époque spéciale de l'histoire? croyez-vous qu'il faille moins d'une longue époque de l'humanité pour développer tous les momens de l'idée de l'infini, tous ses degrés, toutes ses nuances, pour savoir tout ce qu'il est et tout ce qu'il renferme? Car vous ne pouvez savoir tout ce que contient un élément qu'en lui donnant le temps de faire son œuvre, de compléter son développement. Il lui faut donc une époque particulière. Je vous le demande, concevez-vous l'humanité sans ce côté fondamental d'elle-même, et notre histoire sans une large place accordée au développement de cette partie de notre nature? L'histoire, sans une époque entière consacrée à l'infini, ne paraît-elle pas incomplète, mutilée, boiteuse? Retrancherez-vous l'époque où doit régner le fini? même absurdité. L'espèce humaine ne se serait donc jamais développée dans sa liberté! l'espèce humaine n'aurait jamais eu une époque à elle! et, d'un autre côté, n'admettrez vous que ces deux époques? négligerez-vous le rapport du fini et de l'infini, et ne donnerez-vous pas une époque spéciale à l'expression de ce rapport? Vous condamnez l'humanité à aller sans cesse de l'infini au fini, ou du fini à l'infini, sans que jamais elle essaye de rapporter l'un à l'autre, et de faire cesser l'opposition qui les sépare; vous traitez l'humanité plus mal que vous ne vous traitez vous-mêmes; car chacun de vous entreprend de combiner en soi ces deux catégories, et vous ne voudriez pas que l'humanité passât aussi par cette combinaison! Vous ne pouvez donc retrancher aucune des trois grandes époques dans lesquelles nous avons partagé le mouvement universel de l'histoire. Essayez maintenant d'en ajouter une quatrième; tentez-le, Messieurs; il n'est pas au pouvoir de la pensée je ne dis pas d'y réussir, mais de le tenter. Ici l'hypothèse même est impossible; car avec quoi fait-on une hypothèse? avec la faculté de faire une hypothèse, c'est-à-dire la faculté de concevoir, c'est-à-dire avec la pensée; mais quelles sont les conditions de la pensée? précisément l'infini, le fini, et leur rapport. Vous ne pouvez pas sortir de ces conditions, de ces lois de la pensée; donc vous ne pouvez rien concevoir qui les dépasse. Il est donc impossible de concevoir une quatrième époque de l'humanité, par l'impossibilité où est la pensée de rien concevoir que sous la raison du fini, de l'infini et du rapport du fini à l'infini. Lorsqu'on veut sortir des conditions de la pensée, on arrive à des conceptions extravagantes, à de véritables monstres. C'est même par condescendance que je suppose qu'on arrive à des monstres; on n'y arrive pas même; car quoi que vous fassiez, je vous défie de faire autre chose que de combiner le fini et l'infini d'une manière ou d'une autre. Vous vous tromperez plus ou moins fortement; mais il y a des extravagances impossibles, savoir, celles qui détruiraient les lois de l'esprit humain. Le cercle de l'extravagance est donné dans le cercle de l'hypothèse, et le cercle de l'hypothèse est donné dans le cercle de la pensée. Or la pensée est enchaînée aux trois idées que nous avons signalées; tenter de la dépasser, c'est tenter de sortir de la pensée, c'est tenter ce qu'on ne peut pas même tenter.

Il n'y a donc, Messieurs, que trois grandes époques; il ne peut y en avoir que trois, et il ne peut y en avoir moins de trois; la démonstration en est tirée du fond même de toute démonstration, savoir, de l'esprit humain et de ses lois. Cela ne vous suffit-il pas? Voulez-vous vérifier ce genre de démonstration par un autre? Consultez le monde extérieur. Y voyez-vous autre chose que les trois élémens qui nous occupent? Son caractère éminent est l'harmonie. L'harmonie suppose de l'unité et de la variété; et elle ne suppose pas de la diversité et de l'unité isolées l'une de l'autre, mais fondues ensemble; elle est le rapport même de la variété et de l'unité. Enfin dans Dieu aussi nous avons reconnu ces trois mêmes élémens „une triplicité qui se développe en trois momens essentiellement identiques. Ainsi Dieu et la nature, la raison éternelle et sa manifestation extérieure nous présentent les mêmes résultats que l'étude de l'humanité. Il y a plus; comme nous avons rapporté l'humanité à la nature et la nature à Dieu, il suit que les lois de l'histoire ne sont plus seulement les lois de l'humanité, mais celles de la nature et celles de Dieu même, celles de toutes choses. Je tiens donc comme un point incontestable, aussi bien démontré que quoi que ce soit puisse l'être, que puisqu'il n'y a que trois momens dans Dieu, dans la nature, dans l'homme, l'histoire qui est la manifestation de l'homme ne peut avoir que trois momens, c'est-à-dire trois époques. Il n'est pas au pouvoir, je ne dis pas de la pensée bien conduite, mais de l'imagination la plus déréglée en apparence, de franchir ces limites ou de ne pas y arriver.

Messieurs, s'il est démontré que l'histoire renferme trois grandes époques, reste à savoir dans quel ordre se succèdent ces trois époques; laquelle commence et laquelle finit. Il ne s'agit pas de s'adresser aux faits, car que nous donneraient les faits? Rien de plus qu'eux-mêmes, et ni leur raison ni leur nécessité, c'est-à-dire ce qui peut seul nous les faire comprendre. Il faut donc, selon notre méthode ordinaire, nous adresser à la pensée. Pour savoir comment les diverses époques de l'humanité se succèdent, recherchons dans quel ordre les différens élémens de la pensée se succèdent dans la réflexion. L'histoire de la réflexion est une histoire de l'humanité en abrégé; l'histoire extérieure ne fait que développer celle-là et la montrer sur un plus grand théâtre, mais elle n'en change ni la nature ni l'ordre. La question est donc celle-ci : dans la conscience nous sont donnés d'abord et confusément trois élémens; nous l'avons vu, le moi et le non moi, ou le fini, l'infini, et leur rapport; la réflexion en s'y appliquant les divise pour les éclaircir, et les examine un à un. Quel est celui de ces élémens qui le premier la sollicite et la préoccupe? D'abord il est absolument impossible que ce soit le rapport du fini à l'infini; un rapport, pour être bien compris, suppose que ses deux termes sont bien compris; un rapport a autant de caractères, de nuances, de degrés que les deux termes qui le fondent en ont eux-mêmes. Il est clair que la réflexion ne s'attache au rapport du fini et de l'infini qu'après avoir parcouru les deux élémens; donc, dans l'histoire, l'époque réservée à la tentative de réunir les deux élémens contraires du fini et de l'infini devra venir la dernière : reste à savoir dans quel ordre se présentent, dans l'histoire, les deux époques qu'il s'agit de classer; c'est-à-dire, lequel du fini ou de l'infini prédomine d'abord dans la réflexion.

Le fini, nous l'avons vu, c'est le moi et le non moi. Or, en premier lieu, c'est le moi qui représente éminemment le fini dans la conscience; en suite comme nous ne recherchons pas quelle sera l'histoire de la nature extérieure, mais celle de la nature humaine, ce n'est pas dans la conscience le terme du fini qui se rapporte au dehors, à la nature qu'il faut considérer, mais le terme qui est le fond de l'humanité, savoir, le moi. Le moi est ici le représentant unique du fini; la question ainsi réduite est de rechercher si c'est le moi ou l'infini qui prédomine d'abord dans la conscience. Ainsi posée, la question est aisément résolue. En effet, qu'est-ce que le moi? L'activité volontaire et libre. Or, le moi ou la liberté a besoin d'un long exercice pour s'émanciper des liens du non moi et du monde extérieur, et pour arriver à ce point de force et de confiance en elle-même que dans l'illusion de sa puissance elle n'aperçoive plus qu'elle dans l'ame. Certes, ce n'est pas là l'affaire d'un jour; et la liberté, progressive de sa nature, est trop faible à son début pour absorber en elle tout autre élément. Ajoutez que ce qui dégage la liberté et le moi, c'est précisément la réflexion, la réflexion à l'aide du temps; plus la réflexion se développe, grandit et se fortifie, plus le sentiment du moi et de la liberté s'affermit et s'étend. Mais il ne faut pas supposer au début de la réflexion ce qui ne peut être le fruit que d'un tardif et laborieux développement. La réflexion naissante, à son premier acte (et c'est là le problème), est faible encore et mal assurée, comme la liberté et le moi. Elle entre en exercice, et le moi s'éveille; mais il est évident que ni la liberté ni la réflexion n'en sont pas encore à s'exagérer leur puissance. Il est donc évident que l'homme n'est pas et ne peut être, aux premiers regards mal assurés de l'homme primitif, l'objet principal et exclusif de la réflexion naissante. Pensez-y. Quelle est bien la question? celle de l'objet qui prédomine dans la première application de la réflexion. Il faut donc prendre la réflexion à son début, à son degré le moins élevé et dans son plus faible état. Nous cherchons cela, Messieurs, et nous ne cherchons pas autre chose; et nous ne devons pas supposer un état de l'âme où la réflexion soit très développée. Or, l'état plus ou moins avancé de la réflexion étant la mesure de la liberté, c'est-à-dire du moi, il suit que nous cherchons précisément l'état le plus faible du moi, et nullement celui de son plus haut développement; et il implique alors que la liberté étant dans un état de faiblesse extrême, elle puisse être le premier objet d'une considération exclusive de la part de la réflexion. Entendons-nous bien : si la liberté, si le moi n'était pas dans la conscience, s'il n'y jouait pas un certain rôle, la réflexion n'apercevrait rien. Mais il ne s'agit pas ici des élémens qui subsistent inévitablement sous la réflexion, subordonnés et négligés, mais de celui qui doit y prédominer; et cela bien établi, il est clair que ce ne peut être le moi, le moi faible, borné, limité, même dans le plus haut développement de la réflexion, et qui à son début est plutôt une condition et un témoin qu'un acteur dans le premier fait de réflexion. Assurément il ne peut y remplir seul la scène. Un jour il ira bien loin en fait d'illusion sur lui-même; mais il est très modeste en commençant. Il y est bien forcé tant il est faible, petit, misérable! Le moi n'est donc pas l'élément qui prédomine d'abord dans la réflexion : reste de toute nécessité que ce soit l'infini, l'unité, Dieu.

Ici les chances de prédominance sont tout autres. D'abord l'infini, l'unité, Dieu est un sujet d'aperception tout autrement fixe et ferme en soi. Ensuite la faiblesse de l'aperception du moi fini et borné redouble l'effet de la conception de l'être absolu et nécessaire; l'obscurité même qui accompagne l'idée de l'infini ajoute à sa puissance sur l'ame; tout autre sentiment languit devant celui-là, et de toute nécessité l'idée de l'unité, de l'être absolu, est celle qui étouffe d'abord toutes les autres, absorbe en elle tous les autres élémens de la conscience, et imprime son caractère au premier acte de la réflexion, qui, frappée et dominée par cette vue sublime, n'aperçoit qu'elle, et voit en elle tout le reste, et le non moi, et le moi, et elle-même. Il ne faut pas croire qu'à la confusion primitive de la spontanéité succède une réflexion parfaitement nette et lumineuse à son aurore. L'obscurité ne se dissipe qu'à la longue, et le premier éclair de la réflexion montrant à l'homme sa faiblesse et la grandeur de Dieu, le ravit à lui-même dans la préoccupation toute puissante de cet infini qu'il sait bien qu'il n'a pas fait, et qui est là un, immobile, invariable, éternel. Le moi, dans sa faiblesse, ne pouvant pas s'attribuer ces caractères majestueux et terribles, s'anéantit dans cette intuition formidable ; l'humanité s'éclipse à ses propres yeux en présence de l'être qui seul est en possession de l'unité, de l'infini, de la toute puissance, de l'éternité, de l'existence absolue. L'homme, le fini, le relatif en s'apercevant d'abord si faible, ne peut pas se prendre pour absolu ; il ne lui reste donc qu'à prendre pour absolu l'absolu lui-même, et c'est ce qu'il fait. Voilà, messieurs, comme les choses se passent psycologiquement. Nous ne débutons pas par une conception claire des rapports de Dieu et de l'homme ; il faut d'abord que nous connaissions les deux termes avant de connaître leur rapport ; et nous ne connaissons bien l'un qu'à la condition d'y absorber l'autre. Or l'homme ne débute pas par se prendre pour le Dieu de sa conscience ; il débute par une conception obscure sans doute, mais puissante et accablante de Dieu ; et sous le poids de cette grande idée, il se considère à peine comme un pâle reflet, une ombre de celui qui seul existe.

Voilà comme se passent les choses dans la conscience de l'individu; donc elles se passent de même dans l'histoire du genre humain. L'humanité, se trouvant d'abord nécessairement faible et misérable, ne se prend pas au sérieux et fait à peine attention à elle-même. A peine détachée du principe éternel des choses, ce n'est pas elle qui la préoccupe, c'est le principe auquel elle tient encore : elle est presque pour elle-même comme si elle n'était pas. Je soutiens donc que la première époque de l'humanité doit être nécessairement la prédominance de l'idée de l'infini, de l'idée de l'unité, de l'idée de l'absolu et de l'éternité. C'est une époque d'immobilité pour la race humaine. La vie, cette vie fugitive dont elle n'a pas joui encore, ne lui paraît qu'un reflet misérable de l'éternité. Comme elle est et se croit faible, elle ne produit que des choses faibles, bornées, misérables, qui ajoutent à la conscience qu'elle a de son impuissance; et ainsi elle s'enfonce davantage dans le sentiment de sa misère et de sa faiblesse. Mais peu à peu, après avoir vécu dans ce monde comme dans un tombeau, comme dans une prison, elle s'aperçoit pourtant que ce tombeau, que cette prison est large; elle y remue peu à peu, elle agit avec la liberté qui est en elle, et peu à peu avec la grandeur qui est inhérente à la liberté; cette liberté se fortifiant par l'exercice grandit, s'accroît, produit des merveilles; l'humanité alors se prend au sérieux; elle conçoit son importance; elle conçoit la beauté de la vie et du monde, la grandeur de la création; et le charme de la création, du monde et de la vie, le sentiment enivrant de sa force lui fait oublier tout le reste; alors arrive nécessairement l'époque de la personnalité et du fini, et vous concevez maintenant que cette époque doit être la seconde et ne peut être la première. Quand ces deux époques auront fait leur temps, il en viendra une troisième qui ne sera plus, qui ne peut plus être ni la domination de l'infini ni celle du fini; l'humanité ne recule jamais, mais après avoir épuisé les extrêmes, se connaissant dans toute sa force et toute sa faiblesse, elle arrive à la conception tardive du rapport nécessaire du fini et de l'infini; de là une époque qui, sans être ni la première ni la seconde, tend à une conciliation des deux, répand et marque partout dans l'industrie, dans l'état, dans l'art, dans la religion, dans la philosophie, la catégorie du rapport du fini avec l'infini, et donne dans l'histoire à cette catégorie supérieure son expression propre et son époque.

Tel est l'ordre, Messieurs, dans lequel se succèdent les époques de l'humanité; cet ordre de succession en couvre un autre plus profond encore. L'ordre de succession est purement extérieur, une simple juxta-position pour ainsi dire, et le mécanisme matériel de l'histoire. Or j'ai démontré comment la variété dérive de l'unité, le fini de l'infini, le phénomène de la substance; j'ai démontré que l'unité, l'infini, la substance, l'être en soi, l'absolu, étant cause et cause absolue, ne pouvait pas ne pas produire la variété, le fini, le relatif; de sorte que l'unité et l'infini étant donnés, vous avez déjà en germe la variété et le fini, le fini et la variété de la cause, c'est-à-dire une cause encore, quoique finie et variée, un monde animé et plein de forces, et une humanité qui est elle-même une cause, une puissance active et productrice. Le rapport de la cause absolue et de la cause relative et secondaire est donc un rapport de causes et de forces, c'est-à-dire un rapport de production, non de succession. Il en est de même des époques de l'humanité; elles ne soutiennent pas seulement l'une envers l'autre un rapport invariable de succession ; elles soutiennent l'une envers l'autre un rapport de génération. La première époque de l'humanité engendre la seconde, l'engendre au propre, c'est-à-dire que les résultats de toute espèce produits par la première, industrie, état, art, religion, philosophie, deviennent le germe de la seconde, la base sur laquelle elle travaille, et dont elle tire un développement tout différent, et que les débris féconds des deux premières époques combinés ensemble servent de berceau et de racine à la troisième. Ainsi l'histoire est une géométrie inflexible; toutes ses époques, leur nombre, leur ordre, leur développement relatif, tout cela est marqué en haut en caractères immuables; et l'histoire n'est pas seulement une géométrie sublime, c'est aussi une géométrie vivante, un tout organique dont les divers membres sont comme dans la véritable physiologie des totalités bien réelles, qui ont leur vie à part, et qui en même temps se pénètrent si intimement qu'ils conspirent tous à l'unité de la vie générale. La vérité de l'histoire est l'expression de cette vie générale; ce n'est donc pas une vérité morte que tel ou tel siècle peut apercevoir; chaque siècle l'engendre successivement ; le temps seul la tire tout entière du travail harmonique des siècles, et elle n'est pas moins que l'enfantement progressif de l'humanité.

Que dis-je! l'histoire ne réfléchit pas seulement tout le mouvement de l'humanité ; mais comme l'humanité est le résumé de l'univers, lequel est une manifestation de Dieu, il suit qu'en dernière analyse l'histoire n'est pas moins que le dernier contre coup de l'action divine. L'ordre admirable qui y règne est un reflet de l'ordre éternel ; la nécessité de ses lois a pour dernier principe **Dieu lui-même**, Dieu considéré dans ses rapports avec le monde, et particulièrement avec l'humanité qui est le dernier mot du monde. Or, Dieu considéré dans son action perpétuelle sur le monde et sur l'humanité, c'est la providence. C'est parce que Dieu ou la providence est dans la nature que la nature a ses lois nécessaires, que le vulgaire appelle la fatalité ; c'est parce que la providence est dans l'humanité et dans l'histoire, que l'humanité a ses lois nécessaires, et l'histoire sa nécessité. Cette nécessité, que le vulgaire accuse, et qu'il confond avec la fatalité extérieure et physique qui n'existe pas, et par laquelle il désigne et défigure la sagesse divine appliquée au monde, cette nécessité est la démonstration sans réplique de l'intervention de la Providence dans les affaires humaines, la démonstration d'un gouvernement du monde moral. Les grands faits de l'histoire sont les arrêts de ce gouvernement, révélés à l'humanité par sa propre histoire, et promulgués par la voix du temps. L'histoire est la manifestation des vues providentielles de Dieu sur l'humanité; les jugemens de l'histoire sont les jugemens de Dieu même. Si l'humanité a trois époques, c'est que la Providence l'a ainsi déterminé. Si les époques de l'humanité se développent dans tel ordre, c'est encore par un effet des lois de la Providence. La Providence n'a pas seulement permis, elle a ordonné (car la nécessité est le caractère propre et essentiel qui partout la manifeste) que l'humanité eut un développement régulier pour que ce développement réfléchît quelque chose d'elle-même, quelque chose d'intellectuel et d'intelligible ; parce que la Providence, parce que Dieu est l'intelligence dans son essence et son mouvement éternel, et dans ses momens fondamentaux. Si l'histoire est le gouvernement de Dieu, rendu visible, tout est à sa place dans l'histoire; et si tout y est à sa place, tout y est bien, car tout mène au but marqué par une puissance bienfaisante. De là, Messieurs, ce haut optimisme historique que je m'honore de professer, et qui n'est pas autre chose que la civilisation mise en rapport avec son premier et son dernier principe, avec celui qui l'a faite en faisant l'humanité, et qui a tout fait avec poids et mesure, pour le plus grand bien de toutes choses. Ou l'histoire est une fantasmagorie insignifiante, et par conséquent une dérision amère et cruelle, ou elle est raisonnable. Si elle est raisonnable, elle a des lois, et des lois nécessaires et bienfaisantes, car toute loi doit avoir ces deux caractères. Soutenir le contraire est un blasphème contre l'existence et son auteur.

Je regarde l'idée de l'optimisme historique, l'idée d'un plan général de l'histoire, comme la plus haute idée à laquelle la philosophie soit encore parvenue. Seule elle rend possible une philosophie de l'histoire. Elle est la conquête de notre âge : elle suffit pour lui donner le caractère de supériorité que doit avoir le dernier venu dans l'espèce humaine; elle suffirait pour nous faire remercier la providence de nous avoir fait naître à une époque où enfin on commence à à comprendre et à amnistier l'existence à tous les points de sa durée, et par conséquent à comprendre et à révérer davantage celui qui l'a faite.

8ᵉ LEÇON. 12 JUIN 1828.

COURS
DE L'HISTOIRE
DE
LA PHILOSOPHIE.

MESSIEURS,

Dans la dernière leçon j'ai énuméré et classé toutes les époques de l'histoire; j'ai démontré qu'il y avait trois époques, ni plus ni moins, dans l'histoire; que ces trois époques soutenaient l'une envers l'autre un rapport invariable de succession; et même que ce rapport de succession en couvrait un autre plus profond et plus intime, le rapport de génération; de sorte que l'histoire entière de l'humanité se résout en un grand mouvement composé de trois momens qui non seulement se succèdent, mais qui s'engendrent les uns les autres. Tel est, Messieurs, le système de l'histoire; et ce système, je ne l'ai point emprunté à des vues en l'air et à des combinaisons chimériques : je l'ai emprunté au principe même et à la seule mesure possible de l'histoire, savoir, l'humanité. La méthode que j'ai suivie n'est pas autre chose en dernière analyse que la méthode d'observation et d'induction. En effet, vous l'avez vu, j'ai tout emprunté à la conscience de l'humanité. Or, là aussi nous étions sur le terrain des faits; mais de quels faits ? De faits qui, outre l'avantage d'être observables comme les faits extérieurs, ont encore celui d'être entourés d'une lumière immédiate, et de porter leur autorité avec eux-mêmes, puisqu'ils ne sont que la manifestation, le développement de la raison dans le cercle étroit mais lumineux de la conscience individuelle. C'est là le point ferme et fixe dont nous sommes partis; c'est sur cette base et avec l'unique levier, l'unique instrument de l'induction, que nous avons opéré sur l'histoire. Et sur quoi repose l'induction ? Vous le savez; dans les sciences physiques, l'induction repose sur la supposition de la constance des lois de la nature. Voilà pour le monde extérieur. Il me semble que nous nous entendons à demi mot, Messieurs. Un fait a lieu, et vous l'induisez, vous le transportez dans les temps à venir, vous prévoyez des faits identiques, vous affirmez que ce qui a lieu aujourd'hui aura lieu demain, que le soleil qui s'est levé aujourd'hui luira demain sur le monde. Quel est le fondement de cette induction ? La supposition inévitable de l'esprit que les lois de la nature sont constantes à elles-mêmes. De même ici l'induction que j'ai faite de l'humanité à l'histoire repose sur une seule supposition, celle de la constance des lois de l'humanité. Si l'humaine nature est constante à elle-même, il n'y a dans son développement historique que ce qui est dans son développement psycologique : l'un est la mesure de l'autre. Or, dans la conscience il y a trois termes dans un certain ordre. Donc *à priori*, il ne peut y avoir dans l'histoire que trois termes, dans le même ordre que celui que nous a donné la conscience. Ce n'est pas là, Messieurs, de la scolastique, c'est de l'histoire faite avec la nature humaine : ce n'est pas un système abstrait, comme on dit, c'est un système très réel, puisqu'il est appuyé au centre même de toute pensée réelle, savoir, la conscience. La conscience est la réalité la plus immédiate et la plus certaine pour nous; et quand nous la transportons dans le temps, nous ne faisons autre chose que suivre le principe de toute réalité partout où il nous conduit.

Rien n'est donc plus réel que le système de l'histoire que je vous ai exposé, car ce n'est pas autre chose que l'humanité elle-même avec ses élémens incontestables, fidèlement et constamment développés. Il y a plus; de même que l'histoire a été rapportée à la nature humaine, de même l'humanité a été rapportée à la nature extérieure, au sein de laquelle elle fait son apparition. L'homme n'est pas l'effet et la nature la cause, nous l'avons vu; mais il y a entre la nature et l'homme une harmonie manifeste de caractères généraux, de lois générales. Il y a plus encore; tout comme nous avions rapporté l'humanité à la nature, de même, force nous a été de rapporter cette nature extérieure et la nature humaine, avec leurs caractères et leurs lois générales, au principe commun dont la nature et l'homme dérivent; et dans le principe nous avons retrouvé, nous avons dû nécessairement retrouver en germe, sous la forme de puissances substantielles et non développées, tous les élémens qui plus tard, tombés dans le temps et dans l'espace, constitueront les forces et les lois de la nature, les forces et les lois de l'humanité. Donc, Messieurs, l'histoire de notre espèce, l'histoire de cet être particulier, limité et borné, qu'on appelle l'homme, cette histoire bien faite se lie à ce vaste univers, et par ce vaste univers à l'Auteur de toutes choses. Il s'ensuit que l'existence universelle passe tout entière dans le développement historique de l'humanité, et que ce développement historique est gros pour ainsi dire de tout ce que contiennent les degrés antérieurs de l'existence.

Ainsi l'histoire n'est point une anomalie dans l'ordre général; elle est vérifiable à tous ses degrés par tous les degrés de l'existence universelle, comme ces degrés sont vérifiables les uns par les autres. Doutez-vous des caractères essentiels de la divinité? adressez-vous au monde, car il implique que l'effet ne réfléchisse pas plus ou moins la cause. Doutez-vous des caractères de ce monde? adressez-vous à l'humanité, car il impliquerait encore que l'humanité, qui fait son apparition au sein de ce monde, ne le réfléchît pas de quelque manière.

Doutez-vous de la légitimité de vos résultats historiques, hésitez-vous sur l'ordre et la marche du développement de l'histoire? adressez-vous à la fois et à l'humanité et à la nature et à la divinité. Éprouvez sans cesse tous ces degrés de l'ordre général les uns par les autres; cette vérification vous donnera constamment le même résultat. Vous y verrez que l'histoire reproduit les mouvemens successifs de l'existence universelle dans la succession de ses époques, et qu'elle est pleine d'harmonie d'elle-même à elle-même dans les divers momens de son mouvement total, et d'elle-même à tout le reste. L'histoire ainsi conçue, dans cette harmonie universelle, est donc éminemment belle; elle est une poésie admirable, le drame ou l'épopée du genre humain.

Non seulement l'histoire ainsi conçue est belle, mais alors, et seulement alors, elle a une haute moralité. En effet, Messieurs, niez ou énervez le système de l'histoire, niez ou énervez ses lois et son plan nécessaire et invariable, vous rompez ou vous relâchez le lien qui rattache l'histoire à l'humanité et au monde, et par là à Dieu. Vous ne faites pas moins que nier la divine providence. Considérez Dieu sans rapport avec le monde et l'humanité; et

Dieu sans doute est encore et tout entier dans les profondeurs de son essence, invisible, inaccessible, incompréhensible; mais ce n'est plus là le Dieu du monde et le Dieu de l'humanité; ce n'est plus un Dieu qui ait des vues et des desseins sur son ouvrage, ce n'est pas là le Dieu que les hommes adorent et bénissent sous le nom de Providence. A quelle condition y a-t-il providence? A la condition que Dieu passe, sans s'y épuiser, il est vrai, dans le monde et dans l'humanité, et par conséquent dans l'histoire, qu'il y dépose quelque chose de lui-même, y mette de la sagesse, de la justice et de l'ordre, un ordre invariable comme son auteur. La providence est engagée dans la question de la nécessité des lois de l'histoire. Nier l'une, c'est ébranler l'autre, c'est renverser ou obscurcir le gouvernement moral et divin des choses humaines. Si donc, on osait donner à notre système les noms de panthéisme et de fatalisme, c'est-à-dire indirectement, ou plutôt très directement d'athéisme, il faudrait bien, pour nous défendre, renvoyer à notre tour cette aimable accusation à ceux qui la font : car le vrai Dieu pour nous, c'est un Dieu en rapport avec l'humanité, une providence; et la providence ne peut être exilée de l'histoire, car ses desseins sur l'humanité ont besoin du développement de l'humanité dans l'histoire. Or, si la providence est dans l'histoire, il faut bien qu'elle y soit avec un plan, avec un plan fixe, c'est-à-dire avec des lois nécessaires. La nécessité des lois de l'histoire avec leur haut caractère de sagesse et de justice, est la forme visible de la providence dans l'histoire.

Ainsi le système que je vous ai développé est seul moral, en même temps que seul il est beau; j'ajoute que seul il est scientifique. En effet, ce qui constitue la science, c'est la suppression de toute anomalie, l'ordre substitué à l'arbitraire, la réalité à l'apparence, la raison aux sens et à l'imagination, les phénomènes particuliers rappelés et élevés à leurs lois générales.

L'histoire est donc belle, morale, scientifique. Considérée sous ce point de vue, elle se présente au regard du philosophe comme un digne objet d'étude et de méditation.

Messieurs, un jour le père Malebranche entrant chez un jeune homme, qui fut depuis l'illustre chancelier d'Aguesseau, le trouva occupé à lire Thucydide; sur quoi le bon et doux Malebranche se mit un peu en colère, et reprocha à son jeune ami de ne chercher que des amusemens pour son imagination, de s'arrêter comme un enfant à des faits accidentels, qui avaient pu arriver ou n'arriver pas, au lieu de s'occuper de lui-même, de l'homme, de sa destinée, de Dieu, enfin d'idées et de philosophie. Je ne me souviens plus de ce que fit d'Aguesseau : je crois qu'il quitta Thucydide pour Descartes. Si j'avais été à sa place, j'aurais sans doute pris Descartes bien volontiers, mais j'aurais gardé Thucydide, et cela en vertu même du système de Malebranche. J'aurais pu dire à Malebranche : « Comment se fait-il que vous, philosophe, dédaigniez ainsi l'histoire? Vous voyez tout en Dieu, et vous avez raison, avec quelque explication. Mais si tout est en Dieu, il semble que Dieu doit être dans tout, qu'il doit être dans ce monde, et surtout dans l'humanité; il semble donc qu'il doit être dans tout ce qui est de l'humanité, et par conséquent dans son histoire. Si, de votre aveu, rien n'existe qu'à la condition de se rapporter à Dieu et aux idées qui le manifestent, il s'ensuit qu'il n'y a rien dans l'histoire qui n'ait sa raison d'être, son idée, son principe, sa loi : donc l'histoire est éminemment philosophique. »

Je ne sais pas ce que dans ses principes Malebranche eût pu répondre à cela. Je considère l'histoire comme la contre-épreuve de la philosophie, comme une philosophie tout entière; et c'est de ce point de vue que je tire la règle essentielle de l'histoire.

Si tout a sa raison d'être, si tout a son idée, son principe, sa loi, rien n'est insignifiant, tout a un sens; c'est ce sens qu'il s'agit de déchiffrer, c'est ce sens que l'historien philosophe a la tâche et la mission de discerner, de dégager, de mettre en lumière. Le monde des idées est caché dans le monde des faits. Les faits en eux-mêmes et par leur côté extérieur sont insignifians; mais, fécondés par la raison, ils manifestent l'idée qu'ils enveloppent, deviennent raisonnables, intelligibles; ce ne sont plus alors de simples faits qui tombent sous nos sens, ce sont des idées que la raison comprend et combine. Sans doute on fait très bien de recueillir les faits comme ils se passent; mais ce sont là plutôt des matériaux pour l'histoire que l'histoire elle-même. L'histoire proprement dite, l'histoire par excellence, l'histoire digne de ce nom [ἱστορία de ἵσταμαι, savoir], la science de ce qui fut, ne se trouve que dans le rapport des faits aux idées. Le premier devoir de l'historien philosophe est donc de demander aux faits ce qu'ils signifient, l'idée qu'ils expriment, le rapport qu'ils soutiennent avec l'esprit de l'époque du monde au sein de laquelle ils font leur apparition. Rappeler tout fait, même le plus particulier, à sa loi générale, à la loi qui seule le fait être, examiner son rapport avec les autres faits élevés aussi à leur loi, et de rapports en rapports arriver jusqu'à saisir celui de la particularité la plus fugitive à l'idée la plus générale d'une époque, c'est là la règle éminente de l'histoire. Cette règle se divise en autant de règles particulières que l'esprit général d'une époque peut avoir de grandes manifestations. Or à quelles conditions se manifeste l'esprit d'une époque? A trois conditions. D'abord il faut que l'esprit d'une époque, pour être visible, prenne possession de l'espace, s'y établisse, et occupe une portion quelconque plus ou moins considérable de ce monde; il faut qu'il ait son lieu, son théâtre : c'est là la condition même du drame de l'histoire. Mais sur ce théâtre il faut que quelqu'un paraisse pour jouer la pièce : ce quelqu'un, c'est l'humanité, c'est-à-dire les masses. Les masses sont le fonds de l'humanité; c'est avec elles, en elles et pour elles que tout se fait; elles remplissent la scène de l'histoire, mais elles y figurent seulement ; elles n'y ont qu'un rôle muet, et laissent, pour ainsi dire, le soin des gestes et des paroles à quelques individus éminens qui les représentent. En effet les peuples ne paraissent pas dans l'histoire ; leurs chefs seuls y paraissent. Et par chefs je n'entends pas ceux qui commandent en apparence, j'entends ceux qui commandent en réalité, ceux que les peuples suivent en tout genre, parce qu'ils ont foi en eux et qu'ils les considèrent comme leurs interprètes et leurs organes, et parce qu'ils le sont en effet. Les lieux, les peuples, les grands hommes, voilà les trois choses par lesquelles l'esprit d'une époque se manifeste nécessairement, et sans lesquelles il ne pourrait pas se manifester ; ce sont donc là les trois points importans auxquels l'historien doit s'attacher. Si tout exprime quelque idée, comme nous l'avons démontré, lieux, peuples, individus, tout cela n'est qu'une manifestation quelconque d'idées cachées que la philosophie de l'histoire doit dégager et mettre en lumière. Parcourons successivement ces trois points.

Je commencerai brusquement nos recherches sur le premier point par la formule qui devrait les terminer. Je vous dirai, Messieurs, que tout lieu, tout territoire représente nécessairement une idée, et par conséquent une des trois idées auxquelles nous avons ramené toutes les idées. Un lieu représente ou l'infini ou le fini, ou le rapport du fini à l'infini ; telle est la formule que la philosophie de l'histoire impose à tout lieu ; telle est la formule que je me charge de faire sortir de tout lieu donné : ou il faudrait que ce lieu fût comme s'il n'était pas, qu'il fût insignifiant, c'est-à-dire qu'il manquât de raison d'être, qu'il n'eût ni nécessité ni loi. Or, je ne sache rien au monde qui n'ait sa raison d'être, sa nécessité, sa loi ; et toute loi est exprimable sous une formule philosophique. Les formules philosophiques effraient ; mais savez-vous ce qu'elles effraient ? Les sens, l'imagination et ces ombres d'idées qu'engendrent les associations des sens et de l'imagination, et qui usurpent l'apparence du sens commun. Je suis pénétré du plus profond respect pour le bon sens, car le bon sens n'est autre chose que la raison elle-même prise à son plus bas degré, dans son côté le plus populaire ; mais je ne confonds pas avec le bon sens les fantômes d'autant plus faux qu'ils sont plus fidèles de l'imagination et de la sensibilité. La philosophie est l'expression de la raison, non des sens et de l'imagination. Les formules de la philosophie ne sont légitimes qu'à la condition précisément de rompre avec les habitudes des sens et de l'imagination. Ces formules, si effrayantes dans leur première apparition, ne sont que la raison dans toute sa rigueur, et par conséquent le bon sens élevé à sa plus haute puissance. En effet, ce que je viens de vous dire en formules métaphysiques, vous vous l'êtes dit cent fois à vous-même; tout le monde le sait et le répète; et la formule paradoxale de la science se résout ici dans un préjugé du sens commun.

En effet ôtez les mots, ne considérez que les idées. Quel est celui de vous qui pense que les lieux, la terre qu'il habite, l'air qu'il respire, les montagnes ou les fleuves qui l'avoisinent, le climat, le chaud, le froid, toutes les impressions qui en résultent; en un mot, que le monde extérieur lui est indifférent et n'exerce sur lui aucune influence? ce serait, Messieurs, de votre part un idéalisme un peu extraordinaire, et j'imagine que vous croyez avec tout le monde, que l'ame est distincte, mais non pas absolument indépendante du corps, et que par conséquent la nature extérieure a une influence indirecte, mais très réelle sur l'homme, et par conséquent encore sur tout ce qui est de l'homme. Pensez-vous, pense-t-on, quelqu'un peut-il penser, quelqu'un a-t-il jamais pensé que l'homme des montagnes ait et puisse avoir les mêmes habitudes, le même caractère, les mêmes idées, et soit appelé à jouer dans le monde le même rôle que l'homme de la plaine, que le riverain, que l'insulaire? Croyez-vous, par exemple, que l'homme que consument les feux de la zone torride, soit appelé à la même destinée que celui qui habite les déserts glacés de la Sibérie? le croyez-vous? Eh bien! ce qui est vrai des deux extrémités de la zone glacée et de la zone torride doit l'être également des lieux intermédiaires, et de toutes les latitudes.

Jusqu'ici la raison a l'avantage de s'accorder avec le préjugé, et c'est beaucoup pour elle. Oui, Messieurs, donnez-moi la carte d'un pays, sa configuration, son climat, ses eaux, ses vents, et toute sa géographie physique; donnez-moi ses productions naturelles, sa flore, sa zoologie, etc., et je me charge de vous dire *à priori* quel sera l'homme de ce pays et quel rôle ce pays jouera dans l'histoire, non pas accidentellement, mais nécessairement, non pas à telle époque, mais dans toutes, enfin l'idée qu'il est appelé à représenter. Un homme qu'on n'accusera pas de s'être perdu dans des rêveries métaphysiques, mais qui joignait à l'esprit le plus positif ces grandes vues où le vulgaire des penseurs ne voit qu'une imagination ardente, et qui ne sont pas moins que le regard rapide et perçant du génie ; un homme qui ne jouera pas un grand rôle dans les annales de la métaphysique, le vainqueur d'Arcole et de Marengo, rendant compte à la postérité de ses desseins vrais ou simulés sur cette Italie qui devait lui être chère à plus d'un titre, commence par une description du territoire italien dont il tire toute l'histoire passée de l'Italie, et le seul plan raisonnable qui ait jamais été tracé pour sa grandeur et sa prospérité. Je sais peu de pages historiques plus belles que celles-là. A cette autorité je joindrai celle de Montesquieu, c'est-à-dire de l'homme de notre pays qui a le mieux compris l'histoire, et qui le premier a donné l'exemple de la véritable méthode historique. L'auteur de l'*Esprit des lois*, après avoir établi nettement et profondément que tout a sa raison d'être, que tout a sa nécessité, que tout a sa loi, tout, à commencer par Dieu même, n'hésite pas à attribuer au climat une influence immense sur la créature humaine. Mais Montesquieu n'étoit pas homme à s'arrêter à cette généralité; il la développe et l'applique en détail. J'invite les esprits élégans qui aiment assez la philosophie, pourvu qu'elle ne leur cause aucune fatigue, et qui l'abandonnent aussitôt qu'elle entre dans le fond des choses, c'est-à-dire dans le rapport qui lie les plus petites particularités aux plus hautes généralités, je les invite à se donner ici le spectacle du génie de Montesquieu, et à voir comment il procède; comment, le principe général admis, Montesquieu le suit dans ses plus étroites conséquences; comment, descendant des hauteurs de l'idée générale, il l'applique à toutes les institutions humaines, politiques, civiles, religieuses, militaires, aux lois les plus petites comme aux plus grandes. C'est là le triomphe de l'esprit philosophique. En effet, il n'y a pas de lacunes dans les choses; tout se tient et se lie. Il commence à le répandre parmi nous de salon en salon sur les ruines de la philosophie de la sensation mal combattue et mal détruite, je ne sais quel spiritualisme sentimental et pusillanime, bon pour des enfans et pour des femmes, et qui ne serait pas moins fatal à la science que le matérialisme.

Je combattrai l'un avec autant de fermeté que j'ai combattu l'autre. Sans doute, Messieurs, le rapport de l'homme et de la nature n'est pas un rapport de l'effet à la cause, mais c'est un rapport intime et profond dont la raison est très simple, savoir : que l'homme et la nature sont deux grands effets qui, venant de la même cause, portent les mêmes caractères ; de sorte qu'il est absolument nécessaire que les lois de la nature se retrouvent dans l'humanité, et que par conséquent la terre et celui qui l'habite, l'homme et la nature soient en harmonie, puisque tous deux manifestent la même unité. C'est ainsi, Messieurs, et c'est seulement ainsi qu'il faut entendre et que j'admets l'idée de Montesquieu.

Tel climat donné, tel peuple suit avec. Or, si tel lieu demande tel peuple et non tel autre ; si vous ne pouvez supposer sous des lieux très différens le même développement moral, j'en conclus, Messieurs, et après avoir été du paradoxe au préjugé vous trouverez peut-être que je retourne du préjugé au paradoxe, je conclus que les lieux divers représentent des idées diverses, et que par conséquent si nous voulons chercher dans ce vaste univers le théâtre des trois grandes époques dans lesquelles nous avons divisé le développement nécessaire de l'humanité, nous ne pourrons placer dans un même lieu et sous le même climat ces trois époques si dissemblables. Trois époques différentes, donc trois théâtres différens pour ces trois époques ; cela est nécessaire, Messieurs, à moins qu'on ne me dise que ce qui se passe sous la zone torride peut se passer sous la zone glacée, qu'on peut à volonté mettre tel ou tel peuple sous telle ou telle latitude, et sous cette latitude lui faire jouer le même rôle. Or, rappelez-vous où nous en sommes : nous avons trouvé trois époques, savoir : l'époque de l'infini, celle du fini et celle du rapport de l'infini et du fini. Eh bien! où placerons-nous la première, cette époque de l'humanité qui doit avoir pour but de représenter l'infini, l'unité, l'immobilité ? Cherchons pour cette époque de l'histoire ainsi déterminée un théâtre ; essayons, Messieurs.

Je vous propose de donner pour théâtre à l'époque de l'infini, si vous me permettez de m'exprimer ainsi, des pays de côtes, les bords de grands fleuves, le littoral de mers intérieures assez considérables pour exciter le courage, pas assez vastes pour le rebuter et le lasser. Un bras de mer est moins une barrière, comme on le croit ordinairement, qu'un lien entre différens peuples qu'il a l'air de séparer et qu'il rapproche sans les confondre. Supposez que ce pays de côtes, s'étendant à une certaine distance dans les terres, se forme en collines, en montagnes assez élevées pour nuancer le pays et y opérer des diversités, pas assez élevées pour y former des barrières. Voilà des côtes étendues, des fleuves considérables, une mer intérieure, peu de montagnes très élevées; je demande si c'est à ces lieux que vous confierez le développement de l'époque de l'infini. Quoi, tout sera immobile sur ce théâtre du mouvement! Quoi! l'espèce humaine sera stationnaire où la nature s'agite et l'agite sans cesse! Peu d'industrie et de commerce en présence de cette mer qui invite l'homme, en face de ces bords opposés qui l'appellent à des échanges perpétuels! Le goût du gigantesque dans une nature où tout est circonscrit et varié! Quoi! l'homme et ses ouvrages auront le caractère de l'unité absolue et de l'uniformité, là où tout tend à la division, où tout inspire le sentiment de la variété et de la vie! Je demande si la raison peut consentir à une pareille hypothèse. Variez l'hypothèse: cherchez un théâtre pour l'époque de l'histoire qui doit représenter l'idée du fini, et par conséquent du mouvement, de l'activité de la liberté, de l'individualité dans l'espèce humaine. Je vous demande si vous asseoirez cette époque dans un immense continent, enceint d'un océan immense qui, au lieu d'attirer l'homme, le décourage, parce que derrière ces abîmes il n'aperçoit rien et n'espère rien, que nul vestige d'homme ne se montre, et que l'homme va seulement où il croit trouver son semblable : asseoirez-vous cette époque dans un continent très compacte, extrêmement étendu en longueur et en largeur, et formant une masse dans laquelle il y aura peu de fleuves, peu de lacs, aucune mer intérieure, dans laquelle il y aura (nous faisons une hypothèse) de vastes déserts, des chaînes immenses de montagnes élevées qui sépareront les populations et exigeront d'elles de longues années et d'immenses efforts avant qu'elles puissent se donner la main? Une pareille terre ne produira que des animaux énormes. Supposez-la encore brûlée par le soleil, et je demande si c'est là que vous mettrez l'époque qui doit représenter le fini, le mouvement, l'activité, l'individualité, la liberté dans l'histoire. Enfin, mettrez-vous l'époque du monde qui doit représenter le rapport du fini à l'infini, la mettrez-vous dans une petite île, où il n'y eût pas assez de terrein, assez d'étendue en longueur et en largeur pour que l'unité, la durée, la fixité puissent y avoir leur place; où tout devra être insulaire, étroit, borné, exclusif; où évidemment il n'y aura pas de jeu pour tous les extrêmes, et pour tous les rapports de tous les extrêmes?

Je demande si vous pouvez accepter ces hypothèses, si vous pouvez concevoir qu'une petite île soit à la fois une grande puissance territoriale et maritime; je vous demande si c'est sur des pays de côtes que vous mettrez l'immobilité, et sur le plateau d'immenses montagnes le siége du mouvement. Tout cela est impossible; la raison y résiste absolument. Donc les lieux ont aussi leurs lois, et quand un lieu porte tel caractère, il amène irrésistiblement tel développement humain, ou, pour m'exprimer plus exactement, il coïncide nécessairement avec tel développement humain. Si donc vous avez trois époques dans le rapport de succession qui a été déterminé, l'époque de l'infini aura pour théâtre un immense continent dont toutes les parties seront compactes, immobiles et indivisibles comme l'unité; et comme il faudra bien qu'il aboutisse à quelque mer, il aboutira à l'océan et renfermera avec des déserts immenses des montagnes presque infranchissables; tout au contraire l'époque du fini occupera des pays de côtes, les bords de quelque mer intérieure; car les mers intérieures représentant la crise et la fermentation de la nature, sont le centre naturel, le lien et le rendez-vous des grands mouvemens de la civilisation et de l'humanité; enfin, soyez sûrs que l'époque qui devra représenter dans l'histoire le rapport du fini à l'infini sera un continent considérable, assez et pas trop compacte, d'une longueur et d'une largeur bien proportionnée, qui, tout en confinant l'océan, aura aussi des mers intérieures, de grands fleuves qui le traversent en tous sens, de telle sorte que le mouvement et l'immobilité, que la durée et le temps, que le fini et l'infini puissent y trouver leur place, que rien n'y demeure dans une unité glacée et que rien ne s'y dissolve, que tout dure et en même temps que tout se développe, que tous les extrêmes y soient et avec leur harmonie.

Trois époques de civilisation, donc trois théâtres différens pour ces trois époques; et si ces époques se succèdent, comme nous l'avons montré, il faudra que la civilisation aille aussi d'un théâtre à un autre, et fasse le tour du monde en suivant le mouvement physique des terrains et des climats, correspondant à celui des époques tel que nous l'avons déterminé. L'histoire s'ouvre par l'époque de l'infini et de l'unité; donc la civilisation a dû commencer sur un continent haut et immense pour se répandre à travers les plaines, et arriver au centre du mouvement et de la fermentation du monde, puis sortir de ce tourbillon de l'histoire et du globe, si je puis m'exprimer ainsi, non pour retourner sur les montagnes d'où elle est descendue, car l'humanité ne retourne jamais en arrière, l'humanité ne recule jamais, mais pour marcher en avant, dans des régions inconnues, et, riche des deux élémens qu'elle a recueillis sur sa route, venir les déposer enfin dans un autre continent qui, par sa configuration, par sa température exquise, par le mélange de mers et de terres, de montagnes et de plaines, soit propice au développement complet et harmonique de l'humanité.

Telle est, messieurs, la marche nécessaire de la civilisation à travers le monde; le théâtre est préparé; voilà ce globe fait pour l'homme, et uniquement pour l'homme, merveilleusement arrangé et distribué pour recevoir celui qui est appelé à y jouer un si grand rôle. Dans la prochaine leçon, sur cette scène ainsi préparée, nous suivrons les peuples et ces grands individus qui les représentent, et qu'on appelle les héros.

PARIS. — DE L'IMPRIMERIE DE RIGNOUX,
rue des Francs-Bourgeois-S.-Michel, n° 8.

9ᵉ LEÇON. 19 JUIN 1828.

COURS DE L'HISTOIRE DE LA PHILOSOPHIE.

MESSIEURS,

Dans la dernière leçon j'ai indiqué rapidement les rapports généraux qui lient les climats, les lieux, toute la géographie physique à l'histoire ; il s'agit aujourd'hui, sur cette scène du monde ainsi préparée, d'observer l'action des peuples, et de déterminer les aspects généraux sous lesquels les peuples se présentent et se recommandent à la philosophie de l'histoire.

N'y a-t-il qu'un peuple primitif, c'est-à-dire une seule race, et par conséquent une seule langue, une seule religion, une seule philosophie, qui, sorties d'un seul centre et d'un foyer unique, se répandent successivement sur toute la face du globe, de telle sorte que la civilisation se fasse par voie de communication, et que l'histoire entière ne soit qu'une tradition ; ou bien, l'histoire n'a-t-elle d'autre fond que la nature humaine, la nature qui nous est commune à tous, et qui partout la même, mais partout modifiée, se développe partout avec ses harmonies et ses différences ? Telle est la première question que rencontre sur son chemin la philosophie de l'histoire; selon moi, cette question est encore plus embarrassante qu'importante. En effet, Messieurs, soit que d'une source unique partent des peuples différens et une civilisation variée, soit que cette variété ait pour racine unique la nature humaine, toujours est-il que ce peuple primitif ou cette nature commune à tous aboutissent à des développemens divers; or, ce sont ces développemens divers qui tombent seuls dans l'histoire. Dans l'histoire il n'est pas question de la nature humaine dans l'abstraction de son identité, ni d'un peuple primitif sans aucun développement; car si ce peuple primitif et cette nature humaine restaient toujours à l'état d'identité et sans développemens, il n'y aurait pas d'histoire. Supposez quoi que ce soit qui durât absolument identique à soi-même, sans soutenir ni vis-à-vis soi-même ni vis-à-vis les autres, aucun rapport de diversité, il est trop clair que cet être, quel qu'il fût, n'aurait pas d'histoire. L'élément historique, nous l'avons déjà vu, c'est l'élément de la différence. Supposez donc à volonté un peuple primitif ou une nature partout identique, comme le fond de l'histoire, vous ne pouvez vous en tenir là, il faut bien que vous arriviez à des développemens, c'est-à-dire à des différences pour arriver à l'histoire. Or, comme il y a trois époques différentes dans l'histoire, il s'ensuit que pour ces trois époques essentiellement différentes, il faut, en laissant intacte la question du fond commun de l'histoire et des peuples, il faut, dis-je, nécessairement trois ordres très distincts de populations. Je dis trois ordres de populations, et non pas trois peuples. Pourquoi? parce que nous avons vu que si chaque époque est une en ce sens que dans toute époque il y a un élément de la nature humaine qui prévaut sur les autres, une idée qui, dominant sur toutes les autres idées, les enveloppe toutes et leur donne à toutes son caractère propre, il n'en est pas moins vrai qu'il existe à côté ou au dessous de cette idée prédominante d'autres idées, d'autres élémens qui jouent dans cette même époque des rôles secondaires, mais réels. Il n'y a pas une idée seule dans une époque, car cette époque ne serait qu'une abstraction; tout ce qui est réel, tout ce qui vit est complexe, mélangé, divers, plein de différences. Si donc il y a nécessairement dans toute époque, comme nous l'avons vu, différentes idées, sous la domination d'une seule, il faut bien qu'il y ait dans chaque époque plusieurs peuples pour représenter les diverses idées qui constituent la vie réelle de cette époque, ou les nuances importantes, les modes fondamentaux de l'idée prédominante; car toute idée ou toute grande nuance d'idée doit avoir sa représentation spéciale dans l'histoire.

Ainsi trois époques distinctes de l'histoire, donc trois ordres de populations qui auront les ressemblances nécessaires que les différens élémens d'une époque doivent avoir entre eux dans l'unité de cette époque, et qui en même temps auront toutes les différences que les différens élémens d'une époque doivent soutenir avec eux-mêmes pour constituer les différences et la vie réelle de cette époque.

La philosophie de l'histoire pour bien comprendre une époque et les différens peuples de cette époque, les divise d'abord, prend chaque peuple à part, l'examine et l'interroge. Que demande-t-elle à chaque peuple ? sous combien d'aspects le considère-t-elle et l'étudie-t-elle pour le bien connaître ? Parmi les divers points de vue sous lesquels la philosophie de l'histoire peut considérer un peuple, il en est quatre, selon moi, qui, par leur importance, réclament une attention spéciale, et que doit parcourir et épuiser successivement la philosophie de l'histoire pour savoir à peu près sur un peuple tout ce qu'elle peut en savoir. J'indiquerai rapidement ces quatre points de vue.

La philosophie de l'histoire en présence d'un peuple doit reconnaître avant tout pourquoi ce peuple est venu dans le monde, ce qu'il a à y faire, quel but il poursuit, quel rôle il vient jouer, quelle est sa destinée, quelle idée il représente. Remarquez que si ce peuple ne représente point une idée, son existence est tout simplement inintelligible; les événemens par lesquels il se développe n'ayant pas de but commun n'ont pas de mesure commune, et forment alors une diversité perpétuelle sans aucune unité, c'est-à-dire sans aucune possibilité d'être compris. Il faut, pour comprendre les divers événemens qui se passent dans un peuple, et qui composent son histoire, pouvoir les rattacher à une idée commune, et cette idée est celle que ce peuple est appelé à représenter sur la scène du monde. Ainsi, demander à un peuple donné ce qu'il vient faire en ce monde, quelle destinée il doit accomplir, quelle idée il représente, telle est la première règle de la philosophie de l'histoire. Voici la seconde.

Si tout peuple est appelé à représenter une idée, il suit que les événemens dont se compose la vie de ce peuple, aspirent et aboutissent à la représentation complète de cette idée, d'où il suit encore que l'ordre de succession dans lequel ces événemens se présentent d'abord, couvre un ordre tout autrement profond, tout entièrement régulier, un véritable ordre de progression; c'est ce progrès qu'il faut reconnaître et suivre, sous peine encore de ne pas comprendre grand'chose à l'histoire de ce peuple. Je suppose par exemple que vous ne sachiez pas que le peuple romain était appelé à représenter sur la terre telle ou telle idée, à atteindre tel ou tel but, et par conséquent à le poursuivre et à s'en rapprocher progressivement, quand vous en êtes aux guerres de Sylla et de Marius vous ne savez pas si vous êtes au commencement ou au milieu ou à la fin de l'histoire romaine; vous ne pouvez le savoir et vous orienter dans cette histoire, autrement qu'en regardant le numéro du volume et le haut des pages. Un but donné, l'histoire d'un peuple est un progrès perpétuel. C'est là qu'est toute lumière; j'ajoute et tout intérêt; car l'intérêt véritable est dans l'enchaînement et le développement des choses; or tout développement est progrès. Et il ne faut pas s'arrêter à l'idée vague de perfectionnement; car, comme nous l'avons démontré, la perfection ne peut mesurer le perfectionnement qu'autant qu'on a déterminé le type de cette perfection. Eh bien, le type de la perfection relative d'un peuple, c'est l'idée que ce peuple doit accomplir. Tout nous ramène donc à la recherche de l'idée de chaque peuple, et au mouvement progressif de ce peuple vers l'accomplissement de cette idée.

Maintenant, comment un peuple développe-

t-il progressivement l'idée qui lui est confiée?
Messieurs, il faut, pour que le développement
soit complet, qu'il traverse tous les élémens
constitutifs d'un peuple, sans en excepter un
seul. Et quels sont les élémens constutifs d'un
peuple? Ils sont les mêmes pour un peuple et
pour un individu. Un individu n'est pas complet s'il n'a développé en lui, dans la mesure
de ses forces, l'idée de l'utile, du juste, du
beau, du saint, du vrai. Un peuple n'est pas
complet s'il n'a fait passer pour ainsi dire l'idée
qu'il est appelé à représenter par l'industrie,
l'état, l'art, la religion et la philosophie : le développement d'un peuple n'est complet que
quand il a épuisé toutes ces sphères. Donc la
philosophie de l'histoire, si elle veut bien connaître un peuple, après avoir déterminé l'idée
de ce peuple et s'être bien pénétrée du principe que ce peuple accomplit cette idée progressivement, doit rechercher et suivre ce mouvement progressif dans chacun des cinq élémens
que je viens de rappeler, et d'abord dans l'industrie, dans les lois, dans l'art et dans la religion.

Et il ne doit pas suffire à la philosophie de
l'histoire d'examiner ces quatre élémens les uns

après les autres, d'interroger chacun d'eux, de lui demander ce qu'il signifie, et de suivre son développement progressif, il faut encore qu'elle compare ces élémens entre eux pour en saisir les rapports, car ces rapports sont loin d'être indifférens. Il faut qu'elle reconnaisse si ces élémens n'ont pas d'autre rapport que celui de coexistence, ou si tel ou tel élément précède les autres ou les suit, lequel domine ou lequel est subordonné. Il faut qu'elle recherche surtout le rapport de l'élément religieux et de l'élément politique, si, par exemple, la religion précède et domine les autres élémens, qui alors se groupent en quelque sorte et se fondent autour d'elle, ou si au contraire, dans le développement relatif de ces élémens, c'est l'élément politique qui domine d'abord ou qui finit par dominer tous les autres.

Au reste, soit que ces élémens coexistent entre eux dans une importance égale, soit que l'un d'eux domine tous les autres, il est certain qu'ils se développent harmoniquement, et qu'à tous les degrés de l'existence d'un peuple ils présentent tous le même caractère; et il le faut bien, car en dernière analyse tout peuple est un.

C'est en considérant un peuple sous ces points

de vue divers, et qui pourtant se tiennent intimement, que la philosophie de l'histoire évitera les vues partielles et bornées qui l'ont si souvent égarée. Souvent l'historien préoccupé d'un intérêt particulier, par exemple, de l'intérêt politique, considère dans un peuple presque exclusivement l'élément politique; ou préocupé de l'idée de la religion, il considère presque exclusivement encore l'élément religieux; et alors ou il néglige tous les autres élémens et mutile l'histoire, ou, sans les négliger, il leur impose à tous le caractère qu'il emprunte à l'élément exclusif qu'il considère, et s'il ne mutile pas l'histoire, il la fausse. L'histoire alors est très claire, car je ne sache pas de plus sûr moyen de clarté que la prédominance d'une idée particulière. La philosophie de l'histoire doit tout embrasser, industrie, lois, arts, religion; mais on conçoit qu'alors son dernier résultat, c'est-à-dire la formule dernière sous laquelle elle résume un peuple, ne réfléchissant plus le caractère exclusif d'un seul élément particulier, mais les caractères à la fois harmoniques et variés de plusieurs, ne peut avoir la simplicité qui accompagne aisément les formules exclusives. Ne considérez-vous un peuple que par le côté politique? ici la formule même la plus élevée n'est pas fort embarrassante. Il est plus difficile de comprendre et de représenter les idées fondamentales de la religion d'un peuple, et nous entrons déja dans des routes plus sombres. Nous n'entrons pas dans des routes moins obscures quand nous voulons pénétrer le sens intime et mystérieux des monumens des arts. Ordinairement on ne considère l'histoire d'un peuple que par son côté politique : comme ce côté politique est le plus superficiel, il est aussi le plus clair de tous, et l'histoire exclusivement politique, toute fière de sa clarté, accuse la philosophie de l'histoire d'être inintelligible. En effet, la philosophie de l'histoire dans ses vastes et profondes recherches, obligée de combiner plusieurs élémens dont quelques uns se cachent dans les replis les plus délicats de la pensée et de l'histoire, et, de leurs rapports divers péniblement constatés, de déduire, par la généralisation la plus laborieuse, une formule assez compréhensive pour embrasser à la fois l'industrie, les lois, les arts et la religion, ne peut et ne doit pas prétendre à une popularité incompatible avec toute vraie philosophie. Et cependant la philosophie de l'histoire n'a pas encore abordé l'élément de la vie d'un peuple le plus important peut-être, mais sans contredit le plus difficile à saisir, et le plus obscur en apparence, quoique toute lumière véritable soit en lui.

Messieurs, s'il y avait dans le développement nécessaire d'un peuple un élément qui eût la singulière propriété d'être particulier comme tous les autres, et en même temps d'avoir pour condition de son développement la forme de la généralité; si cet élément avait encore pour caractère historique de ne jamais précéder les autres et de les suivre toujours; si d'ailleurs il était certain que cet élément réfléchît et résumât tous les autres; et si encore cet élément en apparence profondément obscur, puisqu'il est le plus élevé de tous, puisqu'il est général et réfléchi, était en réalité éminemment clair par les raisons qui font son obscurité apparente, clair de toute la clarté supérieure de la généralité sur la particularité, de l'abstraction sur ce qui est concret, de la réflexion sur le mouvement instinctif et spontané de la pensée; si, dis-je, il existait un tel élément, et si la philosophie de l'histoire jusqu'ici l'avait totalement négligé, je vous demande ce qu'il faudrait penser de ce qu'a été jusqu'ici la philosophie de l'histoire:

cet élément, Messieurs, c'est la métaphysique.

La pensée de l'homme se développe de différentes manières; mais elle n'arrive à se comprendre elle-même, que quand sur tout ce qu'elle a conçu elle se demande : Tout cela est-il vrai en soi? Quel est le fond de tout cela? Quels sont les principes secrets, c'est-à-dire les idées générales qu'enveloppent toutes ces choses? Et ces principes n'en supposent-ils pas d'autres? Est-il impossible d'élever ces généralités à un plus haut degré de généralité encore? car il ne faut s'arrêter qu'aux bornes infranchissables de la pensée, c'est-à-dire à ce qu'il y a de plus général, à la plus haute abstraction, à la plus haute simplicité : idée générale, idée abstraite, idée simple; toutes expressions synonymes. Ces questions, Messieurs, sont l'âme de la métaphysique. Là, sans doute tout est obscur pour les sens et pour l'imagination, pour les enfans et pour les femmes; mais là aussi est toute lumière pour la réflexion, pour celui qui se demande un compte viril de ce qu'il pense. Sur chaque matière, tant qu'on n'est pas arrivé aux idées élémentaires de cette matière, à sa métaphysique, on n'est arrivé au fond de rien, on ignore le dernier mot de toute chose.

Mais de quoi s'occupe spécialement la métaphysique? De quoi elle s'occupe? Prenez les livres de métaphysique, Messieurs; et je ne vous dis pas: Prenez tel ou tel, mais prenez qui vous voudrez, prenez Platon ou Aristote, prenez Malebranche ou Leibnitz; faites mieux: ouvrez Condillac; certainement il n'est pas incompréhensible de profondeur. Or, quels sont les problèmes qu'il agite? De quoi parle-t-il? que dit-il? Qu'il n'y a dans la pensée que des idées sensibles généralisées, c'est-à-dire des idées particulières ajoutées les unes aux autres, c'est-à-dire des idées contingentes. Selon Condillac, tout est contingent, variable, fini. Condillac nie l'infini, l'unité, la substance, etc., et réduit tout à l'indéfini, au fini multiplié par lui-même, à une simple collection de quantités et d'accidens, etc. Je n'invente pas, je raconte. D'un autre côté, prenez l'idéalisme: il admet à grand'peine le contingent, le multiple, le fini, et s'enfonce dans les profondeurs de la cause, de l'un, du nécessaire, de l'absolu, de l'être en soi. Voilà le terrain de la métaphysique, et voilà sa langue. Pensez-y, Messieurs; ce n'est pas moi qui ai créé ces problèmes, ce n'est pas moi qui ai fait ces dénominations; j'accepte les unes avec les autres de la main des siècles; et quand de beaux esprits, dans des scrupules d'élégance qu'ils prennent pour une sage circonspection, accusent ces formules, qu'ils accusent donc la philosophie elle-même; car depuis qu'elle est née, elle n'a pas d'autres matières, elle n'a pas un autre langage. Depuis l'auteur du Nyaia jusqu'à Aristote, depuis Aristote jusqu'à Leibnitz et Kant, la matière et la langue de la métaphysique n'ont pas changé, car le but de la métaphysique est resté le même, savoir, de rappeler la pensée à ses élémens essentiels; et ces élémens, toujours à peu près les mêmes, affectent toujours à peu près les mêmes expressions. La langue de la métaphysique est donnée; il faut en prendre son parti.

Voyez, Messieurs : excluez la philosophie de l'histoire, et soutenez alors que dans toute époque donnée la philosophie est arbitraire et insignifiante; que les philosophes sont des oisifs qui tirent au hasard de leurs rêveries un certain nombre de systèmes, sans rapport avec l'esprit du temps, ni avec les autres élémens de la civilisation. Ou si vous n'osez pas le soutenir, si vous accordez que la philosophie est en rapport avec l'époque qui la produit, je vous demanderai si ce rapport est un simple rapport de coïncidence, ou si ce n'est pas un rapport de supériorité, un rapport de prédominance ; je vous demanderai si la philosophie ne réfléchit pas toute la civilisation contemporaine sous la forme la plus générale, la plus abstraite, la plus simple et par conséquent la plus claire en réalité. Toutes nos leçons antérieures aboutissent à ce résultat. L'accordez-vous? Alors voici la conclusion que le raisonnement vous impose : c'est que les formules métaphysiques sont l'expression dernière d'une époque, et que quand on caractérise avec elles une époque, on ne fait que tirer du fond d'une époque ce qui y était contenu, ce qui, se développant d'abord naïvement dans la forme extérieure de l'art, de la religion, de l'industrie et de la politique, revient sur soi-même dans sa généralité et sa profondeur, sous la forme philosophique. Or, quelles sont les formules philosophiques? Nous l'avons vu, c'est le contingent et le nécessaire, c'est la substance et la cause, l'absolu et le relatif, l'être et le phénomène, l'infini et le fini. Donc irrésistiblement, Messieurs, et non pas au nom de l'imagination, mais de la raison, de la nécessité et de la dialectique, les formules métaphysiques sont l'expression générale légitime, et seule légitime, de la vie d'un peuple. Ainsi ces formules effrayantes par lesquelles la philosophie débute, l'historien les retrouve à la suite de ses recherches comme la dernière conclusion de l'histoire, et il les retrouve nécessairement. Que ce soit là ma réponse aux bons jeunes gens qui, dans nôtre excellent pays, après quelques mois d'études, sans comprendre, du moins sans avoir étudié ni la métaphysique ni l'histoire, se hâtent de prononcer des arrêts historiques et philosophiques, et nous accusent d'imposer des formules métaphysiques à l'histoire. La philosophie de l'histoire a contre elle, je le sais, bien des préjugés ; car elle est d'hier, elle est venue la dernière, elle est venue en son temps, comme la raison vient après l'imagination ; mais elle est venue enfin, rien ne peut la détruire ; or, sa mission est de comprendre l'histoire, et non de s'arrêter à ses jeux extérieurs, à ces images à la fois brillantes et obscures dans lesquelles ordinairement on la contemple.

Tels sont, Messieurs, les différens aspects sous lesquels la philosophie de l'histoire doit considérer un peuple. Y en a-t-il d'autres ? Connaissez-vous dans la vie d'un peuple quelque autre élément que ceux que nous avons énumérés? Dans ce cas, c'est le devoir de la philosophie de l'histoire d'examiner ce nouvel élément et de le mettre en rapport ou en contradiction avec les autres. Mais il n'y en a pas, il ne peut y en avoir d'autres. La métaphysique est nécessairement le développement le plus élevé de la vie d'un peuple, son dernier développement, car que peut-il y avoir par delà la réflexion dans la vie intellectuelle? que peut-il y avoir pour la pensée au delà de l'étude des lois essentielles et des formes les plus simples de la pensée?

Voilà donc un peuple bien connu, examiné sous toutes ses faces, approfondi et épuisé pour ainsi dire dans tous ses élémens. Mais nous n'avons considéré ce peuple que relativement à lui-même; il faut le mettre en rapport avec les autres peuples qui sont renfermés dans la même époque du monde. Toute époque du monde est une dans son idée fondamentale, et en même temps elle est diverse par les diverses idées qui doivent aussi y jouer leur rôle; pour représenter différentes idées, elle doit avoir différens peuples; il faut donc examiner les rapports de ces différens peuples d'une même époque entre eux. Ils ont nécessairement des différences puisqu'ils représentent des idées diverses. Je néglige en ce moment ces différences, et je m'arrête à ceci, qu'ils doivent avoir des ressemblances plus grandes que leurs différences, puisque tous sont renfermés dans une seule et même époque. Comme un peuple est un, de même une époque est une. Les peuples qui sont renfermés dans une même époque, en jouant des rôles différens, jouent pourtant des rôles analogues. La philosophie de l'histoire devra saisir ces ressemblances. Mais elle ne doit pas s'arrêter à des ressemblances vagues et générales ; elle doit tout approfondir, et rechercher en détail quel est dans ces différens peuples les caractères correspondans de l'industrie, des lois, des arts, des religions, des systèmes philosophiques. Or, lorsque la philosophie de l'histoire aura étudié ainsi l'industrie, les lois, les arts, les religions, les systèmes philosophiques des différens peuples d'une époque, pour en saisir toutes les ressemblances essentielles, alors elle verra que tous ces élémens sont harmoniques entre eux chez ces différens peuples, parce qu'ils se rencontrent dans une seule et même époque. Les résultats obtenus par l'examen approfondi d'un peuple particulier ne seront pas changés, ils ne seront qu'agrandis. Plus dans un peuple il y a d'élémens à étudier, et plus l'idée générale que représente ce peuple est facile à dégager; de même, plus l'idée d'une époque a d'organes différens dans les différens peuples dont se compose cette époque, plus il est aisé de la reconnaître. L'idée reste la même, seulement son développement, son horizon est plus étendu; c'est-à-dire que si vous étiez arrivés à une formule déjà assez générale pour un peuple particulier, la formule dernière qui représentera tous les peuples d'une époque, toute une époque du monde, sera beaucoup plus générale et plus compréhensive. Or, c'est la philosophie d'un peuple qui a donné son caractère propre à tout le développement de ce peuple. Donc, dans une époque, ce sont les philosophies des différens peuples de cette époque, comparées, rapprochées et résumées dans leurs ressemblances, élevées à une idée commune, c'est l'idée philosophique qui résulte de cette généralisation qui devient l'idée de l'époque.

En effet, il est certain que dans toute époque (il ne s'agit plus d'un seul peuple), avec la variété nécessaire à la réalité de l'unité, avec une assez grande diversité d'écoles philosophiques, il n'y a qu'un seul et même esprit philosophique, car il n'y a qu'un seul et même esprit dans toute époque. De plus, cet esprit, nous l'avons vu, est toujours exclusif, particulier, borné, puisqu'il doit paraître et disparaître ; car il n'y a pas qu'une époque dans le monde, il faut qu'il y en ait plusieurs ; la formule métaphysique d'une époque, puisqu'elle doit paraître et qu'elle doit disparaître, sera donc exclusive, et, quoique très générale en elle-même, elle sera très particulière relativement aux autres formules des autres époques, précédentes ou ultérieures. Il suit de là que la formule de la philosophie d'une époque sera particulière, c'est-à-dire qu'elle ne sera pas à la fois le fini et l'infini et le rapport du fini à l'infini, mais qu'elle sera l'une ou l'autre de ces trois formules auxquelles nous avons ramené toutes les idées qui peuvent entrer dans l'intelligence humaine. Voilà donc les formules nécessaires de la pensée devenues les résultats nécessaires de toute époque. Or, qu'est-ce que le résultat d'une époque ? Ce n'est pas moins que le principe même de cette époque arrivée à son complet développement ; et ce principe est une idée incertaine et vague à son origine, et qui, développée d'abord obscurément sous l'apparente clarté des quatre élémens que je vous ai signalés, et revenue à elle-même sous l'apparente obscurité de la métaphysique, se résout en une formule égale à l'une des trois grandes formules de la pensée, en une formule qui seule peut comprendre les formules diverses des autres élémens, parce que seule elle est universelle par sa nature. Essaieriez-vous d'imposer à la philosophie, à l'art, à l'état, à l'industrie, la formule religieuse? Vous ne le pouvez pas; car la philosophie, par exemple, n'est pas subordonnée à la religion; il implique que la réflexion soit subordonnée au symbole, le plus général à ce qui l'est moins. Essaieriez-vous d'imposer à toute une époque la formule de l'élément politique? Encore moins, car tous les autres élémens résistent à la loi, surtout la philosophie qui comprend la loi, mais qui n'y est point comprise. La seule formule légitime d'une époque est donc la formule métaphysique, précisément parce qu'elle est métaphysique, parce qu'elle est assez compréhensive pour embrasser et dominer la formule dernière du développement de tous les autres élémens,

Messieurs, nous n'avons considéré jusqu'ici que les rapports de ressemblance des différens peuples dont se compose une époque; en effet, toute époque étant une, les différens peuples qui la composent doivent se ressembler entre eux; mais ces différens peuples sont différens, donc ils doivent soutenir entre eux des rapports de différence. La philosophie de l'histoire doit envisager aussi ces différences, les embrasser dans leurs causes et dans leurs effets, et les suivre dans toute l'étendue de leur action.

Il y a dans une époque différens peuples, parce que dans une époque il y a différentes idées. Chaque peuple représente une idée et non pas une autre. Cette idée, générale en elle-même, est particulière relativement à celles que représentent les autres peuples de la même époque; elle est particulière, elle est elle et non pas une autre, et à ce titre elle exclut toute autre qu'elle; elle l'exclut en ce que ou elle l'ignore ou elle la repousse. En effet, toute idée qui domine dans un peuple y domine comme l'idée unique qui représente pour ce peuple la vérité tout entière; et pourtant, loin qu'elle soit la vérité tout entière, elle ne la représente que par un côté, et d'une manière imparfaite, comme ce qui est particulier, borné, exclusif, peut représenter la vérité universelle et absolue.

Maintenant ces différences des différens peuples, comment vivent-elles ensemble? Ne peuvent-elles pas coexister en paix? Non, car à quelle condition une idée incomplète, exclusive, peut-elle coexister en paix à côté d'une autre idée exclusive et incomplète? C'est à la condition d'être reconnue par la philosophie comme incomplète et exclusive, et en même temps absoute par la philosophie, comme contenant une portion de vérité. La philosophie trouve toutes les idées exclusives fausses par un un côté et vraies par un autre ; elle les accepte toutes, les combine et les réconcilie dans le sein d'un vaste système où chacune trouve sa place. Ce que fait une sage philosophie, l'histoire le fait aussi, à l'aide des siècles, dans son mouvement universel et dans l'ample système qu'elle engendre et déroule successivement. Mais, Messieurs, il n'en est pas ainsi pour un peuple; un peuple n'est ni un philosophe éclectique, ni l'humanité tout entière; ce n'est qu'un peuple particulier; il accepte donc comme vrai en soi ce qui n'est vrai que relativement; il accepte comme la vérité absolue ce qui n'étant qu'une vérité relative avec la prétention d'être la vérité absolue, est qu'une erreur.

Or, les idées particulières des différens peuples d'une même époque, ne se sachant pas comme des idées particulières, c'est-à-dire exclusives et fausses, mais se prenant pour vraies, c'est-à-dire complètes et absolues, aspirent par conséquent à la domination, et se rencontrent dans cette prétention commune d'être seules vraies, absolument vraies, et seules dignes de la domination. Là, Messieurs, est la racine indestructible de la guerre. Ce qui aux yeux de la philosophie n'est que distinct, entre les mains du temps est ennemi, et les diversités et les différences deviennent, sur le théâtre de l'histoire, des oppositions, des contradictions, des luttes. Cela n'est pas moins vrai dans la vie intérieure d'un peuple que dans les relations extérieures des peuples entre eux. Nous avons distingué comme élémens de la vie d'un peuple l'industrie, l'état, l'art, la religion et la philosophie; nous avons parlé de leurs rapports de coexistence, de leurs rapports de prédominance ou de subordination, et nous avons décrit ces rapports avec le calme de la philosophie. Mais ces différens élémens ne le prennent point ainsi; nul ne veut se subordonner; il ne leur suffit pas même de coexister avec indépendance harmonie, ils tendent à se vaincre et à s'absorber l'un l'autre. Ainsi l'industrie, tout occupée de l'utile, voudrait y réduire tout le reste; l'état empiète sans cesse et attire tout dans sa sphère; la religion, fille du ciel, ne peut consentir à abdiquer l'empire, et elle se croit le droit de donner des lois à l'industrie, à l'état, et à l'art, qui de son côté sacrifie tout au sentiment de la beauté et à son but particulier. La philosophie est très paisible, surtout dans l'histoire, dans Diogène de Laerte et dans Brucker. Mais en réalité, lorsque l'état, ou lorsque la religion veut la réduire à l'état de servante (*ancilla theologiæ*), elle résiste, quelquefois elle attaque, et de là des luttes qui peuvent être et qui souvent ont été sanglantes. Cet état de guerre suit de la diversité essentielle des élémens; la guerre, comme la diversité des élémens, est nécessaire à la vie; les combats des partis, dans les limites de la constitution donnée d'un peuple politique, font la vie de ce peuple. Il en est de même à l'extérieur. Les luttes des peuples d'une époque entre eux font la vie d'une époque; nulle ne s'est écoulée sans guerre, nulle ne le pouvait.

La guerre a sa racine dans la nature des idées des différens peuples, qui étant nécessairement partielles, bornées, exclusives, sont nécessairement hostiles, agressives, tyranniques; donc la guerre est nécessaire.

Voyons maintenant quel sont ses effets. Si la guerre n'est autre chose que la rencontre violente, le choc des idées exclusives des différens peuples, il s'ensuit que dans ce choc l'idée qui sera plus faible sera détruite par la plus forte, c'est-à-dire sera absorbée et assimilée par elle; or la plus forte idée dans une époque est nécessairement celle qui est le plus en rapport avec l'esprit même de cette époque. Chaque peuple représente une idée; les peuples différens d'une même époque représentent différentes idées; le peuple de l'époque qui représente l'idée le plus en rapport avec l'esprit général de l'époque, est le peuple appelé dans cette époque à la domination. Quand l'idée d'un peuple a fait son temps, ce peuple disparaît; mais il ne cède pas facilement la place, il faut qu'un autre peuple la lui dispute et la lui arrache; de là la guerre. Défaite du peuple qui a fait son temps, victoire du peuple qui a le sien à faire et qui est appelé à l'empire, voilà l'effet certain et incontestable de la guerre; donc la guerre est utile.

Messieurs, je ne viens pas ici faire l'apologie

de la guerre ; la philosophie n'est d'aucun parti en ce monde ; elle ne fait l'apologie de rien, comme elle n'accuse rien ; elle aspire à comprendre tout. Je ne fais pas l'apologie de la guerre, je l'explique. Sa racine, vous la connaissez, elle est indestructible ; ses effets, vous les connaissez, ils sont bienfaisans.

En effet, si ce sont les idées qui sont aux prises dans une guerre, et si celle qui l'emporte est nécessairement celle qui a le plus d'avenir, il fallait que celle-là l'emportât, et par conséquent qu'il y eût guerre ; à moins que vous ne vouliez empêcher l'avenir, arrêter la civilisation, à moins que vous ne vouliez que l'espèce humaine soit immobile et stationnaire. L'hypothèse d'un état de paix perpétuel dans l'espèce humaine est l'hypothèse de l'immobilité absolue. Otez toute guerre, et au lieu de trois époques il n'y en aura qu'une ; car s'il n'y a pas destruction d'une époque et victoire de l'autre, il est clair que l'une ne cédera point la place à l'autre, et qu'il n'y aura jamais qu'une seule et même époque. Bien plus, non seulement il n'y aura pas trois époques, mais même dans une époque donnée il n'y aura aucun progrès ; car les différences ne se fondront pas, et les différens peuples resteront éternellement dans l'abrutissement de l'idée exclusive qui les subjugue, et qui, bonne pour un temps, si elle ne se modifiait jamais, serait la condamnation de ce peuple à une erreur perpétuelle. Ainsi un peuple n'est progressif qu'à la condition de la guerre. Ce n'est pas moi qui le dis, c'est l'histoire : la guerre n'est pas autre chose qu'un échange sanglant d'idées, à coups d'épée et à coups de canon; une bataille n'est pas autre chose que le combat de l'erreur et de la vérité; je dis vérité, parce que dans une époque donnée une moindre erreur est vérité relativement à une erreur plus grande ou à une erreur qui a fait son temps; la victoire et la conquête ne sont pas autre chose que la victoire de la vérité du jour sur la vérité de la veille devenue l'erreur d'aujourd'hui.

Aussi, Messieurs, quand deux armées sont en présence, il se passe un bien plus grand spectacle que celui dont la philanthropie détourne les yeux. Elle ne voit que des milliers d'hommes qui vont s'égorger, ce qui est assurément un grand malheur. Mais d'abord la mort est un phénomène qui n'a pas lieu seulement sur les champs de bataille; et après tout, comme on l'a dit, la guerre change assez peu les tables de mortalité. Et puis, ce n'est pas la mort qui est déplorable en soi; c'est la mort injuste, injustement donnée ou reçue. Que mille cœurs qui battaient tout à l'heure cessent de battre, c'est un fait bien triste; mais qu'une goutte de sang innocent soit versée, c'est plus qu'un fait pénible, c'est un mal et un mal horrible. Un innocent qui périt doit mille fois plus exciter la douleur amère de l'humanité, que des armées de héros qui savent qu'ils vont à la mort, et qui y vont librement pour une cause juste à leurs yeux et qui leur est chère. Il n'y a point d'iniquité dans les grandes batailles, il ne peut même y en avoir; car ce ne sont pas les hommes ni leurs passions qui sont aux prises, ce sont des causes, ce sont les esprits opposés d'une époque, ce sont les différentes idées qui dans un siècle animent et agitent l'humanité. Voilà ce que la philanthropie ne voit pas, et ce qui a donné tant d'importance, tant d'intérêt, tant de célébrité aux batailles. Connaissez-vous quelque chose qui ait plus de réputation que Platée et Salamine? Pourquoi? L'humanité est fort personnelle, Messieurs, je lui en demande pardon ou plutôt je l'en félicite; car dans l'histoire il ne s'agit que d'elle; c'était elle qui était en cause à Platée et à Salamine : de là la haute renommée de ces deux journées. J'avoue que je serais très médiocrement disposé à m'émouvoir beaucoup parce qu'un certain nombre d'hommes partis d'un pays, et arrivés dans un autre, ont été battus par un petit nombre d'indigènes, ou ont écrasé ce petit nombre. Mettez tout cela dans le moyen âge, aux mêmes lieux, entre les mêmes hommes; il n'y a plus aucune importance. Qu'est ceci, Messieurs? C'est qu'il ne s'agissait à Platée ni des lieux ni des hommes, mais de la cause. Et il ne faut pas croire que cette cause soit celle du despotisme et de la liberté; cet honorable lieu commun n'est que l'enveloppe d'une idée tout autrement profonde. Alexandre réduisit les Thébains, cela est certain; Thèbes passa de la liberté à l'esclavage; qui s'en soucie? Ce n'est donc pas seulement de la liberté, de la liberté de quelques milliers de paysans de l'Attique, qu'il était question à Platée; la cause était tout autrement grande : ce n'étaient pas seulement la liberté et le despotisme qui étaient engagés, c'étaient le passé et l'avenir du monde, c'étaient l'esprit ancien et l'esprit nouveau qui se rencontraient d'une manière sanglante. La victoire est restée à l'esprit nouveau. Voilà pourquoi ce nom de Platée est si solennel. Il en est de même d'Arbelles : il ne s'y agissait point de la famille de Darius et de la dynastie macédonienne, car l'humanité se serait fort peu intéressée à l'une et à l'autre; mais à Arbelles, et c'est peut-être là, Messieurs, la plus grande journée du monde, il a été déclaré que non seulement le nouvel esprit pouvait résister à l'ancien, comme il avait été vu à Marathon et à Platée, mais il a été démontré que l'esprit nouveau était plus fort que l'ancien; qu'il était en état de lui rendre ses visites, et de les lui faire un peu plus longues. En effet, les résultats d'Arbelles ont duré deux siècles. Deux cents ans après Arbelles, les traces d'Alexandre, une civilisation grecque, un empire tout grec, étaient encore dans la Bactriane et la Sogdiane, et sur les bords de l'Indus. Le même motif attache le même intérêt au nom de Pharsale. J'aime et j'honore assurément le dernier des Brutus, mais il représentait l'esprit ancien, et l'esprit nouveau était du côté de César; cette longue lutte que M. Nieburh a si bien discernée et décrite dans l'histoire romaine dès ses origines, entre les patriciens et les plébéiens, cette lutte de plusieurs siècles finit à Pharsale. César était Cornélien par sa famille, non par son esprit; il succédait, non à Sylla, mais à Marius, lequel succédait aux Gracques. L'esprit nouveau demandait une plus grande place; il la gagna à Pharsale; ce ne fut pas le jour de la liberté romaine, Messieurs, mais celui de la démocratie, car démocratie et liberté ne sont pas synonymes; toute démocratie, pour durer, veut un maître qui la gouverne; ce jour-là elle en prit un, le plus magnanime et le plus sage dans la personne de César. Il en est de même de toutes les grandes batailles. Je ne peux pas vous faire ici, Messieurs, un cours de batailles : prenez-les toutes les unes après les autres; prenez Poitiers, prenez Lépante, prenez Lutzen, etc.; toutes sont célèbres, parce que dans toutes ce ne sont pas des hommes qui sont en cause, mais des idées; elles intéressent l'humanité, parce que l'humanité comprend à merveille que c'est elle qui est engagée sur le champ de bataille.

Messieurs, on parle sans cesse des hasards de la guerre, et il n'est question que de la fortune diverse des combats; pour moi, je crois que c'est un jeu très peu chanceux, un jeu à coup sûr : les dés y sont pipés, ce semble, car je porte le défi qu'on me cite une seule partie perdue par l'humanité. De fait, il n'y a pas une grande bataille qui ait tourné au détriment de la civilisation. La civilisation peut bien recevoir quelque échec, les armes sont journalières; mais définitivement l'avantage, le gain et l'honneur de la campagne lui restent; et il implique qu'il en soit autrement. Admettez-vous que la civilisation avance sans cesse? Admettez-vous qu'une idée qui a de l'avenir doit l'emporter sur une idée qui n'en a plus, c'est-à-dire dont toute la puissance est usée? L'admettez-vous? Et vous ne pouvez pas ne ne pas l'admettre. Donc il s'ensuit que toutes les fois que l'esprit du passé et l'esprit de l'avenir se trouveront aux prises, l'avantage restera nécessairement à l'esprit nouveau. Nous avons vu que l'histoire a ses lois; si l'histoire a ses lois, la guerre, qui joue un si grand rôle dans l'histoire, qui en représente tous les grands mouvemens et pour ainsi dire les crises, la guerre doit avoir aussi ses lois, et ses lois nécessaires; et si, comme je l'ai démontré, l'histoire avec ses grands événemens n'est pas autre chose que le jugement de Dieu sur l'humanité, on peut dire que la guerre n'est pas autre chose que le prononcé de ce jugement, et que les batailles en sont la promulgation éclatante; les défaites et les victoires sont les arrêts de la civilisation et de Dieu même sur un peuple, lesquels déclarent ce peuple au dessous du temps présent, en opposition avec le progrès nécessaire du monde, et par conséquent retranché du livre de vie.

J'ai prouvé que la guerre et les batailles sont premièrement inévitables, secondement bienfaisantes. J'ai absous la victoire comme nécessaire et utile; j'entreprends maintenant de l'absoudre comme juste, dans le sens le plus étroit du mot; j'entreprends de démontrer la moralité du succès. On ne voit ordinairement dans le succès que le triomphe de la force, et une sorte de sympathie sentimentale nous entraîne vers le vaincu; j'espère avoir démontré que puisqu'il faut bien qu'il y ait toujours un vaincu, et que le vaincu est toujours celui qui doit l'être, accuser le vainqueur et prendre parti contre la victoire, c'est prendre parti contre l'humanité et se plaindre du progrès de la civilisation. Il faut aller plus loin, il faut prouver que le vaincu doit être vaincu et a mérité de l'être; il faut prouver que le vainqueur non seulement sert la civilisation, mais qu'il est meilleur, plus moral, et que c'est pour cela qu'il est vainqueur. S'il n'en était pas ainsi, il y aurait contradiction entre la moralité et la civilisation, ce qui est impossible, l'une et l'autre n'étant que deux côtés, deux élémens distincts mais harmoniques de la même idée.

Messieurs, tout est parfaitement juste en ce monde; le bonheur et le malheur sont répartis comme ils doivent l'être; le bonheur n'est donné qu'à la vertu, le malheur n'est imposé qu'au vice. Je parle en grand, sauf les exceptions, s'il y en a. Vertu et bonheur, malheur et vice, toutes choses qui sont dans une harmonie nécessaire. Et quel est le principe de cette conviction consolante? C'est la pensée humaine elle-même, qui ne peut pas ne pas rattacher invinciblement l'idée de mérite et de démérite à l'idée de juste et d'injuste. En fait, dans la pensée humaine l'idée de mal moral et de bien moral est liée à l'idée de mal physique et de bien physique, c'est-à-dire au bonheur et au malheur. Celui qui a bien fait croit et sait qu'il lui est dû une récompense proportionnée à son mérite. Le spectateur désintéressé et sans passion porte le même jugement. Les bénédictions s'adressent naturellement à la vertu, les malédictions au crime réel ou supposé. L'harmonie nécessaire du bonheur et de la vertu, du malheur et du vice, est une croyance du genre humain qui, sous une forme ou sous une autre, éclate dans ses actions et dans ses paroles, dans ses sympathies comme dans ses colères, dans ses craintes et dans ses espérances. Maintenant, sans faire ici une théorie ni une classification des vertus, je me contente de vous rappeler que la prudence et le courage sont les deux vertus qui contiennent à peu près toutes les autres. La prudence est une vertu, Messieurs, et voilà pourquoi, entre autres raisons, elle est un élément de succès; l'imprudence est un vice, et voilà pourquoi elle ne réussit guère; le courage est une vertu qui a droit à la récompense de la victoire; la faiblesse est un vice, partant elle est toujours punie et battue. Non seulement les actions imprudentes et les actions lâches, mais les pensées, les désirs, les mouvemens coupables qu'on nourrit et qu'on caresse dans l'intérieur de l'ame, sous la réserve qu'on ne les laissera pas dégénérer en actes; ces désirs, ces pensées, ces mouvemens coupables, en tant que coupables, auront leur punition. Il n'y a pas une action, une pensée, un désir, un sentiment vicieux, qui ne soit puni tôt ou tard et presque toujours immédiatement, en sa juste mesure; et la réciproque est vraie de toute action, de toute pensée, de toute résolution, de tout sentiment vertueux. Tout sacrifice emporte sa récompense, toute concession à la faiblesse sa punition. Telle est la loi; elle est de fer et d'airain (*), elle est nécessaire et universelle, elle s'applique aux peuples comme aux individus. Aussi je professe cette maxime que les peuples ont toujours ce qu'ils méritent, comme les individus. On peut plaindre si l'on veut les peuples, mais il ne faut pas accuser leur destinée, car ce sont toujours eux qui la font. Supposez un peuple généreux qui prît au sérieux ses idées, qui fût prêt à périr pour elles, et qui, au lieu d'attendre le jour du combat dans une sécurité imprudente et coupable, prévoyant l'attaque, s'y prépare de longue main, en entretenant en lui l'esprit guerrier, en fondant de grandes institutions militaires, en se formant à une discipline sévère, en préférant à des jouissances frivoles les soins mâles et virils dans lesquels se trempe le caractère des individus et des peuples; ce peuple-là, lorsqu'il paraîtra sur le champ de bataille, n'aura commis aucune faute;

(*) *Voyez* mon argument du *Gorgias*, traduction de Platon, tom. III, et les *Fragmens philosophiques*, pag. 98.

donc toutes les chances seront pour lui. Supposez à ce peuple un ennemi imprudent ou lâche, ayant des idées sans doute, mais ne les ayant pas assez à cœur pour leur faire les sacrifices qu'exigerait leur défense ou leur propagation, brave mais sans un état militaire bien entretenu et sans habitudes guerrières, ou avec une organisation militaire en apparence assez forte, mais sans résolution et sans énergie. Mettez en présence ces deux peuples; n'est-il pas évident que l'un étant plus moral et meilleur que l'autre, plus prévoyant, plus sage, plus courageux, méritera de l'emporter et l'emportera par conséquent? Voyez, par exemple, Constantinople au douzième siècle; c'était un empire en possession d'une civilisation assez avancée, un peuple qui avait des idées (et les premières de toutes, des idées religieuses), qui s'en occupait vivement, qui se passionnait pour elles, au point d'être constamment sur les places publiques, de disputer sans cesse, et d'en venir à de véritables mêlées. Ce peuple était instruit, savant, ingénieux, ardent; mais en même temps il n'avait d'énergie que pour la dispute et les tracasseries intérieures; il ne savait pas obéir; il n'avait aucun soin de l'avenir, pas d'esprit militaire, aucune grande institution, aucun apprentissage de la guerre, nulle mâle habitude, nulle énergie morale, nulle vertu. Donc il passera, et il mérite de passer sous les fourches caudines de la conquête. En face étaient des adversaires que les lettrés de Bysance ont appelés des barbares, mais qui ne l'étaient pas du tout; car ils avaient aussi leurs idées, ils les chérisseient, et ils étaient prêts à mourir pour elles; ils cherchaient à faire des conquêtes à leurs idées au prix de leur sang; et ils en ont fait parce qu'ils méritaient d'en faire. Aussi Constantinople a été bientôt emportée : l'Europe a poussé un cri de douleur, honorable pour l'Europe, accablant pour Constantinople; car, héritière d'une immense puissance, si Constantinople avait été digne d'elle, non seulement elle l'aurait conservée, mais elle l'aurait agrandie, elle lui aurait fait faire des conquêtes sur la barbarie. Au lieu de cela Constantinople a disputé, ergoté, subtilisé, et elle a succombé; elle a eu le sort qu'elle méritait: elle n'était plus digne de la puissance, et la puissance lui a été ôtée. Et il ne faut pas dire que, dans mon admiration pour les conquérans, j'enlève tout intérêt pour les victimes; je n'entends point ce langage. Il faut choisir entre un peuple corrompu, vicieux, dégradé, indigne d'exister puisqu'il ne sait pas défendre son existence et l'humanité qui n'avance et ne peut avancer que par le retranchement de ses élémens corrompus. Puisqu'on parle de victimes, qu'on sache donc qu'ici le sacrificateur qu'on accuse, ce n'est pas le vainqueur, mais ce qui lui a donné la victoire, c'est-à-dire la providence. Il est temps, Messieurs, que la philosophie de l'histoire mette à ses pieds les déclamations de la philantropie, qu'elle amnistie la guerre, puisque la guerre est nécessaire, et l'étudie avec soin; car la guerre est l'action en grand, et l'action est l'épreuve décisive de ce que vaut un peuple ou un individu. C'est une expérience dans laquelle se montrent à découvert tous les élémens cachés de l'ame; l'ame passe tout entière avec ses puissances dans l'action. Voulez-vous savoir ce que vaut un homme? voyez-le agir, il met là tout ce qu'il vaut; de même toute la vertu d'un peuple comparaît sur le champ de bataille; il est là tout entier avec tout ce qui est de lui. La philosophie de l'histoire doit l'y suivre.

Selon moi, l'état militaire d'un peuple est avec sa philosophie le dernier mot de ce peuple; c'est donc avec la philosophie l'état militaire d'un peuple que l'histoire doit le plus examiner; après avoir ajouté à ses recherches ce qu'elle avait jusqu'ici oublié, la philosophie, l'histoire doit y faire entrer aussi les institutions militaires des peuples et leur manière de faire la guerre Donnez-moi l'histoire militaire d'un peuple, je me charge de retrouver tous les autres élémens de son histoire, car tout tient à tout, et tout se résout dans la pensée comme principe et dans l'action comme effet, dans la métaphysique et dans la guerre. Ainsi l'organisation des armées, la stratégie même, importe à l'histoire. Vous avez tous lu Thucydide. Voyez la manière de combattre des Athéniens et des Lacédémoniens: Athènes et Lacédémone sont là tout entières. Vous rappelez-vous l'organisation de cette petite armée grecque de trente mille hommes, qui, sous la conduite d'un jeune homme (car ce sont presque toujours les jeunes hommes qui sont les héros de l'histoire), s'avança en Orient jusqu'au delà de la Bactriane? C'était cette redoutable phalange macédonienne dont la configuration seule est le symbole de l'expansion rapide et puissante de la civilisation grecque, et représente tout ce qu'il y avait d'impétuosité, de célérité et d'ardeur indomptable dans l'esprit grec et dans celui d'Alexandre. La phalange macédonienne était organisée pour la conquête rapide, pour tout percer, pour tout envahir. Elle est faite pour une pointe avantageuse, pour l'attaque bien plus que pour la défense; elle a un élan, un mouvement irrésistible; peu de force interne, de poids et de durée. Mais regardez la légion romaine: Rome y est tout entière. Une légion c'est un grand tout, une masse énorme qui, en s'ébranlant, écrase tout sur son passage, sans menacer de se dissoudre, tant elle est compacte, vaste, et pleine de ressources en elle-même. A l'aspect d'une légion on sent que l'on est devant une puissance irrésistible, et en même temps devant une puissance durable qui balaie l'ennemi et qui le remplace, occupe le sol, s'y établit et y prend racine. La légion romaine c'est une ville, c'est un empire, c'est un petit monde qui se suffit à lui-même, car il y avait de tout dans son organisation. En un mot, la légion était une armée organisée non seulement pour soumettre le monde, mais pour le garder; son caractère est l'ensemble, le poids, la durée, la fixité, c'est-à-dire l'esprit de Rome.

S'il me plaisait, Messieurs, je prendrais ainsi les institutions militaires de chaque grand peuple, et je vous montrerais l'esprit de ce peuple dans celui de ces institutions. Mais sans prolonger cette discussion, vous devez concevoir maintenant que la philosophie de l'histoire ne peut pas ne pas considérer l'état militaire, l'organisation des armées, la stratégie même. Tout se rapporte à la civilisation, Messieurs, tout la mesure, tout la représente à sa manière. La philosophie de l'histoire ne doit donc rien mépriser. Il faut qu'elle considère dans un peuple tous ses élémens intérieurs, le commerce, l'industrie, l'art, la religion, l'état et la philosophie, et qu'elle saisisse l'idée que tous ces élémens renferment et développent; ensuite il faut qu'elle suive cette idée dans son action, en dehors d'elle-même, en relation avec les autres idées contemporaines qu'elle attaque ou qui l'attaquent, c'est-à-dire dans son action militaire. Tout peuple vraiment historique a une idée à réaliser; il la réalise en lui-même, et quand il l'a suffisamment réalisée en lui, il l'exporte en quelque sorte par la guerre, il lui fait faire le tour de l'époque du monde; il est conquérant, inévitablement conquérant; toute civilisation qui avance, avance par la conquête. Tout peuple historique est donc pendant quelque temps conquérant; enfin après avoir été conquérant, après s'être déployé tout entier, après avoir montré et donné au monde tout ce qu'il avait en lui, après avoir joué son rôle et rempli sa destination, il s'épuise, il a fait son temps, il est conquis lui-même; ce jour-là il quitte la scène du monde, et la philosophie de l'histoire l'abandonne, parce qu'alors il est devenu inutile à l'humanité.

10ᵉ LEÇON. 26 JUIN 1828.

COURS
DE L'HISTOIRE
DE
LA PHILOSOPHIE.

Messieurs,

Après avoir été des grandes époques de l'histoire aux lieux qui en sont le théâtre, et des lieux aux peuples qui les habitent, nous irons aujourd'hui des peuples à ces individus éminens qui les représentent dans l'histoire, et qu'on appelle des grands hommes.

J'espère que la dernière leçon a dû vous laisser la conviction qu'un peuple n'est pas seulement une collection plus ou moins considérable d'individus réunis accidentellement entre eux par le lien d'une force extérieure prépondérante. Il doit vous être évident qu'un peuple n'est un véritable peuple qu'à la condition d'exprimer une idée qui passant dans tous les élémens dont se compose la vie intérieure de ce peuple, dans sa langue, dans sa religion, dans ses mœurs, dans ses arts, dans ses lois, dans sa philosophie, donne à ce peuple un caractère commun, une physionomie distincte dans l'histoire. Que de millions d'hommes ont vécu, senti, souffert, agi dans le centre de l'Asie et de l'Afrique, dont l'histoire ne fait pas mention, parce que ces populations n'exprimant aucune idée, n'avaient et ne pouvaient avoir aucun sens, et par conséquent aucun intérêt pour l'histoire! L'existence historique d'un peuple est donc tout entière dans son rapport avec l'idée qu'il représente, c'est-à-dire dans son esprit. Cet esprit est sa substance. Otez à chacun des individus dans lesquels se divise extérieurement un peuple, l'identité de langue, de mœurs, de religion, d'art, de littérature, d'idées, vous leur enlevez, avec le lien qui les unit, le fonds même sur lequel ils vivent et qui les fait être ce qu'ils sont. Et l'esprit d'un peuple n'est pas une substance morte, c'est un principe de développement et d'action, c'est une force à laquelle un peuple emprunte la sienne, qui le meut et le soutient tant qu'il dure, et qui lorsqu'elle se retire, après que son développement est accompli et épuisé, l'abandonne et le livre à la première conquête. C'est cet esprit encore qui constitue la patrie. La patrie, Messieurs, n'est pas seulement le sol en lui-même, ni telle ou telle institution particulière, c'est l'esprit commun à tous les citoyens, c'est l'idée qu'expriment pour tous et le sol qu'ils habitent, et les institutions, les lois, la religion, les mœurs, etc., dont ils participent. Le patriotisme n'est autre chose que la sympathie puissante de tous avec tous dans un même esprit, dans un même ordre d'idées. Otez cette unité d'esprit et d'idées, c'en est fait de la patrie et du patriotisme.

Or, si tout peuple, je dis tout peuple véritable, tout peuple historique, est nécessairement un dans l'unité de l'esprit qui le fait être et agir et dans l'unité de l'idée qu'il représente, il suit que tout individu qui fait partie de ce peuple participe nécessairement de son esprit. Un individu qui dans un temps et dans un pays donné ne serait qu'un individu serait un monstre. Mais il n'y a pas, il ne peut pas y avoir de pur individu, et tous les hommes qui habitent un même territoire, qui sont du même temps, qui parlent la même langue, qui ont la même religion et les mêmes mœurs, participent tous de la même idée et du même esprit.

Ainsi tous les individus dont se compose un peuple représentent tous l'esprit de ce peuple. Mais comment le représent-ils? Un peuple est un dans son esprit; mais c'est une foule dans sa composition extérieure, c'est-à-dire que c'est une grande multiplicité. Or, quelle est la loi de toute multiplicité? c'est d'être diverse, et par conséquent susceptible du plus et du moins. Hors de l'unité absolue tout tombe dans la différence, dans le plus et dans le moins. Il est impossible que dans une foule donnée, telle qu'un peuple qui a, comme il a été démontré, un type commun, il n'y ait pas des individus qui représentent plus ou moins ce type. Comme il y en a qui le représentent moins, moins clairement, plus confusément, de même il y en a qui le représentent plus, plus clairement, moins confusément. De là une ligne de démarcation entre tous les individus d'un même peuple. Mais ceux qui sont sur le premier plan et représentent davantage l'esprit de leur peuple, composent encore une foule, un grand nombre, tombent encore sous le plus et le moins ; donc là est encore une nouvelle élite d'individus qui représente éminemment l'esprit de leur peuple. Il est impossible qu'il en soit autrement. De là deux choses : 1º la nécessité des grands hommes ; 2º leur caractère propre. Le grand homme n'est point une créature arbitraire qui puisse être ou n'être pas. Il n'est pas seulement un individu, mais il se rapporte à une idée générale qui lui communique une puissance supérieure, en même temps qu'il lui donne la forme déterminée et réelle de l'individualité. Trop et trop peu d'individualité tue également le grand homme. D'un côté l'individualité en soi est un élément de misère et de petitesse ; car la particularité, le contingent, le fini, tendent sans cesse à la division, à la dissolution, au néant. D'une autre part, toute généralité se rattachant à l'universalité et à l'infini, tend à l'unité et à l'unité absolue; elle a de la grandeur, mais elle risque de se perdre dans une abstraction chimérique. Le grand homme est l'harmonie de la particularité et de la généralité ; il n'est grand homme qu'à ce prix, à cette double condition de représenter l'esprit général de son peuple ; et c'est par son rapport à cette généralité qu'il est grand ; et en même temps de représenter cette généralité qui lui confère sa grandeur, dans sa personne, sous la forme de la réalité, c'est-à-dire sous une forme finie, positive, visible, déterminée; de telle sorte que la généralité n'accable pas la particularité, et que la particularité ne dissolve pas la généralité; que la particularité et la généralité, l'infini et le fini, se fondent dans cette mesure qui est la vraie grandeur humaine.

Cette mesure, qui fait la vraie grandeur, fait aussi la vraie beauté. Les objets de la nature qui ont un caractère de généralité, d'universalité, d'immensité, d'infini, comme les montagnes, les mers, les abymes du ciel, tous ces objets ont ce genre de beauté qu'on appelle le sublime. Le sublime a pour caractère de dépasser, de tendre à dépasser les limites de l'imagination et de toute représentation déterminée. Il y a en quelque sorte contradiction entre la force limitée de l'imagination humaine et le sublime. Quand l'art représente le sublime seul, il s'élance hors du fini, et n'engendre que des productions gigantesques, comme les pyramides d'Égypte, les monumens de l'Indostan, les monumens primitifs de presque tous les peuples. A l'autre extrémité de la civilisation et de l'imagination, considère-t-on des objets qui ont un caractère très déterminé et des formes très arrêtées, l'art entre-t-il dans des détails et dans le fini des choses, il tombe dans le joli et le mesquin. Soit en pratique, soit en théorie, les deux extrémités de la beauté, qui la manquent également, sont le joli et le sublime. L'école sensualiste ne pouvant dépasser le contingent, le particulier, le déterminé, le fini, est condamnée au joli. L'idéalisme au contraire tend sans cesse au général, à l'universel, à l'infini, au sublime. La véritable beauté est dans le mélange du fini et de l'infini, de l'idéal et du sensible : la mesure est la vraie beauté.

Il en est de même en morale pour les caractères. Il est des individus qui n'ont pour ainsi dire qu'un caractère général, celui de leur siècle et de leur pays, purs échos de la voix de leur temps; c'est la foule, Messieurs, ce sont les êtres pour ainsi dire anonymes dans l'espèce humaine. Ne riez pas, ce n'en est pas la plus petite ni la plus mauvaise partie. A l'autre extrémité sont les amis de l'individualité, ces gens qui pour s'être avisés de réfléchir une ou deux fois dans leur vie, pour s'être saisis une minute dans leur pauvre individualité, s'y enfoncent, s'y cramponnent pour ainsi dire, sans pouvoir et sans vouloir en sortir, ramenant tout à leur sens individuel, et fièrement insurgés contre toute autorité. En effet, l'autorité n'est pas toujours la raison; cependant toute autorité ayant toujours quelque chose d'universel, est par cela seul condamnée à un peu de raison et de sens commun. La manie de l'individualité est de trancher le nœud qui unit l'individu au sens commun par l'autorité. Ce sont là, Messieurs, les originaux dans l'espèce humaine; ils forment une classe à part, ils se donnent pour des héros d'indépendance, et ce sont en général des hommes sans énergie et sans caractère; ils s'agitent une minute sans rien faire, et passent sans laisser dans l'histoire aucune trace. Les premiers, pour les appeler par leur nom, sont les hommes ordinaires, classe nombreuse, honnête et utile. Ce sont d'excellens soldats de l'esprit d'un peuple; ils forment l'armée de toute grande cause qui trouve assez de capitaines; c'est avec eux qu'on peut faire, c'est avec eux seulement qu'on fait de grandes choses; ils savent obéir. Mais les autres, indisciplinables, indignes de commander, incapables d'obéir, leur grand but sur cette immense scène du monde où ils paraissent un moment est de représenter, quoi, Messieurs? eux-mêmes, et rien de plus. Aussi personne ne fait attention à eux; car l'humanité n'a pas assez de temps à perdre pour s'occuper des individus qui ne sont que des individus. Un grand homme, Messieurs, est également éloigné de l'original et de l'homme ordinaire. Il est peuple et il est lui tout ensemble; il est l'identité de la généralité et de l'individualité, dans une mesure telle que la généralité n'étouffe pas l'individualité, et qu'en même temps l'individualité ne détruit pas la généralité, en lui donnant une forme réelle. Ainsi l'esprit de son peuple et de son temps, voilà l'étoffe d'un grand homme, c'est là son véritable piédestal; c'est du haut de l'esprit commun à tous qu'il est grand et commande à tous.

Si l'esprit d'un peuple se résout nécessairement dans quelques grands représentans, et si, comme nous l'avons vu aussi, un peuple a des élémens différens comme l'industrie, les sciences, les arts, les lois, la religion, la philosophie, tous ces différens élémens ont nécessairement des représentans; et comme ces élémens dans un peuple ne restent pas dans le même état, mais se métamorphosent sans cesse, et en gardant le même caractère, parce qu'ils tendent au même but, se développent sans cesse dans un progrès dont les degrés sont les momens divers de l'existence de ce peuple, tous ces différens momens doivent avoir leurs représentans; d'où il suit définitivement qu'un peuple étant tout entier dans les différens momens de son développement et dans les différens élémens de sa vie intérieure, et ces différens momens et ces différens élémens étant nécessairement représentés par quelques grands hommes, il suit, dis-je, qu'un peuple est tout entier dans ses grands hommes. En effet c'est en eux que l'histoire considère un peuple. Ouvrez des livres d'histoire, vous n'y voyez que des noms propres; et il est impossible qu'il en soit autrement; car si les masses ne font rien que pour elles-mêmes, elles ne font rien par elles-mêmes; elles agissent par leurs chefs, qui seuls occupent l'avant-scène, et tombent seuls sous le regard du spectateur et de l'historien. Les historiens ont fort raison de ne s'occuper que des grands hommes; seulement il faut qu'ils aient bien soin de ne les donner que pour ce qu'ils sont, c'est-à-dire, non pas pour les maîtres, mais pour les représentans de ceux qui ne paraissent pas dans l'histoire; autrement un grand homme serait une insulte à l'humanité. Sous cette réserve, il est certain que tout peuple se résolvant nécessairement en grands hommes de tout genre, l'histoire d'un peuple doit être faite, comme elle l'est, par l'histoire de ses grands hommes.

Maintenant, qu'est-ce qu'un peuple? Un peuple, nous l'avons vu dans la dernière leçon, c'est une des idées d'une époque. Comme une époque renferme plusieurs idées, elle renferme aussi plusieurs peuples. Or, ce qui est vrai d'un peuple est vrai d'un autre peuple. De plus, ce qui est vrai d'une époque est vrai d'une autre, est vrai de toutes les autres; donc l'histoire entière, non plus celle d'un peuple ni celle d'une époque, mais celle de toutes les époques, mais celle de toute l'humanité, est représentable par des grands hommes. Ainsi donnez-moi la série des grands hommes, tous les grands hommes connus, et je vous ferai toute l'histoire connue du genre humain.

Mais qu'est-ce que l'humanité elle-même? L'humanité, nous l'avons vu, n'est pas autre chose que le dernier mot de l'ordre universel. L'humanité résume la nature entière et la représente. Cette nature elle-même, nous l'avons vu encore, est la manifestation de son auteur. Dieu ne pouvait pas rester à l'état d'une unité absolue : cette unité absolue, cette substance éternelle, étant une force créatrice, devait créer, devait produire et se manifester dans ses productions avec tous ses grands caractères. Ainsi la nature représente Dieu; et comme la nature avec toutes ses lois se résume dans l'humanité, et que l'humanité avec toutes ses époques, se résume dans les grands hommes, il en résulte, avec une rigueur qui ne laisse rien à contester, que l'ordre des choses ou plutôt le mouvement perpétuel des choses, n'est, dans tous ses momens et dans tous ses degrés, que l'enfantement des grands hommes. Partez de l'unité absolue et arrivez aux grands hommes, et vous avez ni plus ni moins les deux bouts de la chaîne des êtres. Après les grands hommes, il n'y a plus rien à chercher, car le grand homme est la plus haute individualité possible, et l'individualité est le terme de toute chose, comme l'unité absolue en est le point de départ.

Ainsi tout dans le monde entier travaille

pour former la merveille du grand homme. Le voilà formé, il arrive sur la scène de l'histoire; qu'y fait-il? quel rôle y joue-t-il, et sous quel aspect la philosophie de l'histoire doit-elle le considérer?

Messieurs, un grand homme, dans quelque genre que ce soit, à quelque époque du monde, dans quelque peuple qu'il paraisse, vient pour représenter une idée, telle idée et non pas telle autre, tant que cette idée a de la force et vaut la peine d'être représentée, pas avant, pas après : la conséquence est qu'un grand homme paraît quand il doit paraître, qu'il disparaît quand il n'a plus rien à faire, qu'il naît et qu'il meurt à propos. Quand il n'y a rien de grand à faire, le grand homme est impossible. Qu'est-ce en effet qu'un grand homme? l'instrument d'une puissance qui n'est pas la sienne; car toute puissance individuelle est misérable, et nul homme ne se rend à un autre homme, il ne se rend qu'au représentant d'une puissance générale. Quand donc cette puissance générale n'est pas ou n'est plus, quand elle manque ou défaille, quelle force aura son représentant? Aussi vous ne pouvez pas faire naître le grand homme avant son heure, et vous ne le ferez pas mourir avant son heure ; vous ne pouvez pas le déplacer, ni l'avancer, ni le reculer; vous ne pouvez pas le continuer et le remplacer ; car il n'était que parce qu'il avait son œuvre à faire, il n'est plus que parce qu'il n'a plus rien à faire, et le continuer c'est vouloir continuer un rôle fini et épuisé. On disait à un soldat qui s'était assis sur un trône : « Sire, il faut surveiller attentivement l'éducation de votre fils ; il faut qu'on l'élève avec le plus grand soin, de manière à ce qu'il vous remplace. — Me remplacer ! répondait-il, je ne me remplacerais pas moi-même ; je suis l'enfant des circonstances. » Le même homme sentait bien que la puissance qui l'animait n'était pas la sienne, et qu'elle lui était prêtée dans un but marqué, jusqu'à une heure qu'il ne pouvait ni avancer ni reculer. On dit qu'il était un peu fataliste. Remarquez que tous les grands hommes ont été plus ou moins fatalistes : l'erreur est dans la forme, non dans le fond de la pensée. Ils sentent qu'en effet ils ne sont pas là pour leur compte; ils ont la conscience d'une force immense, et ne pouvant s'en faire honneur à eux-mêmes, ils la rapportent à une puissance supérieure dont ils ne sont que les instrumens, et qui se sert d'eux selon ses fins. Et non seulement les grands hommes sont un peu fatalistes, ils ont aussi leurs superstitions. Rappelez-vous Wallenstein et son astrologue. De là vient encore que les grands hommes, qui dans l'action ont une décision et une ardeur admirables, avant l'action hésitent et sommeillent; il faut que le sentiment de la nécessité, l'évidence de leur mission les frappe; ils semblent comprendre confusément que jusque là ils n'agiraient que comme individus, et que leur puisssance n'est pas là.

Sans entrer dans des détails superflus, il sort de l'histoire entière des grands hommes qu'on les a pris et qu'eux-mêmes se sont pris pour les instrumens du destin, pour quelque chose de fatal et d'irrésistible : aussi le caractère propre, le signe du grand homme, c'est qu'il réussit. Quiconque ne réussit pas n'est d'aucune utilité au monde, ne laisse aucun grand résultat, et passe comme s'il n'avait jamais été. Il faut que le grand homme réussisse dans quelque genre que ce soit pour faire son œuvre : une activité inépuisable, la fécondité, la richesse des résultats, des succès continuels, prodigieux, tels sont ses caractères nécessaires. Or les grands hommes ne sont pas seulement des artistes, ou des philosophes, ou des législateurs, ou des pontifes; ils sont aussi, comme nous l'avons vu la dernière fois, des guerriers. Le grand guerrier n'est tel, n'est historique qu'à la condition d'obtenir de grands succès, c'est-à-dire de gagner beaucoup de batailles, c'est-à-dire encore de faire d'épouvantables ravages sur la terre. Ou nul guerrier ne doit être appelé grand homme, ou, s'il est grand, il faut l'absoudre, et absoudre en masse tout ce qu'il a fait.

Le résultat des grands succès, c'est la puissance, et une grande puissance. Mais quand on est arrivé là, quand on est monté si haut, on peut perdre la tête, on peut se croire et paraître bien au dessus du reste des hommes; on a une cour, on a des flatteurs, des esclaves. Eh bien, cet homme qui a l'air du maître du monde, devant lequel le monde est à genoux, cet homme n'est qu'un instrument..... et de qui, Messieurs? De la divine Providence? Oui sans doute en dernière analyse, mais d'abord et immédiatement des idées qui dominent dans son temps et dans son pays, des idées de son peuple, et par conséquent de tous les individus de ce peuple, des plus petits comme des plus grands, car tous sont uns dans l'unité de leur peuple; de sorte que ce grand homme n'est pas autre chose, au bout du compte, que l'instrument de ceux auxquels il commande, de ceux-là même qu'il a l'air d'opprimer. Voilà le secret de la puissance. Ne vous hâtez jamais, Messieurs, d'attribuer rien de vil à l'humanité. L'humanité ne se soumet pas à une force étrangère, mais à la force avec laquelle elle sympathise et qui la sert.

Un grand homme n'est pas un individu, en tant que grand homme; sa fortune est de représenter mieux qu'aucun autre homme de son temps les idées de ce temps, ses intérêts, ses besoins. Tous les individus d'un peuple ont bien aussi les mêmes idées générales, les mêmes intérêts, les mêmes besoins, mais sans l'énergie nécessaire pour les réaliser et les satisfaire; ils représentent donc leur temps et leur peuple, mais d'une manière impuissante, infidèle, obscure. Mais aussitôt que le vrai représentant se montre, tous reconnaissent en lui distinctement ce qu'ils n'avaient saisi que confusément en eux-mêmes; ils reconnaissent l'esprit de leur temps, l'esprit même qui est en eux; ils considèrent le grand homme comme leur image véritable, comme leur idéal; c'est à ce titre qu'ils l'adorent et qu'ils le suivent, qu'il est leur idole et leur chef. Comme au fond ce grand homme n'est pas autre chose que ce peuple qui s'est fait homme, à cette condition-là le peuple sympathise avec lui; il a confiance en lui, il a pour lui de l'amour et de l'enthousiasme, il se donne à lui. Voilà tout le dévouement que vous pouvez, que vous devez attendre de l'humanité; elle n'est pas capable, et il ne serait pas bon qu'elle fût capable d'aucun autre; elle sert qui la sert. La racine de la puissance d'un grand homme est bien mieux que le consentement exprès de l'humanité, lequel est fort souvent douteux et infidèle; c'est la croyance intime, spontanée, irrésistible que cet homme, c'est le peuple, c'est l'époque.

Dans la dernière leçon, j'ai défendu la victoire: je viens de défendre la puissance; il me reste à défendre la gloire, pour avoir absous l'humanité. On ne fait jamais attention que tout ce qui est humain, c'est l'humanité qui le fait, ne fût-ce qu'en le permettant; que maudire la puissance (j'entends une puissance longue et durable), c'est blasphémer l'humanité; et qu'accuser la gloire, ce n'est pas moins qu'accuser l'humanité qui la décerne. Qu'est-ce que la gloire, Messieurs? Le jugement de l'humanité sur un de ses membres; or l'humanité a toujours raison. En fait, citez-moi une gloire imméritée; de plus *a priori* c'est impossible, car on n'a de la gloire qu'à la condition d'avoir beaucoup fait, d'avoir laissé de grands résultats ; les grands résultats, Messieurs, les grands résultats, tout le reste n'est rien. Distinguez bien la gloire de la réputation. Pour la réputation, qui en veut en a. Voulez-vous de la réputation, priez tel ou tel de vos amis de vous en faire; associez-vous à tel ou tel parti; donnez-vous à une coterie; servez-la, elle vous louera. Enfin, il y a cent mille manières d'acquérir de la réputation : c'est une entreprise tout comme une autre; elle ne suppose pas même une grande ambition. Ce qui distingue la réputation de la gloire, c'est que la réputation est le jugement de quelques uns, et que la gloire est le jugement du plus grand nombre, de la majorité dans l'espèce humaine. Or, pour plaire au petit nombre, il suffit de petites choses: pour plaire aux masses, il en faut de grandes. Auprès des masses, les faits sont tout, le reste n'est rien. Les intentions, la bonne volonté, la moralité, les plus beaux desseins, qu'on n'aurait certainement pas manqué de conduire à bien, n'eût été ceci ou cela, tout ce qui ne se résout pas en fait, est compté pour rien par l'humanité; elle veut de grands résultats; car il n'y a que les grands résultats qui viennent jusqu'à elle : or, en fait de grands résultats, il n'y a pas de tricherie possible. Les mensonges des partis et des coteries, les illusions de l'amitié n'y peuvent rien ; il n'y a pas même lieu à discussion. Les grands résultats ne se contestent pas : la gloire, qui en est l'expresion, ne se conteste pas non plus. Fille de faits grands et évidens, elle est elle-même un fait manifeste, aussi clair que le jour. La gloire est le jugement de l'humanité, et un jugement en dernier ressort; on peut en appeler des coteries et des partis à l'humanité; mais de l'humanité à qui en appeler en ce monde? Elle est infaillible. Pas une gloire n'a été infirmée et ne peut l'être. De plus, sur quels faits l'humanité estime-t-elle et décerne-t-elle la gloire ? sur les faits utiles, c'est-à-dire utiles à elle : sa mesure est sa propre utilité; et elle n'en peut avoir d'autre, à moins de s'abdiquer elle-même, et de cesser d'emprunter à sa nature les principes de ses jugemens. La gloire est le cri de la sympathie et de la reconnaissance; c'est la dette de l'humanité envers le génie ; c'est le prix des services qu'elle reconnaît en avoir reçus, et qu'elle lui paye avec ce qu'elle a de plus précieux, son estime. Il faut donc aimer la gloire, parce que c'est aimer les grandes choses, les longs travaux, les services effectifs rendus à la patrie et à l'humanité en tout genre; et il faut dédaigner la réputation, les succès d'un jour, et les petits moyens qui y conduisent; il faut songer à faire, à beaucoup faire, à bien faire, à être, Messieurs, et non à paraître; car, règle infaillible, tout ce qui paraît sans être bientôt disparaît; mais tout ce qui est, par la vertu de sa nature, paraît tôt ou tard. La gloire est presque toujours contemporaine; mais il n'y a jamais un grand intervalle entre le tombeau d'un grand homme et la gloire.

Un grand homme, Messieurs, est grand, et il est homme; ce qui le fait grand, c'est son rapport à la généralité, à l'esprit de son temps et de son peuple; ce qui le fait homme, c'est cette individualité qui se trouve mêlée en lui intimement à la généralité : mais séparez ces deux élémens; sous la généralité discernez l'individualité, étudiez l'homme dans le grand homme, savez-vous ce qui en résulte? C'est que le plus grand des hommes paraît assez petit. Toute individualité, quand elle est détachée de la généralité, est pleine de misères. Quand on lit attentivement les mémoires secrets que nous avons sur quelques grands hommes, et qu'on les suit dans le détail de leur vie et de leur conduite, on est tout confondu de les trouver non seulement petits, mais, je suis forcé de le dire, vicieux et presque méprisables. Considérons d'abord les intentions individuelles. Qu'accomplit le grand homme, Messieurs ? les desseins de la puissance supérieure qui agit en lui et par lui. Voilà ce qu'il fait, mais il n'en sait rien ; et il a ses desseins particuliers qu'il poursuit : en accomplissant un dessein supérieur, il croit accomplir ses intentions personnelles. Il est curieux de rechercher dans l'histoire quelles ont été les intentions de tel ou tel grand homme : ce sont presque toujours les intentions les plus mesquines. A une dixaine d'années de distance, on a honte pour de si grands génies qu'ils aient poursuivi des buts aussi vulgaires, aussi ridicules, pour lesquels on ne remuerait pas soi-même le bout du doigt. Henri IV voulait, dit-on, faire la guerre à l'Autriche, et aller à Bruxelles, pour une cause assez vulgaire. Je ne suis pas très sûr que Gustave-Adolphe n'ait pas eu l'idée de se faire une petite principauté en Allemagne. Et par exemple, je vous demande s'il y a quelque chose, à l'heure qu'il est, de plus ridicule que le motif apparent qui a remué pendant huit ou dix ans notre Europe, et soulevé les guerres colossales dont nous avons été témoins? Vous l'avez peut-être oublié déjà, c'est le blocus continental. C'est ici qu'il faut se donner le spectacle des misères de l'individualité. Mais ce n'était là que l'enveloppe extérieure de buts tout autrement grands. Ceux-là, auxquels personne ne pensait, ont été atteints, et ne pouvaient pas ne pas l'être, car c'étaient les desseins de la Providence : les autres, non seulement n'ont pas été remplis, et ne pouvaient pas l'être; mais, après avoir fait tant de bruit un instant, ils tombent dans un profond oubli, et dégénèrent en anecdotes incertaines que l'histoire ordinaire peut rechercher et recueillir, mais que la philosophie de l'histoire néglige comme indifférentes à l'humanité. Il en est de même des qualités particulières des grands hommes. Comme ils représentent les beaux côtés de leur temps, ils en représentent aussi les mauvais. Alexandre, dit-on, avait d'assez vilains défauts, César aussi; cependant il n'y a pas de plus grands hommes. Tous les grands hommes vus d'un peu près rappellent ce mot : *Du sublime au ridicule il n'y a qu'un pas.* Deux parties dans un grand homme, je l'ai déjà dit, la partie du grand homme et la partie de l'homme. La première seule appartient à l'histoire ; la seconde doit être abandonnée aux mémoires et à la biographie; c'est la partie vulgaire de ces grandes destinées; c'est la partie ridicule et comique du drame majestueux de l'histoire. Le drame romantique prend l'homme tout entier, non pas seulement par son côté général, mais par son côté individuel; or, aussitôt qu'on montre le revers de la médaille, les scènes les plus burlesques, les plus comiques succèdent aux scènes les plus héroïques, les plus pathétiques, et en redoublent l'effet. A la bonne heure; mais il faut que l'histoire soit un drame classique; il faut qu'elle absorbe et fonde tous les détails dans la généralité et dans l'idéal, et qu'elle s'attache uniquement à mettre en lumière l'idée que représente un grand homme. La philosophie de l'histoire ne connaît pas d'individus qui ne soient que des individus; elle omet, elle ignore le côté purement individuel et biographique du grand homme, par ce principe très simple que ce n'est pas là celui que l'humanité a adoré et suivi; qu'elle ne l'a ni adoré ni suivi à cause de cela, mais malgré cela et par la vertu héroïque de l'esprit général qui brillait en lui. La règle fondamentale de la philosophie de l'histoire, relativement aux grands hommes, est de faire comme l'humanité, de les considérer par ce qu'ils ont fait, non par ce qu'ils ont voulu faire, ce qui n'a pas le moindre intérêt, puisqu'ils ne l'ont pas fait, de négliger la peinture de faiblesses inhérentes à leur individualité et qui ont péri avec elle, pour s'attacher aux grandes choses qu'ils ont faites, qui ont servi l'humanité, et qui durent encore dans la mémoire des hommes, enfin de rechercher et d'établir ce qui les constitue des personnages historiques, ce qui leur a donné de la puissance et de la gloire ; savoir, l'idée qu'ils représentent, leur rapport intime avec l'esprit de leur temps et de leur peuple.

On peut encore agiter deux questions relativement aux grands hommes ; voici la première : Les diverses époques de l'histoire sont-elles également favorables au développement des grands hommes? Supposez une époque du monde où l'idée dominante ne fut ni celle du fini, ni celle du rapport du fini à l'infini, mais celle de l'infini, de l'absolu, de la généralité en soi; car toutes ces catégories de la pensée doivent avoir leur représentation spéciale dans l'histoire : il fallait donc, sous peine d'une lacune fondamentale, que celle-là eût aussi sa réalisation et son époque; et en effet elle l'a eue. Qu'est-il arrivé? Ce qui devait arriver, Messieurs, savoir, que là où l'idée de la généralité a régné toute seule, l'individualité n'a pas eu ses droits, la liberté et le cortége des qualités qui l'accompagnent a manqué à l'humanité ; que par conséquent l'homme, ce type de l'individualité, a été rien ou peu de chose ; que les masses y sont restées à l'état de masses, sans avoir la force de se résoudre en grands hommes, s'ignorant elles-mêmes et ignorées des autres ; car les peuples ne reconnaissent les puissances cachées qui dorment en eux que dans leurs grands représentans, et ils ne paraissent dans l'histoire que par l'intermédiaire de leurs grands hommes. Or, je demande, par exemple, quel grand homme a paru dans les vastes contrées comprises entre le pays des Samoïèdes et le golfe du Gange, entre les montagnes de la Perse et le littoral de la mer de la Chine ? Certes, la place est vaste en longueur et en largeur. Des populations immenses y sont, des populations plus ou moins civilisées, qui ont fait sinon de grandes, au moins d'énormes choses, si l'on peut s'exprimer ainsi ; il y a eu des guerres devant lesquelles les nôtres ne sont que des bagatelles, des guerres où l'on s'est battu avec d'effroyables masses ; les monumens d'art y sont gigantesques. La plus haute antiquité est là incontestablement. Eh bien, pas un nom propre ne surnage, pas un grand personnage historique n'y paraît dans aucun genre. On répond que nous ne connaissons pas les grands hommes qui ont paru dans l'Asie centrale et dans l'Inde en général, parce que l'Inde n'a pas d'histoire; mais je demanderai pourquoi elle n'a pas d'histoire. C'est que, comme je vous l'ai déja montré, quand l'homme ne se prend pas au sérieux et n'a pas d'importance à ses yeux, il ne prend pas note de ce qu'il fait, parce que ce qu'il fait lui appartient à peine et se fait presque tout seul, sans que personne s'en puisse rapporter la honte ou la gloire. L'homme ne se croyant pas digne de mémoire, abandonne le monde à l'action des forces de la nature, et l'histoire à ses dieux, qui la remplissent seuls. De là la chronologie toute mythologique de ces antiques contrées. La raison pour laquelle il n'y a pas d'histoire dans l'Inde est précisément celle pour laquelle il n'y a pas et il ne peut y avoir de grands hommes. Mais descendez de ces hautes régions où l'infini et l'absolu règnent seuls dans leur toute-puissance accablante; rapprochez-vous de l'Occident; traversez le désert et l'Indus; arrivez dans la Perse : là les dieux cèdent la place à l'homme, le temps succède à l'éternité, l'individu commence, et avec lui l'histoire; une histoire obscure encore, mais une histoire enfin, des grands hommes, des héros, un Cyrus. Et même quand on passe la mer d'Otman, qu'on arrive en Arabie, vers la mer Rouge et les côtes de l'Égypte; là on trouve aussi avec un peu d'histoire, de grands noms, des grands hommes, parce que là encore une fois l'humanité a joué un rôle plus ou moins considérable, tandis que dans l'Inde, dans l'Asie centrale, on peut dire à la lettre que l'humanité est restée constamment anonyme, indifférente à elle-même, ne croyant pas à sa liberté propre, n'en ayant pas, et ne laissant aucune trace de son passage sur la terre. Mais l'époque qui doit représenter dans le monde l'idée du fini, du mouvement, de la liberté, de l'activité individuelle, voilà l'époque marquée pour le développement des grands hommes. Aussi, de fait, quand vous voulez chercher des grands hommes, vous recourez à l'antiquité grecque et romaine; c'est là l'époque de l'histoire que l'on peut appeler l'âge héroïque de l'humanité. La troisième époque qui représente le rapport du fini et de l'infini n'est pas moins fertile en grands hommes, mais elle les montre moins brillans, c'est-à-dire moins individuels que ceux de la Grèce et de Rome, mais plus substantiels en quelque sorte et plus identifiés avec les choses. D'ailleurs cette époque est d'hier et n'a encore parcouru que ses périodes de barbarie.

Je n'incidenterai pas, Messieurs, et passerai de suite à la seconde question : quels sont les genres les plus favorables au développement des grands hommes. Nous avons vu que les élémens essentiels de la vie d'un peuple et d'un individu sont l'industrie, l'art, l'état, la religion, la philosophie. Quels sont parmi ces élémens ceux qui sont plus ou moins propres au développement du génie individuel Il en est deux, Messieurs, qui, selon moi, sont moins favorables que les autres. Rappelons-nous bien ce que c'est qu'un grand homme? C'est une idée générale concentrée dans une forte individualité, de telle sorte que la généralité paraisse sans que l'individualité en soit étouffée. Or, la religion a pour essence de faire prévaloir dans la pensée l'idée de l'infini, de l'absolu, de l'invisible, de la mort, d'une autre vie. Dieu est tout dans la religion, l'homme n'est rien; le prêtre, le prophète, le pontife, s'anéantissent eux-mêmes en présence et dans le commerce de celui dont ils promulguent les oracles; ils ne sont que par leur rapport au Dieu qu'il nous annoncent ; ils se comptent pour rien, et nous ne les comptons pour rien comme individus; c'est là leur gloire et même leur force en ce monde. Les castes sacerdotales détruisent l'individualité ; elles ne laissent paraître que le nom de la caste, et le nom d'une caste est celui de son Dieu. Examinez aussi celles de nos facultés qui nous mettent en rapport avec Dieu, c'est la foi, c'est l'enthousiasme, ce qu'il y a de plus spontané dans l'homme, ce qu'il y a de moins réfléchi, c'est-à-dire ce qu'il y a de moins individuel. Et de fait, Messieurs, vous connaissez les noms des dieux qu'a adorés le genre humain, et vous connaissez très peu les noms de ceux qui les ont annoncés, ou du moins vous ne commencez à les bien connaître que quand une action politique s'est mêlée à la religion. Plus l'action de la religion a été pure, plus l'homme s'est effacé dans le service de Dieu, moins les grands hommes en ce genre ont laissé de traces dans l'histoire. D'un autre côté les conquêtes de l'industrie et du commerce se font petit à petit; chaque siècle, chaque individu y met la main, mais les *Watt* sont fort rares. Là tout est lent, tout est progressif; on agit à l'aide des siècles plus qu'à l'aide des hommes. C'est dans les arts, Messieurs, c'est dans le gouvernement des états que se révèle toute la puissance de quelques individus privilégiés. Voyez les noms qu'ont laissés dans l'histoire les grands artistes et les grands législateurs; ils ont su si bien satisfaire et réaliser dans leurs chefs-d'œuvre et dans leurs lois les idées et le goût de leur peuple et de leur temps, qu'ils ont souvent donné leur nom à leur siècle, preuve incontestable de l'harmonie de leur siècle avec eux et de leur puissance sur leur siècle. Cependant je ne crains pas d'affirmer que les deux genres qui se prêtent le plus au développement des grandes individualités, ce sont, Messieurs, la guerre et la philosophie.

La guerre n'est pas autre chose que l'action extérieure de l'esprit d'un peuple : quand l'esprit d'un peuple a pénétré les différens élémens dont se compose la vie de ce peuple, qu'il les a formés et développés, et qu'il lui reste peu de chose à faire à l'intérieur, il passe outre et marche à la conquête. C'est là, c'est dans le mouvement conquérant de l'esprit d'un peuple, que se déploie toute la puissance de cet esprit; c'est sur les champs de bataille qu'il lui faut des représentans énergiques et fidèles, et ils ne lui

manquent jamais. La gloire est un témoin irré-
cusable de l'importance et de la vraie grandeur
des hommes. Or, quelles sont les plus grandes
gloires? En fait, Messieurs, ce sont celles des
guerriers. Quels sont ceux qui ont laissé les plus
grands noms parmi les hommes? Ceux qui leur
ont fait le plus de bien et leur ont rendu les plus
grands services, c'est-à-dire ceux qui ont fait faire
les conquêtes les plus vastes aux idées, qui dans
leur siècle étaient appelés à la domination et
représentaient alors les destinées de la civilisation, c'est-à-dire ceux qui ont gagné le
plus de batailles. D'ailleurs la guerre exige
à un haut degré une forte individualité; car
si la foule et les soldats n'ont besoin que
d'enthousiasme et de discipline, le chef qui
préside aux mouvements de cette foule doit
joindre à l'enthousiasme qui le fait sympa-
thiser avec son armée cette réflexion toujours
présente, qui à chaque minute délibère et se
résout, calcule et décide s'il faut suivre le plan
qu'elle s'est tracé ou l'interrompre ou le changer de fond en comble ou le modifier. Nulle
part les masses ne s'identifient plus visiblement avec le grand homme que sur un champ
de bataille; mais si cette identification est plus
éclatante dans le grand capitaine, elle est plus

intime et plus profonde dans le grand philosophe.

D'abord j'en appelle aussi à la gloire, que le genre humain ne dispense qu'à ceux qui le représentent et qui le servent. Il n'y a pas de plus grands noms que ceux de certains philosophes, de Platon et d'Aristote. Quiconque connaît Alexandre et César connaît Platon et Aristote. Le genre humain ne se rend pas compte, il est vrai, de ce que représentent ces deux noms, mais il ne se rend pas compte davantage de ce que représentent les noms de César et d'Alexandre. Le genre humain emploie les uns comme les symboles mêmes du génie politique et militaire, et les autres comme les symboles du génie philosophique. N'écoutez pas plus les écoles que les partis ; écoutez le genre humain et les masses : or pour les masses et pour le genre humain, la philosophie est et sera toujours Platon et Aristote. J'ai cité, Messieurs, les plus grands philosophes afin d'égaler Alexandre et César ; mais j'aurais pu au dessous d'eux et avec eux citer un grand nombre de grands philosophes. Car il importe de remarquer que nulle autre part il n'y a plus de grands hommes qu'en philosophie. On peut se rendre compte de ce phénomène. Le plus haut degré de l'individualité est nécessairement la réflexion, qui nous sépare de tout ce qui n'est pas nous, et nous met face à face avec nous-mêmes; mais en même temps comme tout acte réfléchi est aussi un acte de la pensée, il ne peut pas y avoir un acte réfléchi sans un élément de généralité. La réflexion a pour fond la généralité, et pour forme l'individualité. Or, c'est là précisément la plus haute alliance des deux élémens qui constituent le grand homme Enfin rappelez-vous que la philosophie a été démontrée le dernier degré et le résumé nécessaire du développement d'un peuple; donc le grand philosophe est lui-même dans son temps et dans son pays le dernier mot de tous les autres grands hommes, et, avec le grand capitaine, le représentant le plus complet du peuple auquel il appartient. Les deux plus grandes choses qui soient dans le monde, c'est agir ou penser, le champ de bataille ou la vie du cabinet. Les deux plus grandes manières de servir l'humanité, c'est de lui faire faire un pas dans la route de la vérité, en élevant les idées d'un temps à leur expression la plus haute, en les poussant à leurs dernières extrémités métaphysiques, ou d'imprimer ces idées avec son épée sur la face du monde et de leur faire faire de vastes conquêtes. On peut hésiter entre la destinée d'Aristote et celle d'Alexandre, entre Colomb ou Vasco de Gama, et Bacon ou Descartes.

Vous avez vu, Messieurs, que si la lutte des peuples est triste, si le vaincu excite notre pitié, il faut réserver notre plus grande sympathie pour le vainqueur, puisque toute victoire entraîne infailliblement un progrès de l'humanité. La lutte des héros au premier coup d'œil n'est pas moins mélancolique que celle des peuples; il est triste de voir aux prises des héros qui font la gloire de l'humanité : on a peine à se décider entre d'aussi nobles adversaires : les héros malheureux excitent même en nous un intérêt plus profond que les peuples; l'individualité ajoute à la sympathie. Mais là encore il faut être du parti du vainqueur, car c'est toujours celui de la meilleure cause, celui de la civilisation et de l'humanité, celui du présent et de l'avenir, tandis que le parti du vaincu est toujours celui du passé. Le grand homme vaincu est un grand homme déplacé dans son temps; son triomphe eut arrêté la marche du monde, il faut donc applaudir à sa défaite, puisqu'elle a été utile, puisqu'avec ses grandes qualités, ses vertus et son génie, il marchait à rebours de l'humanité et du temps. Même, à la réflexion, on trouve toujours que le vaincu a dû l'être et que le génie n'était pas égal des deux côtés; la seule défaite suppose déjà que le vaincu s'est trompé sur l'état du monde, qu'il a manqué de sagacité et de lumières, qu'il a eu la vue courte, et, il faut bien le dire, l'esprit borné et un peu faux. Un examen attentif et impartial est très défavorable aux vaincus. Je n'ai pas le courage de dévoiler ici tous les torts et toutes les fautes du dernier des Brutus. Je les connais, mais une tendresse invincible est pour cet homme au fond de mon cœur. J'aurai plus de fermeté vis-à-vis Démosthènes; car après tout, ce n'est qu'un grand orateur. Démosthène dans son temps représente le passé de la Grèce, l'esprit des petites villes et des petites républiques, une démocratie usée et corrompue, un passé qui ne pouvait plus être et qui déjà n'était plus. Or, pour ranimer un passé détruit sans retour, il fallait faire une vraie gageure contre le possible, il fallait tenter un déploiement de force et d'énergie dont les autres étaient incapables, et lui comme les autres, car enfin on est toujours un peu comme les autres, on est de son temps. Aussi Démosthènes a-t-il échoué; j'ajoute, avec l'histoire, qu'il a échoué honteusement, et cela même était inévitable; car quand on met son courage, alors même qu'on en a beaucoup, aux prises avec l'impossible, le sentiment de l'absurdité de l'entreprise, dont on ne peut pas se défendre, trouble, déconcerte, abat, et après avoir fait des prodiges à la tribune, on finit par fuir à Chéronée. Il en est un peu de l'éloquence de Démosthène comme de sa vie ; elle est convulsive, démagogique, très peu politique; de l'invective, assez de dialectique, un emploi habile et savant de la langue. Mais prenez les discours de Périclès un peu arrangés par Thucydide, comparez-les avec ceux de Démosthène, et vous verrez quelle différence il y a entre l'éloquence du chef d'un grand peuple et celle d'un chef de parti.

La lutte des héros entre eux, à la guerre et en politique, n'est donc pas si pénible à la réflexion qu'au premier aspect. Il en est de même, Messieurs, en philosophie. La lutte des grands génies philosophiques, bien comprise, n'a rien d'affligeant, car elle tourne toujours au profit de la raison humaine. Le temps me manque pour vous exposer ici, comme je l'avais résolu, cette lutte féconde; j'aurais voulu vous faire voir que là aussi c'est le vaincu qui a tort, puisque là aussi la bataille est entre le passé et l'avenir. Les philosophes aux prises entre eux donnent au monde le spectacle d'un certain nombre d'idées particulières, vraies en elles-mêmes, mais fausses prises exclusivement, qui toutes ont besoin d'une domination momentanée pour développer tout ce qui est en elles, et en même temps pour faire voir ce qui n'y est pas et ce qui leur manque : chacune fait son temps ; après avoir eté utile, elle doit disparaître, et faire place à une autre dont le tour est venu. Dans le combat entre deux idées, représentées par deux grands philosophes, la lutte, loin d'affliger les amis de l'humanité et de la philosophie, doit au contraire les remplir d'espérance, puisqu'elle les avertit que l'humanité et la philosophie se préparent à faire un nouveau pas. Il faut concevoir que la destruction perpétuelle des systèmes est la vie, le mouvement, le progrès, l'histoire même de la philosophie. Loin que ce spectacle engendre le scepticisme, il doit engendrer une foi sans bornes dans cette excellente raison humaine, dans cette admirable humanité pour laquelle travaillent et combattent tous les hommes de génie, qui profite de leurs erreurs, de leurs luttes, de leurs défaites et de leurs victoires, qui n'avance que sur des ruines, mais qui avance incessamment.

11ᵉ LEÇON. 3 JUILLET 1828.

COURS

DE

L'HISTOIRE

DE

LA PHILOSOPHIE.

Messieurs,

Je vous ai signalé rapidement les faces principales sous lesquelles je me propose de vous présenter un jour l'histoire de l'humanité, et celle de la philosophie qui en est le couronnement nécessaire : il me reste à vous faire connaître la manière dont ce grand sujet a été traité jusqu'ici. Quand on entre dans une carrière non pour briller un moment sur la route, mais pour marcher au but et pour l'atteindre, s'il est possible, c'est un devoir étroit de rechercher les traces de ceux qui nous ont devancés, et de reconnaître soigneusement les routes qu'ils ont suivies, qui les ont bien conduits ou qui les ont égarés, afin de choisir les unes et d'éviter les autres. Celui qui dans une science néglige l'histoire de cette science, se prive de l'expérience des siècles, se place dans la position du premier inventeur, et met gratuitement contre soi les mêmes chances d'erreur, avec cette différence que les premières erreurs ayant été nécessaires ont été utiles, et par conséquent sont plus qu'excusables, tandis que la répétition des mêmes erreurs n'ayant pas été nécessaire, est inutile et stérile pour les autres et honteuse pour soi-même. La science de l'humanité doit être comme l'humanité, progressive; et il n'y a progrès qu'à deux conditions, d'abord de représenter tous ses devanciers, ensuite d'être soi-même, de résumer tous les travaux antérieurs et d'y ajouter. Or, Messieurs, je ne suis pas assez sûr de remplir la deuxième condition pour me dispenser de la première.

L'idée d'une histoire universelle de l'humanité est toute récente, et elle devait l'être. Il n'y a pas d'histoire universelle sans un plan quelconque ; et il fallait bien du temps à l'humanité pour soupçonner un plan dans la mobilité des événemens de ce monde. Il fallait qu'elle eût vu paraître et disparaître bien des empires, bien des religions, bien des systèmes, pour songer à les comparer, et pour s'élever aux lois générales qui les engendrent et qui les dominent. Il fallait qu'elle eût survécu à bien des révolutions, à bien des désordres apparens, pour comprendre que tous ces désordres ne sont en effet qu'apparens, et qu'au-dessus est un ordre invariable et bienfaisant. L'histoire de l'humanité devait appartenir aux dernières générations; et de fait, c'est le dix-septième siècle qui en a conçu la première idée; c'est le dix-huitième siècle qui l'a mise dans le monde, et il est réservé peut-être au dix-neuvième de l'élever à la hauteur d'une science positive.

Ses premiers essais ont été très faibles, et il n'en pouvait être autrement. Songez en effet à toutes les difficultés d'une histoire universelle. D'abord, tous les élémens de l'humanité doivent y entrer, et ces élémens sont divers et nombreux; ce sont l'industrie, les sciences exactes et les sciences naturelles, l'état, l'art, la religion, la philosophie. Ce n'est pas tout; non seulement une histoire légitime de l'humanité ne doit exclure aucun de ces élémens, mais il faut qu'elle suive chacun de ces différens élémens et tous ensemble dans tous leurs développemens, c'est-à-dire dans tous les temps. Ainsi il ne faut pas qu'elle retranche un seul élément, car alors ce n'est plus l'histoire complète de l'humanité, ce n'est que l'histoire d'une partie de l'humanité; et il ne faut pas qu'elle oublie un seul siècle, car si elle oublie un seul siècle, elle méconnaît le développement particulier de quelque élément, un de ses caractères, un côté peut-être important de l'humanité.

Les deux lois d'une histoire universelle sont donc de n'omettre aucun des élémens fondamentaux de l'humanité, et de n'omettre aucun siècle, parce que c'est seulement à l'aide des siècles, et de tous les siècles, que tous les élémens de l'humanité reçoivent tous leurs développemens. Or, Messieurs, à moins qu'ici l'humanité ait été plus heureuse ou plus sage qu'en tout le reste, il est à peu près impossible qu'elle ne soit pas tombée dans le défaut que nous avons tant de fois signalé, qui consiste à prendre la partie pour le tout, et le côté qui nous frappe dans les choses pour leur caractère total et universel; de sorte que si la loi d'une histoire universelle est d'être complète, le sort de toutes les histoires universelles est d'être incomplètes et exclusives. Toutes s'intituleront: histoire universelle, et chacune ne sera qu'une histoire partielle; toutes auront la prétention de renfermer l'humanité tout entière, et elles ne la considéreront que dans quelques uns de ses élémens, et elles n'en suivront le développement que dans certains siècles. Or il n'y a point là d'erreur à proprement parler, il n'y a que de l'incomplet. Un homme doué d'un peu de sens commun, en faisant l'histoire de son espèce, peut bien en omettre et en retrancher des élémens importans; mais l'élément dont il fait l'histoire exclusive est toujours au fond un élément réel. En présence des hommes, quand on est soi-même un homme, il faudrait être absurde pour s'attacher à un élément chimérique. On prend donc un élément réel; seulement cet élément, tout réel qu'il est, n'est qu'un élément particulier; il rend compte d'une multitude de phénomènes de l'histoire; mais il ne les comprend pas tous. Ainsi tout incomplètes que seront toutes les histoires, elles ne seront pas fausses pour cela ; seulement elles ne contiendront qu'une partie de la vérité.

Il y a plus. Songez que s'il est bon, comme nous l'avons vu, qu'un siècle, qu'un peuple exprime une seule idée, afin de l'épuiser et de mettre en lumière tout ce qui est en elle et tout ce qui lui manque, il est bon aussi qu'un esprit supérieur se préoccupe d'un élément particulier de l'humanité, et lui sacrifie tous les autres, pour que celui-là du moins soit bien connu. Cette histoire partielle sous son titre universel vous met en possession de l'entier développement d'un élément réel et particulier. Si chaque histoire prétendue universelle vous rend le même service pour les autres élémens de l'humanité, chacune est utile, et, au lieu de proscrire toutes ces histoires qui se disent universelles et qui ne sont qu'incomplètes, il faut emprunter à chacune d'elles ce qu'elle contient, et les compléter en les mettant toutes les unes au bout des autres. De toutes ces histoires partielles il sortira nécessairement une histoire plus générale que chacune d'elles, qui, comprenant toutes les histoires incomplètes, aura des chances pour être enfin une véritable histoire complète et universelle.

Ne rien dédaigner, tout mettre à profit, fuir l'exclusif pour soi-même, mais le comprendre et l'amnistier dans les autres, tout accepter et tout combiner, tendre à l'universel et au complet, et y tendre par les points de vue les plus exclusifs de nos devanciers et de nos maîtres, réconciliés et réunis, vous le savez, Messieurs, tel est notre but, telle est notre méthode en histoire, comme en philosophie, comme en toutes choses.

Il est donc convenu que toutes les histoires prétendues universelles commenceront par n'être qu'incomplètes, et ne donneront d'abord que l'histoire d'un élément réel sans doute, mais particulier de l'humanité. Reconnaissons maintenant quel est, parmi les élémens de l'humanité, celui qui est de nature à frapper davantage et à préoccuper l'attention, c'est-à-dire quelle est la première erreur et la première vérité qui a dû se présenter à la philosophie de l'histoire.

Quel est celui des élémens de l'humanité le plus propre à subjuguer d'abord l'attention de l'observateur? Il est évident que ce ne peut être l'élément philosophique. La philosophie est le rappel de tout ce qui est et paraît à sa loi dernière, à la formule la plus haute de l'abstraction et de la réflexion. La philosophie est le dernier développement de l'humanité, le plus clair en soi, mais le plus obscur en apparence. Il est donc impossible que l'historien, au premier regard qu'il jette sur l'humanité, n'y aperçoive que la philosophie. Voilà une erreur que nous n'avons pas d'abord à craindre. Or ce qui est vrai de l'élément le plus élevé est également vrai de l'élément qui l'est le moins. Comme on n'aura pas débuté par l'histoire de ce qu'il y a de plus haut, savoir, la philosophie ; de même on n'aura pas débuté par l'histoire de ce qu'il y a de plus vulgaire, savoir, l'industrie, le commerce, et tout ce qui en dépend. Il est clair qu'il y a des choses plus importantes dans la vie, qu'il y a des élémens qui jouent un plus grand rôle. Voilà donc encore une erreur que nous n'avons pas à redouter pour le début de l'histoire. Les arts, sans doute font le charme de la vie ; mais, trop évidemment, ils n'en sont pas la substance ; trop évidemment dans l'histoire ils se montrent toujours à la suite de l'état ou de la religion ; restent donc ces deux élémens.

La religion occupe une place considérable dans la vie. Elle nous prend à notre naissance, nous marque de son sceau, surveille et gouverne notre enfance et notre jeunesse, intervient dans tous les grands momens de la vie, et entoure notre dernière heure. On ne peut naître, on ne peut vivre, on ne peut mourir sans elle. On la retrouve partout; la terre est couverte de ses monumens; il est impossible de se soustraire à ses spectacles et à son influence. Et il en a toujours été ainsi, plus ou moins, à toutes les époques des sociétés humaines. Un élément aussi considérable de l'histoire ne pouvait pas ne pas frapper les regards; il est donc impossible que les historiens ne lui aient pas d'abord accordé une très grande place; et comme il est dans la nature de tout élément auquel on fait une grande place de s'en faire une beaucoup plus grande encore, nous pouvons être certains que le point de vue religieux, déja si vaste et si important par lui-même, aura commencé par absorber tous les autres et par se faire le centre de l'histoire de l'humanité. Enfin, n'oubliez pas que l'idée de l'histoire de l'humanité date du dix-septième et du dix-huitième siècle. Or le dix-septième et le dix-huitième siècle viennent du seizième et du quinzième, du moyen âge. Nous sommes des enfans du moyen âge. Et qu'est-ce que le moyen âge? Ce n'est pas autre chose que l'établissement et le développement du christianisme. Ainsi, un historien venu à la fin du dix-septième siècle ou au commencement du dix-huitième, en ne considérant que sa conscience personnelle et la société telle qu'elle était faite de son temps, ne pouvait pas ne pas voir partout la religion, et la transporter partout. Le premier historien de l'humanité a donc dû la considérer alors du haut du christianisme, lui donner le christianisme pour centre, pour mesure et pour but. Il suit qu'il a dû sacrifier tous les autres élémens ou les subordonner à celui-là; il suit encore que, parmi les siècles que l'historien a dû parcourir, il a dû s'arrêter particulièrement à ceux que le christianisme remplit ou avoisine. Enfin, comme les choses se suscitent des représentans qui leur sont conformes, le point de vue théologique, donné comme point de vue exclusif nécessaire de l'histoire de l'humanité, devait avoir pour représentant et pour organe un théologien et un prêtre. De là la nécessité de Bossuet.

Considérez, Messieurs, combien le christianisme est favorable à une histoire générale de l'humanité. Le christianisme est la vérité des vérités, le complément de toutes les religions antérieures qui ont paru sur la terre; il est la meilleure des religions, et il les achève toutes, par bien des raisons sans doute qui ne sont ni de mon sujet ni de cette chaire, mais entre autres par celle-ci, qu'il est venu le dernier, qu'il est la dernière des religions. Or il impliquerait que la religion la dernière venue ne fût pas meilleure que toutes les autres, qu'elle ne les embrassât pas et ne les résumât pas toutes. Venue la dernière, elle se lie à toutes les autres, et par là à tous les siècles. En fait, le christianisme du dix-huitième et du dix-septième siècle avait occupé tout le moyen âge. Ses luttes et ses victoires successives remplissent les derniers siècles de l'antiquité classique. D'un autre côté, son berceau est sur la limite de l'Asie, de l'Afrique et de l'Europe. Le mosaïsme, par ses développemens, se lie à l'histoire de toutes les populations environnantes de l'Égypte, de l'Assyrie, de la Perse, de la Grèce et de Rome, en même temps que par ses origines il s'enfonce jusque dans les racines du genre humain. Le christianisme contient donc réellement presque toute l'histoire de l'humanité. C'est le point de vue exclusif le plus large. Quand on ne cherche qu'une seule chose dans l'histoire du monde, on ne peut en trouver une plus compréhensive que celle dont le premier monument est la *Genèse*, et dont le dernier ouvrage est la société moderne. Et ce n'est pas là seulement la vertu cachée du christianisme, c'est son enseignement positif. L'église enseigne que ce monde a été fait pour l'homme; que l'homme est tout entier dans son rapport à Dieu, dans la religion; que la vraie religion est le christianisme; que par conséquent l'histoire de l'humanité n'est et ne peut pas être autre chose que l'histoire du christianisme, l'histoire de ses origines les plus lointaines, de ses préparations les plus secrètes, de ses progrès, de son triomphe, de son développement. Voilà ce qu'enseigne l'église : à ses yeux tout se rapporte au christianisme. Les individus ne sont rien pour elle, comme individus; elle ne les aperçoit qu'autant qu'ils ont ou servi ou contrarié le christianisme; c'est là précisément la vraie théorie des individus dans l'histoire. Elle enseigne encore, et elle ne peut pas ne pas enseigner, que les empires n'ont d'importance comme les individus que par leur rapport avec le service de Dieu, c'est-à-dire avec le christianisme. En un mot, l'église a son histoire de l'humanité que le dogme lui impose, histoire aussi inflexible que le christianisme lui-même, et qui est la seule histoire universelle orthodoxe qu'au dix-septième siècle un fidèle et un évêque pût proposer à des fidèles. De là, Messieurs, la nécessité du plan de Bossuet.

On a fait honneur au génie de Bossuet de la conception de son livre. Non, Messieurs, elle n'appartient pas au génie de Bossuet, mais au génie de l'église. Elle est écrite dans le premier catéchisme, et l'église l'enseigne au plus simple d'esprit : toute l'originalité de Bossuet est dans l'exécution. Voyez comme tout se tient et se lie dans le monde. Le point de vue théologique est-il le point de vue nécessaire de l'histoire? Il naît un grand théologien pour le représenter; et il se trouve encore que le génie de l'interprète est en parfaite harmonie avec l'esprit du point de vue qu'il est appelé à représenter. Ne semble-t-il pas, par exemple, que la conception d'une histoire universelle où les hommes, les empires, les peuples n'ont d'importance que comme instrumens du plan immuable de Dieu, était faite tout exprès pour le génie de Bossuet, de cet homme accoutumé à regarder les grandeurs de la terre comme si peu de chose, à porter la parole sur le tombeau de la puissance, de la beauté, de la gloire, à célébrer toutes les grandes morts, à ne voir partout que misère, excepté dans les vues de la divine providence? Aussi l'exécution répond à la conception : cette manière hautaine de traiter les héros et les empires, cette marche inflexible vers le but marqué, à travers tout ce qui détourne et distrait les historiens ordinaires, ce style aussi altier et aussi simple que la pensée qu'il exprime, voilà ce qu'il faut admirer dans Bossuet, et non le plan général qui ne lui appartient pas; il n'y a que la rhétorique qui puisse jamais supposer que le plan d'un grand ouvrage appartient à qui l'exécute. Quant aux défauts de *l'Histoire universelle*, ils sont évidens aujourd'hui, et je n'y insisterai guère. D'abord Bossuet ne voit partout qu'un seul élément, la religion, qu'un seul peuple, le peuple juif. La race arabe, dont le peuple juif fait partie, est une grande race assurément; elle a beaucoup remué sur la terre; elle a produit Moïse, qui est bien vieux et qui pourtant dure encore; elle a donné le christianisme à l'Europe, et plus tard à l'Asie Mahomet et la forte civilisation musulmane. Ce ne sont pas là de médiocres présens. Mais enfin, quelque belle, quelque grande, quelque énergique que soit cette race, elle n'est pas seule en ce monde; et comme le temps est venu de rapporter la religion même à la civilisation, le temps est aussi venu de substituer au peuple juif l'humanité entière. Le cadre de Bossuet subsiste; il ne s'agit que de l'agrandir. Ensuite Bossuet n'a tenu presque aucun compte de l'Orient; il ne pouvait parler que de l'Orient connu de son temps, c'est-à-dire qu'à peine il a parlé de l'Inde. Cependant avant le temps où le peuple de Moïse prend un caractère historique, il y avait derrière le golfe Arabique, par delà la Perse, des contrées dix fois plus vastes que la Judée, dont la Judée n'avait aucune idée et ignorait même le nom. L'Asie centrale, avec ses populations, et la civilisation puissante et originale qu'elle a produite, était inconnue au Mosaïsme et lui est étrangère: elle a eu son développement indépendant. Les racines du Mosaïsme sont vieilles et profondes; mais elles ne couvrent pas la terre entière. Enfin, il est inutile de parler de la faiblesse extrême des détails de l'*Histoire universelle* : non seulement l'Orient tout entier manque, et tout le développement des arts, de l'industrie et de la philosophie, mais l'élément religieux lui-même et l'élément politique qui y tient, sont traités d'une manière très superficielle, bien que de loin en loin il y ait des éclairs d'une sagacité supérieure. Tout cela est aujourd'hui reconnu au dessous de la discussion. Il y avait déja de l'érudition historique, du temps de Bossuet, mais l'âge de la critique n'était pas venu.

Telle est, Messieurs, l'*Histoire universelle* que la France peut s'honorer d'avoir donnée à l'Europe, comme le commencement nécessaire d'une vraie histoire de l'humanité; c'était le premier pas du génie de l'histoire, ce ne pouvait en être le dernier. Pensez-y, Messieurs, la religion joue dans notre vie un rôle immense, elle tient dans la société une grande place; mais il y a autre chose encore. La religion se mêle aux grands actes de la vie; elle y intervient comme sanction, mais elle n'en fait pas la base. Leur base immédiate et directe, c'est la loi, c'est l'état. Les actes les plus vulgaires comme les plus élevés s'accomplissent sous le regard et sous l'empire de la loi. Vous ne contractez point, vous ne commercez point, vous ne pouvez faire la plus petite transaction sans l'intervention de la loi. Votre moralité, pour peu qu'elle sorte des limites de la conscience et se manifeste par des actes, rencontre l'état qui la juge et la cite à son tribunal.

Vous pouvez cultiver le sentiment du beau et les arts pour vous-mêmes, mais vous ne pouvez donner à vos études quelque développement, sans qu'elles arrivent à la publicité, se lient d'une manière ou d'une autre à la vie sociale, et par conséquent tombent sous quelque loi. La religion elle-même se résout en actes qui ont besoin de la protection de la loi. Enfin la vie publique et légale est le théâtre sur lequel se donnent en quelque sorte rendez-vous tous les développemens de l'humanité, quels que soient leurs principes et leur fin. Il suit de là que, comme il était impossible de n'être pas frappé de la place de la religion dans la vie et dans l'histoire, il était également impossible de n'être pas frappé du rôle qu'y jouent les lois, les institutions politiques, les gouvernemens; et tout élément important tendant à devenir exclusif, le point de vue politique devait devenir à son tour un point de vue exclusif de l'histoire de l'humanité; enfin chaque point de vue dans son caractère exclusif se suscitant un représentant qui lui est conforme, comme le point de vue théologique avait eu pour représentant un évêque, ainsi le point de vue politique devait avoir pour représentant un grand jurisconsulte. Delà la nécessité de Vico.

La *science nouvelle* est le modèle et peut-être la source de l'*Esprit des lois*. Elle rappelle les institutions particulières à leurs principes les plus généraux, rattache le mouvement des sociétés humaines à un plan supérieur et invariable qui domine l'avenir comme le passé, et convertit les conjectures et les probabilités de l'érudition et de la politique en une vraie science dont la base est la *nature commune des nations*. Le caractère fondamental de la *science nouvelle* est l'introduction d'un point de vue humain dans l'histoire. En effet, pour ne pas paraître exclusive, la jurisprudence a beau s'appeler *scientia rerum humanarum et divinarum*, la science des choses humaines et divines, elle est surtout la science des choses humaines dans lesquelles elle contemple les choses divines. Aussi la religion, dans Vico, fait partie de l'état et de la société, tandis que dans Bossuet c'est l'état qui fait partie de la religion. La religion, dans Vico, se rapporte à l'humanité, tandis que dans Bossuet c'est l'humanité qui est au service de la religion : le point de vue a complétement changé, et c'a été, à mon sens, un pas immense dans la science de l'histoire, dont le but dernier est de tout faire rentrer dans l'humanité, de tout rapporter à l'humanité en ce monde, sauf ensuite à rapporter les destinées de l'humanité et ce monde lui-même à quelque chose de plus élevé. De plus, dans Bossuet, l'histoire a son plan général, mais chaque partie est superficiellement traitée; au contraire, dans Vico, les différens peuples ont leur histoire approfondie. Selon Vico, l'existence d'un peuple forme un cercle dont il a déterminé avec précision tous les points. Dans chaque peuple, selon lui et selon les faits et la vérité des choses, il y a toujours, il y a nécessairement trois degrés, trois époques. La première est l'époque d'enveloppement improprement appelée barbarie, où la religion domine, où les acteurs et les législateurs sont pour ainsi dire des dieux, c'est-à-dire des prêtres; c'est l'âge divin de chaque peuple. La seconde époque de l'histoire d'un peuple est la substitution du principe héroïque au principe théologique; là il y a du divin encore, mais il y a déjà de l'humain, et le héros est pour ainsi dire dans l'histoire, comme dans la mythologie grecque, l'intermédiaire entre le ciel et la terre. Enfin, dans le troisième âge, l'homme sort du héros comme le héros est sorti du dieu, et la société civile arrive à sa forme indépendante. Cela fait, l'homme après s'être développé complétement se dissipe; le peuple finit; un nouveau peuple recommence avec la même nature, et parcourt le même cercle. Ce sont les perpétuels et nécessaires retours de ces trois degrés, que Vico a consacrés sous le nom remarquable de retours de l'histoire (*Ricorsi*). Ainsi il y a une nature commune dans les peuples; et la même nature, soumise aux mêmes lois, ramène les mêmes phénomènes dans le même ordre. Il ne faut pas oublier non plus que Vico est le premier qui, au lieu de s'en laisser imposer par l'éclat qui environne certains noms, ait osé les soumettre à un examen sévère, et qui ait ôté à plusieurs personnages illustres de l'histoire leur grandeur personnelle pour la rendre à l'humanité elle-même, au temps, au siècle dans lequel ces individus avaient fait leur apparition. Vico a démontré qu'il fallait considérer Homère, Orphée et quelques autres, non comme de simples individus, mais comme des représentans de leur époque, comme des symboles de leur siècle, et que, s'ils avaient existé réellement, on avait mis sur leur compte, on avait ajouté à leurs propres ouvrages tous ceux du siècle et du peuple qu'ils représentent dans l'histoire. Le premier encore il a discuté les temps primitifs et les lois fondamentales de Rome, et il a indiqué à la critique moderne quelques-uns de ses plus beaux points de vue : tels sont les mérites de Vico ; ils justifient sa haute renommée.

Le vice fondamental de la *science nouvelle* est la prépondérance de l'élément politique, et l'omission presque complète de deux élémens, l'art et la philosophie. Il était naturel aussi que celui qui parmi les élémens de l'histoire avait vu surtout l'élément politique, considérât surtout les époques où cet élément joue un rôle important, et négligeât celle que domine en général la religion, savoir, l'époque orientale. La *science nouvelle* a un autre défaut. Sans doute chaque peuple a son plan, et parcourt un cercle, le cercle qu'a décrit Vico ; chaque peuple a son point de départ, son milieu, sa fin ; chaque peuple a son progrès, son histoire ; mais l'humanité n'a-t-elle pas son progrès, son histoire aussi ? Outre les lois communes qui les régissent, les différens peuples n'ont-ils pas d'autres rapports entre eux, des rapports de dissemblance, quant à leur caractère, des rapports d'antériorité et de postériorité dans le temps, rapports qui ont leur raison et qui constituent des lois, et des lois nécessaires, lesquelles se rattachent à un plan plus vaste que celui de chaque peuple? Voilà ce que Vico n'a pas aperçu. La Grèce donnée, il en développe toute l'histoire; de même pour Rome, et de même pour le moyen âge. Mais quel est le rapport du moyen âge à Rome, et de Rome à la Grèce? Enfoncé dans les *Ricorsi*, dans les retours périodiques des mêmes élémens dans chaque peuple, Vico oublie de rechercher ce qu'il advient de l'humanité elle-même de retours en retours; il assigne les lois de retour des mêmes élémens dans chaque peuple; mais il n'assigne pas les lois de ces différens retours entre eux par rapport à l'humanité tout entière. Ce n'est pas assez de répéter que l'humanité avance; il faut dire en vertu de quelle loi elle avance. Parler d'un progrès sans déterminer son mode et sa loi, c'est ne rien dire. En général, profond dans l'histoire de chaque peuple, dans la nature commune des nations, pour parler son langage, Vico est faible dans le développement progressif de l'humanité et dans la détermination des lois qui président à ce développement.

Tels sont, Messieurs, les deux grands ouvrages par lesquels s'ouvre la science de l'histoire de l'humanité au dix-huitième siècle. Ces deux ouvrages sont également vrais en eux-mêmes, et également incomplets, comme les deux points de vue qu'ils représentent. Mais en se contredisant, ils se corrigent, et poussent avec une force égale à un point de vue plus compréhensif. Après avoir traversé et épuisé les deux grands points de vue exclusifs qui se présentent nécessairement à l'entrée de la carrière, il ne restait plus à la science de l'histoire qu'à sortir des points de vue exclusifs de la religion et de l'état, et de leur donner leur vraie place, et leur importance relative, dans un cadre plus vaste qui les comprît tous les deux, et qui comprît en même temps les autres élémens que Bossuet et Vico avaient sacrifiés. De là la nécessité de Herder.

Les deux premiers ouvrages dont je vous ai entretenus, Messieurs, sont les points de départ, les premiers essais du génie de l'histoire; l'ouvrage d'Herder est un monument qui indique une époque beaucoup plus avancée : il est venu un grand demi-siècle après les deux autres. En effet tout ce qui manque à Bossuet et à Vico se trouve dans Herder; l'idée fondamentale de Herder, c'est précisément de rendre compte de tous les élémens de l'humanité, ainsi que de tous les temps, de toutes les époques de l'histoire. C'est là ce qui donne à l'ouvrage de Herder une incontestable supériorité sur ceux de ses deux illustres devanciers. Vous y trouvez la religion, l'état, les deux points de vue de Vico et de Bossuet; et de plus vous y trouvez les arts, la poésie, l'industrie et le commerce, même la philosophie; aucun des élémens d'un peuple ou d'une époque n'est négligé. Et non seulement vous y trouvez l'histoire de ces différens élémens dans les époques les plus connues de la civilisation, comme la Grèce, Rome et le moyen âge, mais vous les trouvez encore dans le monde de l'Orient, dans ce monde si peu connu du temps de Herder et où il a fait les premiers pas. Les races, les langues, les religions, les arts, les gouvernemens, les systèmes de philosophie, tout a sa place dans l'histoire de l'humanité telle que l'a conçue Herder. Il faut dire encore qu'il ne s'est pas contenté de faire entrer dans les cadres de l'histoire tous les élémens de l'humanité et tous les temps, mais qu'il a bien vu et qu'il a montré que tous ces élémens se développent harmoniquement, et même qu'ils se développent progressivement. L'ouvrage de Herder est le premier grand monument élévé à l'idée du progrès perpétuel de l'humanité en tout sens et dans toutes les directions. J'ajoute que parmi les différentes parties dont se compose cet ouvrage, toutes celles qui dans chaque peuple se rapportent aux arts et à la littérature sont traitées de main de maître; non seulement toutes les connaissances de son temps y sont résumées et habilement employées, mais il y a lui-même ajouté; c'est là que pour la première fois ont été bien expliquées les poésies primitives, surtout les poésies hébraïques et celles du moyen âge; c'est là que pour la première fois la poésie a été mise à sa véritable place, qu'on a ôté pour toujours aux chants populaires l'accusation de barbarie qui pesait sur eux, et qu'il a été prouvé que les poésies primitives des peuples sont des monumens aussi fidèles que brillans de leur histoire. Je ne veux pas oublier parmi les mérites de Herder celui d'avoir ajouté la plus haute importance au théâtre de l'histoire. Herder aussi a vu que dans ce monde l'homme ne pouvait se soustraire à l'influence des climats et des lieux, et la géographie physique a pour la première fois joué entre ses mains un grand rôle dans l'histoire. Ce sont là, Messieurs, des titres supérieurs, tels que des défauts même graves ne peuvent les obscurcir.

Le plus grand défaut de Herder est d'avoir abordé l'histoire avec un système philosophique trop peu favorable à la puissance et à la liberté de l'homme. Herder, si grand poète, est pourtant l'élève de la philosophie qui régnait de son temps, entre 1760 et 1780, je veux dire la philosophie de Locke; il a mis les couleurs brillantes de son génie sur cette philosophie un peu terne en elle-même; il a prêté son enthousiasme personnel à des idées qui n'en paraissent guère susceptibles. Il a très bien vu les rapports intimes qui rattachent l'homme à la nature; mais il a trop regardé l'homme comme l'enfant et l'écolier passif de la nature. Il n'a pas fait une assez grande part à son activité, de sorte que lorsque les suggestions de la nature, de la sensibilité et de l'imagination, n'expliquent pas certains développemens de la civilisation, au lieu de les rapporter à l'énergie de l'esprit humain, Herder a recours à des explications mystiques en contradiction avec la théorie générale et l'esprit de son ouvrage. Ainsi pour avoir fait l'homme trop passif, et presque exclusivement sensitif, il ne sait plus comment résoudre le problème des langues; et comme Rousseau, et depuis M. de Bonald, il le résout par le *Deus Machina*. L'institution du langage, selon Herder, est d'institution divine; cela peut être; mais ce n'est pas moins un contre-sens dans l'ouvrage de Herder, où tout est expliqué humainement. Si Dieu intervient dans cette difficulté, il faut le faire intervenir dans d'autres difficultés qui ne sont pas moins grandes; et c'en est fait de l'idée fondamentale du livre.

Comme défaut secondaire, je remarque encore que si les arts et la littérature sont en général admirablement traités dans Herder, il y a d'autres parties qui le sont très faiblement. Mais il est juste de se rappeler qu'à cette époque ces parties n'avaient été traitées nulle part d'une manière approfondie; et que toute histoire universelle est pour la profondeur de chaque partie nécessairement au dessous des histoires spéciales, et les suit à une certaine distance. Enfin, le dernier défaut que je reprocherai à Herder, c'est le manque de précision et un certain caractère général d'indétermination et de vague, qui nuit à l'impression de ses grandes qualités. Herder admet un progrès continuel dans l'humanité, mais il en détermine mal les lois générales, et nullement les lois particulières. Il en résulte que les couleurs du livre sont extrêmement brillantes, mais qu'il y a plus d'éclat que de lumière. Il est fort naturel que Herder, plus littérateur que philosophe, au milieu de l'élégante société de Veymar, ait un peu travaillé pour les gens du monde; mais on ne peut pas à la fois charmer le monde et satisfaire la philosophie. Herder a évité les formules; on l'en a beaucoup loué; moi je prends la liberté de lui en faire un grave reproche. Il ne s'agit pas de plaire en semblable matière, il s'agit d'instruire et d'éclairer. Or les formules sont l'expression la plus lucide de l'histoire, puisque c'est à cette condition seule (je ne parle pas ici des formules arbitraires, mais de celles qui sont les lois mêmes de l'esprit humain), que l'esprit humain peut se comprendre, lui, ses œuvres et son histoire.

Malgré ces défauts, l'ouvrage de Herder est encore le plus grand monument élevé à l'histoire de l'humanité jusqu'à nos jours ; depuis il n'a été fait aucune grande tentative dans ce genre; aucun des ouvrages analogues qui ont paru, ou à côté de celui de Herder, ou un peu avant, ou un peu après, en Angleterre, en Écosse et en France, ne sont guère dignes d'un examen sérieux; je me contenterai de les mentionner. Voltaire a eu le mérite de songer à introduire dans l'histoire *les mœurs des nations* et les détails de la vie privée : c'est quelque chose. Voltaire, il faut le dire encore, a le sentiment de l'humanité ; mais ce sentiment, mal dirigé par une critique sans exactitude et sans profondeur, dégénère constamment en déclamations assez bonnes dans d'assez mauvaises tragédies, mais qui ne valent rien dans l'histoire, où la passion et le sentiment doivent faire place à l'intelligence. D'ailleurs, quand on s'emporte si violemment contre ce qui a gouverné si long-temps l'espèce humaine, au fond c'est l'humanité qu'on accuse; car enfin un état, une religion ne s'établit pas, ne se soutient pas toute seule; il faut qu'elle trouve quelque consentement parmi les hommes. Il est vrai que sur la fin de son existence elle essaie souvent de s'en passer; mais d'abord elle n'a pu s'établir que par là; et je ne dis pas seulement par le consentement, mais par l'approbation, par la confiance et par l'amour, en un mot, par la sympathie des masses avec les lois religieuses ou politiques qui leur étaient annoncées.

Il n'est pas possible non plus de prendre au sérieux l'ouvrage tant vanté de Fergusson sur *la société civile*, ouvrage sans aucun caractère, où règne un ton de moralité fort estimable, mais où la faiblesse des idées le dispute à celle de l'érudition.

Parmi les écrits de cette époque il faut distinguer, Messieurs, celui d'un jeune homme qui, étudiant alors en Sorbonne, y composa, pour sa licence, deux discours en latin sur l'histoire de l'humanité dans ses rapports avec l'histoire du christianisme et celle de l'église. Il y a plus d'idées dans ces deux discours du jeune séminariste que dans les deux longs ouvrages de Voltaire et de Fergusson; et s'il n'avait pas été enlevé par la politique à l'histoire et à la philosophie, je ne doute pas que le licencié de la Sorbonne, ne se fût assis à côté de Montesquieu; et qu'il n'eût donné un grand homme de plus à la France. On voit que je veux parler de Turgot. Condorcet, ami et disciple de Voltaire et de Turgot tout ensemble, a déposé quelque chose du caractère de ses deux maîtres dans l'écrit intéressant qu'à la veille de périr il légua à la postérité. Cet écrit respire un sentiment d'humanité qui anime et colore chaque page, et demande un peu grace pour les déclamations, qui étaient alors à la mode, et pour l'absence complète de critique et d'érudition. Cependant je ne puis m'empêcher de regretter qu'on mette de trop bonne heure l'*Esquisse* de Condorcet entre les mains de la jeunesse; c'est lui donner une très mauvaise nourriture. Ce qu'il faut aux jeunes gens, Messieurs, ce sont des livres savans et profonds, même un peu difficiles, afin qu'ils s'accoutument à lutter avec les difficultés, et qu'ils fassent ainsi l'apprentissage du travail et de la vie; mais en vérité c'est pitié que de leur distribuer sous la forme la plus réduite et la plus légère quelques idées sans étoffe, de manière à ce qu'en un jour un enfant de quinze ans puisse apprendre ce petit livre, le réciter d'un bout à l'autre, et croire savoir quelque chose de l'humanité et du monde. Non, Messieurs, les hommes forts se fabriquent dans les fortes études; les jeunes gens qui parmi vous se sentent de l'avenir doivent laisser aux enfans et aux femmes les petits livres et les bagatelles élégantes : ce n'est que par l'exercice viril de la pensée que la jeunesse française peut s'élever à la hauteur des destinées du dix-neuvième siècle. (*Applaudissemens.*) Je m'explique ainsi d'autant plus volontiers que je me plais à reconnaître dans l'ouvrage de Condorcet, comme dans celui de Voltaire, un sentiment très vrai d'humanité malheureusement égaré par l'absence d'érudition et la déclamation. D'ailleurs tout ce qu'il y a de bon, tout ce qu'on a le plus vanté dans l'*Esquisse* de Condorcet se trouve dans Herder, savoir, le sentiment de l'humanité, l'idée d'un progrès perpétuel, et cet ardent amour de la civilisation qui, dans Herder, est porté jusqu'à l'enthousiasme; dans Vico, l'enthousiasme n'est pas dans la forme, mais il est dans le fond. Voilà de ces ouvrages que je recommande à mes jeunes auditeurs; ils ne les étudieront pas sans y contracter un amour plus éclairé de l'humanité et de la civilisation, de tout ce qui est beau et de tout ce qui est honnête; et je me félicite moi-même d'avoir encouragé mes deux jeunes amis,

MM. Michelet et Quinet, à donner à la France Vico et Herder.

Depuis Herder, Messieurs, qu'a-t-on fait, et que reste-t-il à faire? Sans doute il reste au dix-neuvième siècle à élever un monument nouveau qui soit supérieur à celui de Herder de toute la supériorité qu'un nouveau siècle doit avoir sur un siècle qui n'est plus; les voies sont préparées à une nouvelle philosophie de l'histoire, qui évitant les points de vue exclusifs de Bossuet et de Vico, et fidèle à l'esprit d'universalité de Herder, approfondisse davantage ce que Herder a trop effleuré, et substitue au vague et à l'indétermination des idées une précision et une rigueur véritablement scientifiques. Mais en attendant que les travaux accumulés de l'Europe savante produisent un pareil ouvrage, on a fait après celui de Herder la seule chose qu'il y eût à faire, on a décomposé cet ouvrage pour le mieux recomposer un jour. Le succès de l'ouvrage de Herder fut immense: dès son apparition les plus beaux génies furent frappés et des idées générales qu'il renfermait et même de la manière dont quelques parties étaient traitées, savoir, les arts et la poésie; et, le mouvement historique s'accroissant rapidement, on partit du point où il s'était arrêté en chaque genre pour faire de nouvelles recherches, et aller plus loin dans la route qu'il avait tracée. Ses inspirations fécondèrent toutes les branches spéciales de l'histoire, et à l'histoire universelle succédèrent des histoires approfondies de chacun des élémens de l'humanité et de chacune de ses grandes époques. Or, lorsque aujourd'hui la critique, éclairée par les travaux des quarante dernières années, se remet en présence de l'ouvrage primitif qui les a inspirés, elle ne retrouve plus le premier enthousiasme, ce qui est impossible, à moins que la science n'ait pas avancé, et dans sa sévérité elle touche presque à l'injustice. Mais il ne faut pas oublier que c'est un monument construit et élevé par les mains d'un seul homme, et de 1760 à 1780. Depuis, tout a marché, grâce à Dieu; tandis que l'ouvrage de Herder est resté à la même place. Pour l'histoire des religions, par exemple, sans parler du petit chef-d'œuvre de Lessing, intitulé *Éducation du genre humain*, le grand ouvrage de Creuzer qu'un digne élève de l'École normale a donné à la France, a laissé fort en arrière celui de Herder. Winkelman et M. Quatremère de Quincy l'ont également surpassé, pour ce qui se rapporte aux arts de la Grèce. MM. de Schlegel, que Herder a produits peut-être, ont pénétré bien plus avant que leur maître dans la littérature grecque et romaine. Heeren, dans son excellent ouvrage sur les relations commerciales des peuples anciens, a fait aussi de nouveaux pas dans la connaissance de cette branche importante de l'histoire de l'humanité. Montesquieu a traité de l'*Esprit des lois* avec tout autrement d'étendue et de profondeur. Enfin la partie de l'ouvrage de Herder qui regarde l'histoire des systèmes philosophiques est aujourd'hui, il faut le dire, au dessous de l'état de nos connaissances; mais il y aurait la plus grande injustice à demander à celui qui est le père de tous ces travaux partiels la même profondeur de savoir et de critique dans l'ensemble que ses successeurs ont portée dans les différentes parties. Il y aura toujours, Messieurs, quelque chose d'un peu superficiel, ou au moins d'insuffisant dans toutes les histoires universelles, comme il est du sort des histoires particulières, de ne pas joindre toujours à la solidité de la critique et de l'érudition, des vues spéculatives qui embrassent un vaste horizon.

Tel est aujourd'hui l'état de la science historique en Europe : de grands et solides travaux ont été entrepris et accomplis sur chaque partie, sur chaque époque ; il reste à les réunir, et de toutes ces pièces particulières à former un grand tout qui joigne la solidité des histoires particulières à la supériorité des vues générales, qui, après avoir été, comme l'ouvrage de Herder, le centre de tous les travaux partiels antérieurs et la mesure de l'état des connaissances humaines à ce moment, devienne à son tour un point de départ pour une décomposition nouvelle et de nouveaux travaux spéciaux, plus exacts encore et plus approfondis que les précédens, qui amèneront la nécessité d'un résumé nouveau, d'une nouvelle histoire universelle supérieure à la précédente, et toujours ainsi, au profit de l'humanité et de la science. J'essaierai, Messieurs, de vous présenter dans le cours de mon enseignement les résultats auxquels je suis parvenu sur l'histoire générale de l'humanité ; mais je m'efforcerai surtout de traiter avec soin et en détail la branche spéciale de l'histoire de l'humanité qui m'est confiée, savoir, l'histoire de la philosophie. Et pour achever cette introduction, je consacrerai la prochaine leçon à vous rendre compte des grands travaux dont l'histoire de la philosophie a été la matière depuis un siècle.

PARIS. — DE L'IMPRIMERIE DE RIGNOUX
rue des Francs-Bourgeois-S.-Michel, n° 8.

12ᵉ LEÇON. 10 JUILLET 1828.

COURS

DE L'HISTOIRE

DE

LA PHILOSOPHIE.

MESSIEURS,

Si dans l'individu la réflexion est la faculté qui entre la dernière en exercice, et si dans un peuple et dans une époque la philosophie, qui représente la réflexion, se développe après tous les autres élémens de ce peuple et de cette époque, et si c'est du dix-huitième siècle que date la culture approfondie de l'histoire en général, la conséquence est que l'histoire de la philosophie, qui marche à la suite de l'histoire des autres branches de la civilisation, ne devait avoir sa place qu'au dix-huitième siècle. Le dix-huitième siècle a pour caractère éminent parmi tous les siècles le sentiment de l'humanité. C'est au dix-huitième siècle que pour la première fois en grand l'humanité a commencé à s'intéresser à elle-même. Elle s'y serait donc manqué à elle-même, si elle avait négligé l'étude et l'histoire de ce qu'il y a de plus important en elle, l'histoire de la réflexion, de la raison, de la philosophie. Mais outre cette raison générale, des causes spéciales, plus actives et plus fécondes, développèrent au dix-huitième siècle l'histoire de la philosophie.

Recherchez, je vous prie, à quelle condition on peut s'intéresser à l'histoire d'une science quelconque. A une condition, savoir, qu'on s'intéressera à cette science. Faites la supposition d'une science décriée et presque totalement négligée; certes il faudrait avoir un bien grand luxe de curiosité pour s'intéresser à l'histoire d'une pareille science et pour s'en occuper. Remarquez que l'histoire n'est pas chose facile; qu'elle exige des travaux longs et pénibles, dans lesquels on ne s'engage pas sans un grave motif, et ce motif ne peut être autre que le vif intérêt que la science nous inspire. Et non seulement la culture d'une science est une condition nécessaire pour qu'on puisse s'intéresser au passé et à l'histoire de cette science, mais c'est aussi une condition indispensable pour qu'on puisse comprendre ce passé, cette histoire. Mettez un homme qui n'ait pas cultivé les mathématiques en présence de l'ouvrage d'Euclide; d'abord il ne s'y intéressera pas, ensuite il n'y pourra rien comprendre. Cela est évident pour les mathématiques; cela n'est pas moins vrai pour les sciences morales, pour la jurisprudence, la législation, l'histoire politique en général. Comment celui qui n'est pas familier avec les idées sur lesquelles roulent les sciences morales, qui n'a pas médité sur les problèmes qu'elles renferment, pourra-t-il comprendre les solutions qui en ont été données dans les différens siècles? Il en est de même, et à plus forte raison, de la philosophie. Il serait étrange qu'on pût comprendre les livres des philosophes sans avoir étudié les questions philosophiques. Ici plus qu'ailleurs l'intelligence historique est en raison directe de l'intelligence scientifique. Il suit de là que dans toute époque où la philosophie elle-même n'aura pas excité un haut intérêt et n'aura pas été cultivée avec le plus grand soin, on ne se sera guère intéressé à l'histoire de la philosophie, et on n'aura pu la comprendre. Au contraire, supposez une époque où la philosophie fleurisse, il est infaillible que là fleurisse aussi l'histoire de la philosophie. Un grand mouvement philosophique est la condition *sine quâ non* et en même temps le principe certain d'un mouvement égal dans l'histoire de la philosophie. Tout grand mouvement spéculatif contient en soi, et tôt ou tard produit nécessairement son histoire de la philosophie, et même une histoire de la philosophie qui le réfléchit, qui lui est conforme ; car ce n'est jamais que sous le point de vue de nos idées propres que nous nous représentons les idées des autres. Appliquons ceci au dix-huitième siècle.

Pour savoir si au dix-huitième siècle il a pu y avoir de grandes histoires de la philosophie, et quel a dû être le caractère de ces différentes histoires, il faut rechercher si le dix-huitième siècle a produit de grands mouvemens philosophiques, et quel a été le caractère de ces mouvemens. Or, Messieurs, le dix-huitième siècle a donné une vaste impulsion à la philosophie, donc l'histoire de la philosophie a dû y prendre un grand développement, et le dix-huitième siècle ayant produit des écoles philosophiques très diverses, le dix-huitième siècle a dû avoir des histoires de la philosophie très diverses. On peut à volonté étudier les différentes grandes histoires de la philosophie dans les écoles philosophiques qui ont dû les produire, comme on étudie les effets dans leurs causes; ou, comme on étudie les causes dans leurs effets, on peut suivre les grandes écoles philosophiques dans leurs résultats derniers, dans leurs histoires de la philosophie. Ainsi, pour étudier et pour caractériser les différentes grandes histoires de la philosophie que le dix-huitième siècle a produites et léguées au dix-neuvième, il est de toute nécessité que nous jetions un coup d'œil sur les grandes écoles philosophiques qu'a produites le dix-huitième siècle.

L'histoire moderne n'est pas autre chose que le développement des élémens dont se compose le moyen âge; la philosophie moderne ne peut donc être autre chose que le développement de la philosophie du moyen âge. Tout développement implique une métamorphose, un changement de forme. La philosophie moderne ne pouvait sortir du moyen âge qu'en en dépouillant la forme. Et quelle était la forme de la philosophie du moyen âge? La soumission à une autorité autre que la raison. Quel est le caractère de la philosophie moderne? La soumission à la seule autorité de la raison. Maintenant quel est le mouvement philosophique qui opéra cette révolution décisive? quel est le mouvement philosophique qui remplit de l'éclat de son principe et de la variété féconde de ses conséquences le dix-septième siècle et le commencement du dix-huitième? C'est la philosophie de Descartes. Dans toute philosophie il faut rechercher trois choses, 1° le caractère général, la forme de cette philosophie; 2° sa méthode positive; 3° les résultats ou le système auquel aboutit l'application de cette méthode. La forme et le caractère de la philosophie de Descartes, c'est l'indépendance, la négation de toute autre autorité que celle de la réflexion et de la pensée. La méthode de Descartes, c'est la psychologie, le compte que l'on se rend à soi-même de ce qui se passe dans l'âme, dans la conscience, qui est la scène visible de l'âme. En effet, dire, comme l'a fait Descartes, que nous ne pouvons rien savoir des existences extérieures et de la nôtre même que par la pensée, laquelle se manifeste nécessairement dans la conscience, c'est dire que le point de départ de toute vraie connaissance est l'analyse de la pensée, c'est-à-dire de la conscience; telle est la méthode de Descartes. Je ne peux rien savoir, pas même que je suis, que parce que je pense ; donc l'étude de la pensée est le point de départ unique dans l'étude de la connaissance humaine. Or, Messieurs, tout comme le caractère, la forme extérieure de la philosophie cartésienne, est et sera le caractère constant de la philosophie moderne, de même la méthode cartésienne est la seule méthode moderne légitime. Nous sommes tous des enfans de Descartes à ce titre que l'autorité philosophique, que nous acceptons tous, est la raison, et que le point de départ de toute étude philosophique est pour nous l'analyse de la conscience, de cette conscience que chacun de nous porte avec lui-même, qui est le livre constamment ouvert sous nos yeux, et dont une saine philosophie ne doit être qu'un développement et un commentaire. La méthode psychologique a été mise au monde par Descartes, et elle n'abandonnera jamais la philosophie moderne, à moins que la philosophie moderne ne consente à s'abdiquer elle-même.

Mais n'oubliez pas, Messieurs, que toute méthode naissante est faible; n'oubliez pas qu'une révolution n'atteint pas d'abord toutes ses conséquences. Il en a été ainsi de la révolution cartésienne; elle a eu ses commencemens, et n'a pas débuté par la fin. La méthode de Descartes, cette méthode si ferme sur laquelle repose la philosophie moderne, a chancelé et presque trébuché dès ses premiers pas. Certes, je suis loin de penser qu'il n'y ait pas dans les résultats ontologiques de la philosophie cartésienne, des points de vue admirables et éternellement vrais; mais, on ne peut le nier, dans plusieurs cas et dans la plus grande partie de son système, Descartes, parti de l'observation intérieure, aboutit à l'hypothèse. Celui qui avait rejeté toute autre autorité que celle de la pensée, embarrassé qu'il est de trouver dans la pensée seule, dans la seule conscience, parce qu'il ne l'avait pas suffisamment interrogée, la raison de l'existence du monde extérieur qui nous entoure; et cependant ne voulant ni ne pouvant détruire la persuasion irrésistible de cette existence, l'admet, et sur la foi de qui? sur la foi de Dieu, de ce Dieu qu'il avait d'abord écarté, et qu'il n'a pas encore démontré, et qui, par conséquent, n'est encore qu'une supposition gratuite. Descartes en appelle à la véracité divine pour autoriser la vérité des impressions qui nous attestent la réalité du monde extérieur. C'est une pure hypothèse; et voyez quelle est sa nature. Elle est un peu théologique; de sorte qu'après avoir débuté par l'observation de la conscience, il aboutit assez promptement à une hypothèse ontologique non justifiée, à une hypothèse qui a précisément le caractère de la vieille philosophie, combattue par Descartes, c'est-à-dire un caractère théologique.

Descartes a régné dans l'Europe entière pendant un grand demi-siècle. En France Malebranche, en Hollande Spinosa, en Irlande Berkley, qu'il faut rapporter à l'école de Descartes, en Allemagne Leibnitz; tels sont les grands hommes que la philosophie de Descartes a formés et donnés au monde. Or, tous sont plus ou moins pénétrés de l'esprit de la méthode de Descartes, et tous comme Descartes aboutissent plus ou moins rapidement à des hypothèses, et à des hypothèses plus ou moins théologiques. Il suffit de rappeler la vision en Dieu de Malebranche, l'idéalisme de Berkley, l'harmonie préétablie de Leibnitz. Ce sont là les premiers fruits du cartésianisme. N'oubliez pas encore que Descartes, après avoir proclamé l'analyse de la pensée, comme le véritable point de départ de la philosophie, à peine le premier pas achevé, avait fait route en quelque sorte par la géométrie. La pensée donnée, et l'existence personnelle avec elle, ce n'est pas l'induction, c'est la déduction qu'il emploie, avec tout son cortége, qui est nécessairement géométrique. Le grand penseur est parti de la pensée; le grand géomètre a jeté sur la pensée la forme de la géométrie. Il en a été ainsi de tous ses successeurs: tous sont des géomètres. Berkley, Malebranche, Spinosa, sans être des mathématiciens du premier ordre, possédaient en ce genre toutes les connaissances de leur temps; Leibnitz est le génie même des mathématiques. Tous ont recherché et poussé jusqu'à l'abus la rigueur apparente de la démonstration géométrique.

Les hommes supérieurs que je viens de vous rappeler n'avaient répandu la philosophie cartésienne que dans l'élite des penseurs. Il restait à faire descendre cette philosophie, avec tout ce qu'elle avait de bon et d'imparfait, dans des régions inférieures; il restait à pénètrer les générations nouvelles de son esprit, et à lui donner l'avenir en la faisant entrer dans les écoles. Descartes était un gentilhomme et un militaire, faisant ses livres et les léguant à la postérité sans se soucier beaucoup de leur succès; Malebranche était un moine, Berkley un grand évêque, Spinosa un solitaire, Leibnitz un homme d'état qui n'a même laissé que des fragmens en tout genre. Il fallait au cartésianisme un grand professeur : telle est la place et la destinée de Wolf. Wolf est le représentant de la philosophie cartésienne dans l'école. La méthode de Descartes est enfin consacrée; la psychologie constitue pour ainsi dire officiellement la base et le point de départ de toute bonne philosophie; car, on ne peut trop le répéter, si c'est à un temps plus rapproché de nous qu'il faut rapporter le progrès et le perfectionnement de la méthode psychologique, la gloire de l'invention et du premier emploi de la méthode appartient à Descartes. Wolf a donc une psychologie régulière, dans laquelle on trouve tout ce qu'il pouvait y avoir de psychologique dans le premier mouvement cartésien. La philosophie de Descartes prit entre les mains de Wolf la forme qu'elle recevra toujours des mains d'un professeur, un appareil un peu pédantesque. Déjà Descartes et ses successeurs inclinaient à la forme géométrique; cette forme prit un caractère exclusif dans les écrits et dans l'enseignement de Wolf. Tout y procède par principes, par axiomes, par définitions et par corollaires. Après être sortie de l'école, la philosophie y est rentrée. D'un autre côté, si l'indépendance d'esprit est entière dans Wolf, si la philosophie y est séparée de la théologie, elle n'en a pas moins à son insu un caractère semi-théologique. Wolf est leibnitzien, et l'on connaît la haute orthodoxie de Leibnitz. Ainsi vont les révolutions; elles s'élancent d'abord par delà leur but, puis elles viennent se rasseoir tout près de leur point de départ. Elles ne reculent jamais; mais après bien des mouvemens, il leur suffit d'avoir fait un pas, et de pas en pas l'humanité se trouve un jour avoir fait bien du chemin. Mais elle ne fait qu'un pas à la fois. Le premier mouvement cartésien finit à Wolf; là, son cercle est accompli; il est arrivé à son dernier terme en toutes choses; sa forme, sa méthode, sa doctrine, en mal comme en bien, ont trouvé leur dernier développement.

Que restait-il à faire au cartésianisme après Wolf? Il ne lui restait qu'une seule chose à faire, une histoire de la philosophie. Toutes les conditions y étaient : immense intérêt répandu sur les matières philosophiques par une génération de grands hommes, méthode nouvelle qui devait provoquer une haute curiosité de connaître les méthodes diverses avec lesquelles les devanciers du cartésianisme avaient opéré en philosophie; système complet, psychologique, logique, ontologique, cosmologique, mathématique, de manière que dans tous les systèmes que le passé pouvait présenter, il n'en était pas un seul que ne pût aborder, embrasser et mesurer la philosophie nouvelle.

Une seule condition à remplir restait encore. Pour écrire l'histoire de la philosophie il ne suffit pas qu'on s'intéresse au passé et qu'on soit capable de le comprendre, il faut encore qu'on le connaisse et qu'on le connaisse parfaitement; il faut donc des études variées et profondes, des recherches pénibles; en un mot, l'érudition est une condition extérieure qui doit se joindre aux conditions intrinsèques que je vous ai rappelées, afin qu'une histoire de la philosophie soit possible. Or, ces conditions étaient admirablement remplies en Allemagne du temps de Wolf : tout le monde sait que l'Allemagne est le pays classique de l'érudition et de la critique historique.

De ces diverses raisons rassemblées et combinées résulte la nécessité d'une histoire de la philosophie, et la nécessité de Brucker. Brucker est le représentant du premier mouvement de la philosophie moderne dans l'histoire de la philosophie. Là est aussi la nécessité de ses mérites et de ses défauts. Le mérite éminent que présente dès le premier aspect le grand ouvrage de Brucker, c'est d'être complet. L'*Historia critica philosophiæ* commence presque avec le monde et le genre humain, et ne se termine qu'aux derniers jours de la vie de l'historien. C'est merveille avec quel soin Brucker a recherché les premières traces de la philosophie : il commence au déluge, d'où résulte *philosophia diluviana*; il a même essayé de remonter au delà, d'où résulte *philosophia antediluviana*. La jeune Amérique n'a pas échappé non plus aux regards attentifs de Brucker; il cherche dans ses parties les plus barbares des vestiges philosophiques. On ne saurait avoir plus de respect pour la raison, pour la philosophie, pour l'humanité; et à ce titre Brucker mérite aussi au plus haut degré le respect de tout ami de l'humanité et de la philosophie. Il a abordé, parcouru, exposé tous les systèmes et tous les siècles. Et il ne s'agit pas ici de quelques aperçus superficiels; l'érudition consciencieuse de Brucker a tout approfondi. Brucker a lu avec le plus grand soin tous les ouvrages dont il parle, ou quand il n'a pu s'en procurer quelques-uns, ce qui était inévitable, il n'en parle que sur des renseignemens précis, avec des autorités qu'il a soin d'énumérer, afin de ne pas induire en erreur. Brucker est certainement un des hommes les plus savans de son temps. Son impartialité n'est pas moindre que son érudition. Voyez quels longs et fidèles extraits il donne de chaque doctrine qu'il divise et subdivise en différens points, en un certain nombre d'articles classés et numérotés dans un ordre qui ne semble rien laisser à désirer. En général l'ordre est un des grands mérites de Brucker. Il suit l'ordre chronologique, l'ordre même dans lequel il a été donné à l'humanité de se développer; et en effet tout autre est une injure à l'humanité, une sorte d'impiété philosophique.

Brucker présente scrupuleusement tous les systèmes dans la série des temps et la succession de leur développement réel, avec des classifications claires et précises dont la rigueur apparente rappelle Wolf, et nous avertit que Brucker est dans l'histoire le représentant d'une école de géomètres.

Les vices de l'ouvrage de Brucker tiennent à l'exagération de ses meilleures qualités. Brucker est complet, mais il l'est avec luxe. Comme je l'ai dit, il remonte avant le déluge, et il se perd dans les recherches les plus minutieuses sur ce qu'il appelle *philosophia barbarica* et *philosophia exotica*. De là il arrive que, quoiqu'il ait séparé la philosophie de la théologie, le soin d'être complet le conduit quelquefois à oublier la sévérité de cette division. En effet, s'il y a un peu de philosophie dans l'humanité naissante, il y a beaucoup plus de religion et de mythologie ; et le savant Brucker, qui ne mêle jamais ces deux choses dans le corps de l'histoire, les confond à son origine. Il raconte les mythes de la Perse, de la Chaldée, de la Syrie, qu'il donne pour des systèmes philosophiques. Brucker est plein d'érudition, mais il manque de critique ; il cite avec le plus grand soin toutes ses sources, toutes ses autorités; mais il ne les discute guère, et s'appuie souvent sur des autorités plus qu'incertaines et sur des monumens d'une authenticité très suspecte. Enfin, si j'ai rendu justice à l'ordre qui règne dans l'histoire de Brucker, je dois ajouter que cet ordre est plus apparent que réel. Brucker suit l'ordre chronologique, mais matériellement, sans en comprendre la profondeur; il ne voit pas que l'ordre extérieur de succession dans le temps renferme un véritable ordre de génération, et la relation de la cause à l'effet; il n'a pas vu que chaque système, que chaque époque philosophique est cause relativement au système et à l'époque qui suit, de sorte que l'ensemble des systèmes est une série de causes et d'effets unis par des rapports nécessaires, lesquels sont les lois de l'histoire. Toutes ces choses ont échappé à Brucker, qui ne voit dans la succession des systèmes qu'une juxtaposition fortuite. L'ordre de Brucker n'est donc qu'une confusion véritable masquée sous l'appareil géométrique du wolfianisme, sous des classifications, des divisions et subdivisions qui ont l'air de ressembler à un plan nécessaire, mais qui ne contiennent réellement aucun plan. En résumé, Brucker représente dans l'histoire de la philosophie la première révolution qui a arraché la philosophie au moyen âge; cette première révolution, si glorieuse pour l'esprit humain, a engendré la philosophie moderne, mais elle ne l'a pas achevée. De même l'*Historia critica philosophiæ* est un monument admirable d'étendue, d'érudition et de clarté apparente, mais ce n'est et ce ne pouvait pas être le dernier mot de l'histoire de la philosophie. Élève du dix-septième siècle, Brucker florissait au commencement et au milieu du dix-huitième. Brucker est le père de l'histoire de la philosophie, comme Descartes est celui de la philosophie moderne. Son ouvrage a été la base de tous les travaux contemporains du même genre. Ces travaux manquant de caractère propre, nous ne nous en occuperons point ici. L'histoire n'est pas une chronique, Messieurs; elle ne relève que ce qui a un caractère décidé. Pour trouver, après Brucker, de nouvelles histoires de la philosophie, qui aient un caractère historique, il faut s'adresser aux nouveaux mouvemens philosophiques qui sont sortis de la révolution cartésienne, et qui remplissent et partagent la dernière moitié du dix-huitième siècle.

L'esprit humain devait faire un nouveau pas. La civilisation moderne devait avancer et la philosophie avec elle. Le résultat de la révolution cartésienne avait été d'éclaircir le chaos de la scolastique; mais les ténèbres d'un si long passé étaient trop épaisses pour se dissiper en une fois et en un jour; et la philosophie de Descartes, après avoir étonné et remué le dix-septième siècle, ne suffisait plus au dix-huitième. Dans le vaste cadre du cartésianisme, tel que l'avait laissé Wolf, coexistaient et cohabitaient paisiblement deux points de vue différens, deux philosophies, et celle qui, trouvant dans la conscience un élément passif et fatal qu'elle ne peut pas rapporter à la pensée libre, le rapporte au monde extérieur, et considère particulièrement ce côté de l'âme et des choses; et en même temps cette autre philosophie qui, trouvant aussi dans la conscience des phénomènes très différens de ceux de la sensation, les rapporte à la pensée, et néglige tout le reste pour s'arrêter surtout à la pensée. Ces deux philosophies coexistaient dans le wolfianisme, par conséquent elles n'avaient pas reçu, elles n'avaient pas pu recevoir leur complet développement. Pour que les puissances cachées qui résidaient en elles pussent se montrer et se développer pleinement, il fallait que chacune de ces philosophies se développât d'une manière exclusive. De là la nécessité de deux mouvemens opposés qui manifestassent dans toute leur étendue et dans toute leur énergie les deux élémens qui se trouvaient dans le wolfianisme; de là la nécessité de l'empirisme et de l'idéalisme, non plus enveloppés l'un dans l'autre de manière à ce que ni l'un ni l'autre n'eût et ne connût son vrai caractère, mais complétement développés et par conséquent divisés, en pleine contradiction l'un avec l'autre, et dans cette guerre puissante et féconde qui remplit la fin du dix-huitième siècle et que le dix-neuvième a trouvée dans le monde en y arrivant. Je signalerai rapidement chacun de ces systèmes et le suivrai dans l'histoire de la philosophie à laquelle chacun d'eux devait aboutir.

Locke, Messieurs, est aussi un enfant de Descartes; il est pénétré de l'esprit de sa méthode; il rejette toute autre autorité que celle de la raison, et il part de l'analyse de la conscience; mais au lieu de voir dans la conscience tous les élémens qu'elle comprend, sans rejeter entièrement l'élément intérieur, la liberté et l'intelligence, il considère plus particulièrement l'élément extérieur; il est surtout frappé de la sensation; la philosophie de Locke est une branche du cartésianisme, mais c'en est une branche partielle et exclusive. Cette philosophie devait avoir son développement; mais c'est un fait qu'elle ne l'a pas eu dans le pays de son auteur. L'Angleterre, Messieurs, est une île assez considérable; en Angleterre tout est insulaire, tout s'arrête en certaines limites: rien ne s'y développe en grand. L'Angleterre n'est pas destituée d'invention; mais l'histoire déclare qu'elle n'a pas cette puissance de généralisation et de déduction qui seule pousse une idée, un principe à son entier développement, et en tire tout ce qu'il renferme. Comparez la révolution politique de l'Angleterre avec la nôtre, et voyez la profonde différence de leurs caractères : d'un côté tout est local et part de principes secondaires; de l'autre tout est général et idéal. Or, pour que le principe de la réforme politique anglaise se répandît dans le monde et portât ses fruits, il avait fallu que ce principe passât le détroit et se développât ailleurs, de même il fallait que le principe de la philosophie de la sensation passât le détroit et arrivât chez un peuple qui, par une foule de raisons, par sa langue presque universelle, par sa situation géographique centrale, par son caractère à la fois décidé et flexible, par la netteté et l'énergie de sa pensée, ne reculant jamais devant les conséquences quelles qu'elles soient d'un principe, et doué au plus haut degré de la faculté de généraliser ses idées, est par conséquent le plus propre à les répandre; car une idée est admise par d'autant plus de monde qu'elle est plus générale, qu'elle est moins locale et moins étroite. Il a donc fallu que la philosophie de Locke passât en France; c'est là seulement qu'elle a porté ses fruits; c'est de là qu'elle s'est répandue dans toute l'Europe.

La philosophie de la sensation est encore incertaine dans Locke : le philosophe anglais fait jouer à la sensation un grand rôle, mais il a une place aussi pour la réflexion. Ce fut un Français, qui donna à la philosophie de Locke son vrai caractère et son unité systématique, en supprimant le rôle insignifiant et équivoque que Locke avait laissé à la réflexion. Condillac démontra que, puisque la réflexion de Locke n'avait pas de vertu qui lui fût propre, pas d'idées, pas de lois qu'elle tirât de son propre fond et qu'elle ajoutât et imposât à la sensation, une pareille réflexion n'était guère autre chose que la sensation elle-même un peu modifiée; il démontra que les différens modes de la réflexion qui, selon Locke, constituent toutes les facultés humaines, n'étaient que les divers modes de la sensation, de sorte que la sensation, soit dans sa forme primitive d'impression organique, soit sous la forme de l'abstraction et de la généralisation, est l'élément unique, et même l'unique instrument de la connaissance. En effet dans Condillac, une fois la sensation donnée par le monde extérieur, elle fait toute seule ses affaires; elle devient, au moyen de certaines circonstances, attention, comparaison, raisonnement; elle devient toute l'intelligence et même toute la volonté; elle devient toute la conscience, l'ame tout entière. Qu'est-ce alors que l'ame? La collection des sensations généralisées ou non, mais toujours sans unité, sans substance, sans force causatrice. Je signale la marche de Condillac, je ne la critique pas; je vous prie au contraire de remarquer l'audace systématique qu'il a fallu à Condillac pour tout ramener à la sensation, et pousser la philosophie de Locke à ses vraies et nécessaires conséquences. Sous ce rapport, Messieurs, le *Traité des sensations* est un véritable monument historique. Condillac avait donné à la philosophie de la sensation sa métaphysique; il lui fallait une morale. Helvétius la lui a donnée. Les sensations, outre le caractère qu'elles ont de se rapporter à certains objets ou de ne s'y rapporter pas, outre leur propriété représentative, ont aussi leur propriété affective; elles ont la propriété d'être agréables ou désagréables, d'exciter le plaisir ou la peine. Eh bien, évitez les sensations, qui pourraient vous donner de la peine, recherchez les sensations qui pourraient vous donner du plaisir ; voilà la morale tout entière dans son principe le plus général. Saint-Lambert s'est chargé de tirer de ce principe les applications les plus positives, et d'en composer un véritable code, dont le plaisir et la volupté sont les fondemens, et l'utilité personnelle, le dernier corollaire. Il y a plus : il fallait encore que cette morale eût sa politique; elle l'a eue, et il a été déclaré, décrété même que, l'individu n'ayant d'autre loi que son intérêt bien ou mal entendu, une collection d'individus n'en pouvait avoir d'autre, qu'ainsi ces collections plus ou moins considérables d'individus qu'on appelle les peuples n'avaient pas d'autre loi que leur volonté, c'est-à-dire, dans le système régnant, leurs désirs, c'est-à-dire leur bon plaisir, et qu'en un mot, la souveraineté du peuple était le seul dogme politique légitime. On a appliqué la même théorie à toutes les sciences, à la médecine, par exemple;

et comme en métaphysique le moi ou l'ame n'était que la collection de nos sensations, en physiologie la vie n'a plus été que la collection des fonctions, sans unité. L'harmonie de ces fonctions devient alors fort étrange, mais on a sauté à pieds joints sur toutes ces difficultés, et la médecine a eu sa philosophie toute empirique.

Il fallait bien qu'une telle école, si complète et d'un caractère si net et si prononcé, eût aussi une histoire de la philosophie qui lui fût conforme; il le fallait, donc elle l'a eue. Mais, Messieurs, n'oubliez pas la condition nécessaire pour qu'il s'élève quelque part une histoire de la philosophie, savoir, les habitudes laborieuses de l'érudition et même de la philologie; car rien n'est plus pénible que l'histoire de la philosophie. Jugez combien il faut de courage et de patience pour s'enfoncer dans l'étude de monumens écrits dans des langues savantes, souvent à moitié dégradés par le temps, et si difficiles à comprendre qu'aujourd'hui même, après un siècle entier d'efforts habilement dirigés, il est plus d'un monument important qu'on n'a pu encore bien déchiffrer et interpréter. Qu'on juge des autres difficultés! En vérité l'histoire de la philosophie est une immense entreprise! et peut-on s'y engager quand on est arrivé à un système qui fait mépriser tous les autres? Je ne veux pas précisément ériger en loi que le mépris du passé en engendre inévitablement la négligence et par conséquent l'ignorance, et qu'un système qui se résout dans le mépris des systèmes antérieurs ne peut avoir son histoire de la philosophie; je remarque seulement, en fait, que la philosophie de la sensation, qui appartient à l'Angleterre et à la France, n'a eu ni dans l'un ni dans l'autre de ces deux pays son histoire de la philosophie; car je n'appelle pas histoire de la philosophie quelques assertions que Condillac a laissé tomber çà et là sur certains systèmes, et je n'appelle pas davantage histoire de la philosophie les extraits qu'il a plu à Diderot de tirer de l'excellent ouvrage de Brucker, sauf à y ajouter des déclamations ou des épigrammes. C'est là se moquer des travaux de ses semblables, ce n'est pas en faire l'histoire. Il fallait donc que le système de la sensation passât dans un pays où l'habitude et le goût de l'érudition lui permissent de se résoudre en une histoire de la philosophie; il fallait qu'il passât dans le pays de Brucker. Sans doute l'esprit de l'Allemagne résiste à la philosophie de la sensation. Toutefois cette philosophie ne pouvait pas régner en France sans passer le Rhin comme elle avait passé le détroit. Elle eut donc aussi un moment de succès en Allemagne; mais comme l'esprit germanique y répugne, elle n'a pas eu en Allemagne, elle ne pouvait y avoir de grands représentans. Elle soumit les esprits ordinaires parmi lesquels il s'en trouva un qui mit son érudition et sa science au service de cette philosophie. Mais remarquez que pour un vrai savant un système trop étroit est fort incommode. Si pénétré que l'on soit de l'idée exclusive qui vous domine, le commerce de grands maîtres qui n'ont pas pensé comme vous, est une rude épreuve et souvent un remède utile à l'entêtement systématique. Platon et Aristote, par exemple, quand on les lit dans leur langue, et par conséquent qu'on est forcé de les étudier et de les méditer, troublent un peu le point de vue exclusif de la sensation. Aussi l'homme savant qui avait entrepris une histoire de la philosophie d'après le point de vue de la sensation, précisément parce qu'il travaillait avec conscience, et qu'il se mettait réellement en présence des grands monumens de l'histoire, devait perdre quelque chose de la rigueur de son point de vue systématique. C'est ce qui lui est arrivé. Son ouvrage peut bien être considéré comme celui qui représente le mieux le point de vue de la philosophie de la sensation appliqué à l'histoire de la philosophie; mais ce point de vue s'est fort adouci en passant par l'érudition allemande, et Tiedemann rappelle plutôt Locke que Condillac. Tel est le caractère du grand ouvrage de Tiedemann. De là tous ses mérites; de là tous ses défauts.

Le premier mérite de Tiedemann, c'est sa parfaite indépendance. La philosophie empirique, fille de la philosophie cartésienne, sépare aussi, même un peu trop violemment, la philosophie de la théologie. Cette sévérité se retrouve jusqu'à la rigueur dans Tiedemann; il n'y a plus trace de la plus légère confusion. En second lieu, Tiedemann est aussi savant que Brucker; il a autant et plus lu peut-être, et il a mieux lu; aussi érudit que son devancier, il est plus critique. Il ne lui suffit pas de citer ses autorités, il les discute; il ne se contente pas de donner quelques extraits plus ou moins étendus des monumens philosophiques, il pénètre dans leur esprit, et c'est à faire connaître cet esprit qu'il s'attache; d'où le titre de son histoire: *Esprit de la Philosophie spéculative.* Troisièmement, Tiedemann suit l'ordre chronologique comme Brucker; de plus, il y joint un regard plus ou moins profond à l'histoire politique, à laquelle Brucker s'était contenté d'emprunter ses classifications. Brucker part de l'histoire politique pour appliquer ses grandes divisions convenues à l'histoire de la philosophie, sans rechercher les rapports réels qu'il peut y avoir entre l'histoire de la philosophie et l'histoire générale. Tiedemann a été plus loin, et toujours il indique les rapports qui rattachent l'histoire de la philosophie aux autres parties de l'histoire. Enfin, l'ouvrage de Brucker, comme le wolfianisme, se recommande par une grande clarté apparente qui couvre une confusion réelle. Au contraire, le point de vue théorique de Tiedemann étant, il est vrai, borné, mais spécial, déterminé, précis, l'application de ce point de vue à l'histoire devait donner et donne en effet une histoire de la plus grande précision.

Les défauts de Tiedemann tiennent à l'école à laquelle il appartient. D'abord Tiedemann, dans son indépendance philosophique, sépare la philosophie de la théologie, et il a raison, car ce sont des choses essentiellement distinctes ; mais la peur de la théologie le jette dans des scrupules exagérés. Il est bien vrai (et c'est aussi ma propre opinion) que l'Orient est beaucoup plus mythologique que philosophique, et que c'est par là surtout qu'il se distingue de l'Occident; mais il ne faut pas dire d'une manière absolue que l'Orient ne contient aucune philosophie, aucune trace de réflexion; cependant Tiedemann, sur l'aspect théologique que présente l'Orient, le retranche absolument de l'histoire de la philosophie et commence à la Grèce. Ensuite, Tiedemann est un excellent critique; mais sa critique est quelquefois un peu trop dubitative et sceptique; il fait très bien de discuter certaines autorités avant lui trop légèrement admises; mais il y a beaucoup d'ouvrages que Tiedemann a cru apocryphes et qui aujourd'hui sont démontrés authentiques ou du moins comme renfermant dans leurs idées générales, sinon dans leur rédaction formelle, des traditions qu'il faut rapporter à ceux auxquels sont attribués ces ouvrages. Mais le plus grand tort de Tiedemann, c'est l'esprit exclusif qu'il transporte dans l'histoire. Il est tout moderne, quoique très savant, et il ne sait pas entrer dans l'esprit des systèmes antiques. Par exemple, les argumens qu'il a mis aux dialogues de Platon sont de perpétuels contre-sens, et l'on ne peut s'empêcher de sourire en le voyant appliquer à de pareils monumens la petite mesure de la philosophie de Locke, *paupertina philosophia*, dit Leibnitz.

Un des mérites de Tiedemann que j'ai oubliés et que je m'empresse de vous rappeler, c'est qu'il est progressif. Brucker ne sait pas trop si l'histoire de la philosophie a avancé ou reculé depuis l'Orient jusqu'à nos jours, si le passé a eu ses perfectionnemens, si l'avenir perfectionnera le passé, ou si l'avenir ne fera pas mieux de s'en tenir au point où s'est arrêté l'excellent Brucker avec Wolf, son maître; tandis que Tiedemann croit à la perfectibilité de la raison humaine, et termine son ouvrage en invitant son lecteur à l'espérance et à la foi dans l'avenir. C'est là un mérite réel; mais il faut ajouter que Tiedemann, quoique progressif, n'a nulle part essayé de déterminer les lois du progrès général dont il parle; d'où il suit que précis et clair dans chaque partie, il est obscur et vague dans l'ensemble, et qu'à la rigueur il n'a pas d'ensemble, qu'il manque d'ordre et de plan véritable.

Tel est le représentant de école de Locke, dans l'histoire de la philosophie; il me reste à vous signaler l'école contraire, et à vous montrer comment partie d'un principe opposé, et l'ayant suivi avec la même conséquence, elle a dû aboutir à une histoire de la philosophie tout opposée.

Il est incontestable que dans le sein de la conscience il y a un ordre de phénomènes qui viennent du dehors, et que la pensée ne peut rapporter à elle-même : cette vérité a sa représentation dans la philosophie de Locke; mais il n'est pas moins vrai qu'il y a dans la conscience des phénomènes qui ne sont pas réductibles à ceux-là. Je ne démontre rien, j'indique. C'est à la pensée, non à la sensation, qu'il faut rapporter l'idée de l'unité, l'idée du nécessaire, de l'infini, du temps, de l'espace, etc., toutes idées sans lesquelles il n'y a pas même une seule conception possible. Les phénomènes du multiple, du variable, du divers, du fini que donne la sensation, ne seraient pas même concevables, si à la pensée n'étaient empruntés d'autres élémens, savoir, l'idée d'unité, d'infini, de substance, etc., qui s'ajoutant aux phénomènes sensitifs, composent la totalité de la conscience. Cette totalité est la réalité; mais quand la réflexion qui divise tout pour tout éclaircir, s'enfonçant dans la conscience, est frappée de l'impossibilité de compléter une conception quelconque avec les élémens extérieurs tout seuls et de la nécessité de recourir aux élémens internes de la pensée, elle est si bien frappée de la puissance de ces élémens internes, qu'elle y concentre son attention. Nous ne pensons qu'avec notre pensée, et même ce monde extérieur nous ne le connaissons que parce que nous avons la faculté de le connaître, et la faculté de connaître en général. C'est donc cette faculté et ces lois qui semblent constituer toute la réalité de l'intuition extérieure elle-même. Il en est ainsi de notre ame, il en est ainsi de Dieu, il en est ainsi de tout; nous ne pouvons rien connaître que par la faculté que nous avons de connaître, et par les lois de cette faculté. Telle est l'origine naturelle et nécessaire de l'idéalisme. L'idéalisme est cette philosophie qui, frappée de la réalité, de la fécondité et de l'indépendance de la pensée, de ses lois, et des idées qui lui sont inhérentes, concentre toute son attention sur ces idées, et y voit les principes de toutes choses. L'idéalisme est tout aussi vrai, et il était aussi nécessaire que l'empirisme. Sans l'empirisme vous n'auriez jamais su tout ce qui était contenu dans le sein de la sensation ; sans l'idéalisme vous n'auriez jamais connu la puissance propre de la pensée. Dans ce dix-huitième siècle, qui paraît tout occupé par le sensualisme, l'idéalisme a eu sa place, et sa place nécessaire, parce qu'il n'est pas au pouvoir de l'esprit humain de s'abdiquer lui-même, et que quand une école prend un des côtés de la conscience pour la conscience tout entière, il s'élève nécessairement une autre école qui prend le côté opposé, afin, je le répète, que toutes les puissances de l'ame humaine soient connues et développées.

C'était en Angleterre que la philosophie de la sensation avait fait sa première apparition ; c'est d'une province de l'Angleterre qu'est partie la première protestation contre cette philosophie. Je définis la philosophie écossaise, Messieurs, une protestation honorable du sens commun contre les extravagances des dernières conséquences du sensualisme. Que ce soit là son titre à l'estime des gens de bien. Mais elle n'a pas été plus loin dans cette route nouvelle que Locke n'avait été dans la sienne. L'école écossaise s'est bornée à revendiquer quelques uns des élémens oubliés de la nature humaine, et à remettre en honneur quelques unes des idées fondamentales de la raison qu'elle a décrites avec les caractères qu'elles ont incontestablement aujourd'hui; mais elle n'a pas même cherché à en faire le compte, ni à remonter à leur origine, ni à les suivre dans leurs applications légitimes; elle a un commencement de psychologie; elle n'a pas une logique régulière; elle n'a pas une métaphysique véritable, une théodicée, une cosmologie; elle a un peu de morale et de politique, mais pas de système à proprement parler. Le mérite des Écossais, comme celui de Locke, est le bon sens et la clarté; leurs défauts, comme ceux de Locke encore, sont l'absence de force spéculative, le manque d'étendue, de rigueur et de précision. Par conséquent, sans parler du défaut complet d'érudition, une pareille école ne pouvait pas avoir une histoire de la philosophie. Le bon sens est à la fois et la base de la science et le point auquel la science doit revenir. Mais il ne faut pas confondre le simple bon sens avec la science, c'est-à-dire avec le développement illimité de la réflexion en tout sens sans autres bornes que celles des forces de notre nature. C'est par le sens commun que le genre humain, sans efforts scientifiques, se sauve de l'invasion du matérialisme; c'est par l'instinct d'un bon sens généreux que les âmes d'une certaine trempe échappent à la philosophie de la sensation; c'est là, je le répète, le point de départ de la science, mais ce n'est pas la science; et tout comme la philosophie de la sensation n'avait pu, entre les mains anglaises de Locke, parvenir à son entier développement, de même le pâle idéalisme de l'école écossaise ne pouvait recevoir de l'enseignement sage et timide des dignes professeurs d'Édimbourg, le mâle et brillant caractère qui lui était nécessaire pour attirer l'attention de l'Europe, et lutter avec succès sur un grand théâtre contre les séductions et le génie de l'école opposée. Enfin comme il avait fallu que la philosophie de Locke passât le détroit pour faire fortune, de même il fallait à l'idéalisme une autre terre que l'Écosse pour y prospérer, et déployer la puissance et la fécondité de ses principes.

En France, il fut représenté par deux hommes

dont l'un, M. Turgot, enlevé de bonne heure à la philosophie par la politique, ne rendit contre les conséquences de la philosophie de Condillac que des combats partiels et sans éclat, et dont l'autre, plus littérateur que philosophe, tantôt le complice, tantôt l'adversaire de la philosophie régnante, épuisa son génie bizarre en protestations sentimentales qui n'appartiennent pas même à l'histoire de la science. On voit que je veux parler de Rousseau.

Il était réservé à l'Allemagne, à ce pays sérieux et méditatif qui avait déja produit Leibnitz et Wolf, de donner à l'idéalisme son véritable représentant au dix-huitième siècle; ce représentant est l'illustre Kant. Kant est un élève de Descartes comme Locke; il a le même caractère général, la même méthode que Locke, car ce caractère et cette méthode sont à jamais la méthode et le caractère de la philosophie moderne; Kant sépare d'une main ferme la philosophie de la théologie; il part de l'analyse de la conscience; seulement il s'attache à l'élément opposé à celui de Locke. Toute la différence est là. La grande entreprise de Kant est une *Critique* de la pensée indépendante et de ses lois en toutes choses; sa gloire est une statistique complète des lois intérieures de la pensée. Il ne se contente pas d'indiquer ces lois, il les approfondit, il les poursuit dans toutes les sphères de la pensée, les énumère, les décrit, les classe.

Apparet domus intus.....

Kant est le véritable fondateur de la psychologie rationnelle; mais il n'était pas homme à s'arrêter là. Les lois de la pensée énumérées, décrites et classées, Kant se demande comment de ces lois qui sont propres à la pensée on peut arriver légitimement au monde extérieur, à Dieu, à tout ce qui n'est pas le sujet pensant; et là, dans sa sévérité logique, il lui semble que ces lois étant propres au sujet de la pensée, c'est-à-dire étant purement subjectives, il est illogique de tirer de lois subjectives aucune conséquence objective et ontologique. Sans doute c'est un fait, un fait de conscience, que nous croyons au monde extérieur, à Dieu, à des existences autres que la nôtre, à des objets réels; mais nous n'y croyons que sur la foi de nos propres lois; ainsi ces croyances, nécessaires dans la sphère psychologique, reposant sur une base toute subjective, renferment, quand on veut les tirer des limites de la conscience et les appliquer à des objets externes, un paralogisme, un cercle vicieux. Kant a presque retranché l'ontologie de la philosophie; à force d'avoir habité dans les profondeurs de la pensée, il l'a prise pour le seul monde réel; il a agrandi la psychologie, mais il en a presque fait la philosophie tout entière. De là, une théodicée sublime, mais dont le seul fondement est une foi toute subjective et par conséquent personnelle. De là la morale concentrée dans l'intention : en jurisprudence le droit des personnes plus solidement établi que le droit réel; en æsthœtique le beau et le sublime considérés presque exclusivement dans leurs rapports avec l'homme, centre et mesure de toutes choses; enfin une cosmologie, une philosophie de la nature qui n'est autre chose que l'induction des lois subjectives de la pensée transportées dans la nature extérieure. Plus conséquent, Fichte a été plus loin encore que son maître dans la même voie. Dans Kant, le point de vue sous lequel le sujet pensant considère les objets dépend de sa nature propre. Dans Fichte, l'objet en général, n'étant pour le sujet que ce que la nature propre du sujet le fait être, n'est qu'une induction de ce sujet, c'est-à-dire le sujet lui-même, c'est-à-dire le moi, et voilà le moi, non plus simple mesure, mais principe de toutes choses. Voilà donc l'idéalisme déjà si subjectif de Kant devenu pour Fichte un idéalisme subjectif absolu. Dieu pour Kant était une conception nécessaire de la pensée, une croyance irrésistible de l'ame. Pour Fichte, Dieu n'est pas autre chose que le sujet même de la pensée conçu comme absolu; c'est donc le moi encore. Mais comme il répugne, Messieurs, que le moi de l'homme qui avait bien pu être transporté à la nature, soit imposé à Dieu, Fichte distingue deux *moi*, l'un phénoménal, le moi que chacun de nous représente; l'autre, le fond même et la substance du moi, qui est Dieu lui-même : Dieu est le moi absolu. Quand on est arrivé là, on est arrivé au dernier terme de l'idéalisme subjectif, comme la philosophie de la sensation en était arrivée à son dernier terme, quand elle était arrivée à prétendre que l'ame n'est que la collection de nos sensations, que Dieu n'est qu'une idée générale abstraite, représentable en dernière analyse par toutes les idées sensibles particulières dont elle se compose, c'est-à-dire par les sensations. La philosophie de Kant et de Fichte absorbe la conscience, et par elle toutes choses, dans la pensée, comme la philosophie de Locke et de

Condillac absorbe la conscience, et par elle aussi toutes choses, dans la sensation; et encore, comme arrivé à sa dernière conséquence et à l'extravagance de la bassesse, le sensualisme se détruit lui-même, ainsi l'idéalisme a sa sublime extravagance, dans laquelle il trouve sa ruine. Mais avant de disparaître, cette noble et forte doctrine se serait manqué à elle-même si elle n'avait pas eu sa représentation dans l'histoire de la philosophie; et comme la condition d'érudition était remplie surabondamment en Allemagne, le grand mouvement philosophique de Kant et de Fichte trouva aisément un digne représentant dans un habile et savant homme qui composa, dans le point de vue de la philosophie critique, une histoire de la philosophie aussi opposée à celle de Tiedemann que l'idéalisme subjectif de Kant est opposé à l'empirisme et au sensualisme de Condillac et de Locke : cet homme est le célèbre Tennemann.

Le caractère général de l'ouvrage de Tennemann est de reproduire la philosophie de Kant dans l'histoire de la philosophie. La philosophie de Kant est profondément cartésienne : elle sépare la philosophie de la théologie, et n'admet d'autre méthode que la psychologie.

Tennemann sépare donc tout aussi fortement que l'avait fait Tiedemann la philosophie de la théologie dans l'histoire : là dessus il pousse le scrupule aussi loin que son devancier. C'est là son premier mérite; le second, c'est qu'en fait de système exclusif, l'idéalisme étant infiniment plus large que l'empirisme, Tennemann, en appliquant l'idéalisme à l'ensemble des grands monumens de la philosophie, est en état d'en embrasser un plus grand nombre, de les mieux comprendre et de les mieux apprécier; son point de vue historique est plus compréhensif et moins négatif par conséquent. Ensuite Tennemann est tout aussi érudit et tout aussi bon critique que Tiedemann, et il est moins sceptique; il restitue à beaucoup d'ouvrages leur authenticité que son devancier avait attaquée. L'exposition des systèmes est chez lui plus étendue à la fois et aussi fidèle; l'esprit de chaque système n'y est pas saisi avec moins de sagacité, et les vues générales y sont soutenues par des développemens qui les confirment et les éclaircissent. Enfin Tennemann est plus progressif; il rattache plus fortement l'histoire de la philosophie de chaque époque à l'histoire générale de la même époque; la clarté et la précision ne brillent pas moins en lui que dans

Tiedemann, ou même y brillent davantage; et déjà un ordre meilleur, moins extérieur et moins arbitraire, donne à l'ouvrage entier un caractère plus philosophique. En indiquant les idées générales qui ont dominé dans les diverses époques, et en exprimant ces idées sous les formes propres à la science dont il fait l'histoire, savoir, la métaphysique, Tennemann a frayé la route à ce point de vue supérieur, qui ne voit dans l'histoire que des idées, leur succession, leur lutte, leur développement si régulier à travers leur désordre apparent, et par conséquent un système véritable, une philosophie tout entière. Sans doute Tennemann a entrevu bien vaguement et exprimé très faiblement le mouvement philosophique de l'histoire; mais enfin il l'a entrevu : c'est là peut-être son plus grand mérite. Son tort est d'avoir emprunté son cadre et son point de vue à un système trop peu étendu pour embrasser tous les systèmes, et en rendre compte sans les défigurer. La philosophie de Kant est bien vaste comparée à celle de Condillac; mais l'esprit humain est plus vaste encore, et les innombrables systèmes qu'il a semés à travers les siècles sont un peu à l'étroit et mal à leur aise dans le cercle de la philosophie kantienne. Tennemann ne voyant que par les yeux de Kant ne voit pas tout; alors, faute de comprendre, il critique, ce qui est bien plus facile; il est exclusif dans un sens opposé à celui de Tiedemann, mais il est exclusif aussi, et par conséquent injuste. Il y a plus; non seulement il est exclusif, mais il l'est assez pédantesquement. Il ne faut pas oublier que Kant comme Wolf était un professeur; il avait dans sa jeunesse passé par l'école de Wolf, où il avait pris, avec le goût de la géométrie et des sciences exactes, celui d'un formalisme inflexible, l'effroi du mysticisme, le besoin d'une précision poussée jusqu'à la sécheresse, et l'habitude de l'ordre didactique, et d'une langue fixe et profondément déterminée, dont l'abus le conduit souvent à une terminologie plus précise qu'élégante, très commode pour l'enseignement, mais dépourvue de tout agrément, et plus faite pour l'école que pour le monde. Les idées de Kant sont d'une précision supérieure, mais les étiquettes qu'il y met, les formes sous lesquelles il les présente, sont effrayantes pour les profanes, et même un peu pour les hommes du métier. Encore tout cela peut passer dans une théorie spéculative, propre à l'auteur; mais imaginez des formules plus étranges les unes que les autres, malgré leur précision et leur rigueur, ou plutôt à cause de leur précision et de leur rigueur, imaginez toutes ces formules imposées à l'histoire entière de la philosophie, durement et sans goût, comme les écoliers imposent toujours la doctrine de leurs maîtres! La philosophie de Kant est pour Tennemann comme le lit de Procuste; il y étend tous les systèmes, et si quelqu'un le dépasse ou reste en deçà, le loyal kantien se récrie et se répand en plaintes et en regrets assez ridicules, surtout quand il s'agit de systèmes bien supérieurs à la mesure qu'il leur applique. Ainsi les stoïciens sont traités de main de maître; mais Platon l'est beaucoup moins bien, et les néoplatoniciens, qui échappent de tous côtés à la philosophie critique, déconcertent totalement le savant historien qui a grand'peine à ne pas les écarter, comme des extravagans, par la question préalable. Cependant la conscience de l'érudit l'emporte, et les néoplatoniciens ont tout un grand volume, mais le philosophe prend sa revanche en les maltraitant outre mesure. Tennemann est pour ainsi dire en quête du criticisme et de la psychologie; il parcourt les siècles pour les trouver. L'ombre seule du mysticisme l'épouvante, et aussitôt qu'il aperçoit quelque système qui en a la plus légère apparence, on est sûr de voir s'élever une grêle d'argumens et de formules kantiennes contre ce pauvre système. Cette manie gâte un peu le grand et estimable ouvrage de Tennemann et le rend moins agréable à la lecture que celui de Tiedemann, auquel il est d'ailleurs bien préférable ; dernier contraste entre les deux historiens qui rappelle encore celui qui sépare leurs maîtres; dont l'un, infiniment plus précis et plus positif que l'autre, est d'une clarté bien moins populaire.

Telles sont les deux histoires de la philosophie que devaient produire les deux grands systèmes dont la lutte remplit la fin du dix-huitième siècle. Tiedemann et Tennemann représentent cette lutte dans l'histoire de la philosophie. Tel est l'état présent des choses ; tel est l'héritage que le dix-huitième siècle a légué au dix-neuvième. Tel a été, tel devait être le résultat du siècle qui n'est plus; quel sera celui du siècle qui s'avance? quel sera l'œuvre du dix-neuvième siècle? quels sont à moi-même mes projets et mes espérances? ce sera le sujet de la prochaine et dernière leçon.

PARIS. — DE L'IMPRIMERIE DE RIGNOUX,
rue des Francs-Bourgeois-S.-Michel, n° 8.

13ᵉ LEÇON. 17 JUILLET 1828.

COURS

DE

DE L'HISTOIRE

DE

LA PHILOSOPHIE.

MESSIEURS,

Tiedemann et Tennemann ferment le dix-huitième siècle. L'ouvrage de Tiedemann a paru de 1791 à 1797; celui de Tennemann de 1798 à 1820. Depuis il n'a paru en Allemagne aucun ouvrage considérable sur l'histoire de la philosophie qui présente un caractère original et fasse époque : nul grand historien n'est venu relever Tiedemann et Tennemann. Et comme

1.

après Herder, aux histoires universelles de l'humanité avaient succédé des histoires partielles de certains peuples, de certaines époques, de certaines branches de la civilisation, de même après les deux grands ouvrages opposés, dans lesquels s'était en quelque sorte résolue la philosophie du dix-huitième siècle, aux histoires universelles de la philosophie ont succédé des recherches partielles sur certaines écoles, sur certains systèmes, des monographies approfondies. Il est dans la nature des choses que ces recherches en s'accumulant ramènent le besoin d'une nouvelle histoire universelle. Ainsi va la science; elle marche de travaux partiels en résumés, et de résumés en travaux partiels : décomposition, recomposition; tel est le mouvement continuel de la science. Elle est aujourd'hui, en Allemagne et dans le monde entier, dans un moment de décomposition. Ce moment a sa nécessité dans l'ordre général du travail d'un siècle, et déja son utilité incontestable se démontre par ses résultats. Jamais quart de siècle n'a produit autant de travaux ingénieux et solides, et n'a préparé d'aussi riches matériaux aux généralisations du génie. On peut dire que c'est de nos jours seulement que la philosophie de l'Inde commence à être connue et à sortir des voiles mythologiques qui jusqu'ici l'enveloppaient. C'est de 1824 à 1825 que l'illustre président de la société asiatique de Londres, Colebrook, a enfin fourni à la critique européenne les seules bases solides qu'elle possède sur tous les systèmes philosophiques des Indiens. C'est en 1826 que M. Guillaume de Humbolt a donné sa profonde analyse de l'épisode philosophique du Mahabharat, qu'on appelle le Bhagavad-Gita. Le spirituel auteur du mémoire sur Lao-Tseu continue ses belles recherches sur la philosophie chinoise. Si notre siècle a pour ainsi dire découvert la philosophie orientale, il a presque renouvelé la connaissance que l'on avait de l'antiquité philosophique des Grecs, en y introduisant la critique. Parmi tant de travaux et de noms qui se présentent en foule, je ne rappellerai que ceux de mes trois honorables et savans amis, MM. Schleiermacher, Brandis et Creuzer, auxquels la philosophie de Platon, celle d'Aristote, et celle d'Alexandrie sont déjà si redevables. L'Allemagne n'a pas seule servi la philosophie ancienne. La Hollande aussi, depuis Vyttenbach, n'a pas cessé de lui payer d'année en année, par une multitude de monographies précieuses, son contingent d'érudition philosophique. Espérons que la France ne restera pas étrangère à cet utile mouvement. Déja l'académie des inscriptions et belles lettres a, dans ses concours et dans ses programmes, appelé l'attention et le zèle de nos compatriotes sur plusieurs points aussi importans que négligés de l'histoire de la philosophie ancienne; je citerai surtout le dernier programme sur l'école d'Alexandrie, programme qui, s'il m'est permis de le dire, gagnerait en utilité et atteindrait encore mieux le but de la savante compagnie, s'il était resserré dans des limites plus étroites et embrassait moins de siècles et moins de questions. La philosophie du moyen âge et la philosophie moderne n'ont pas manqué non plus d'ingénieux interprètes; et si je m'y arrête moins, c'est uniquement, Messieurs, parce que dans cette partie de l'histoire de la philosophie, tout aussi riche d'ailleurs et tout aussi intéressante qu'aucune autre, l'érudition est moins nécessaire, et la critique est bien plus facile. Nous sortons tous du moyen âge, et nous le comprenons presque sans effort. Le véritable théâtre des travaux de l'historien de la philosophie, le vrai champ de bataille de l'érudition et de la critique, c'est et ce sera toujours l'antiquité classique. C'est là qu'une civilisation entièrement étrangère, des cultes, des arts, des gouvernemens tout différens des nôtres, des lacunes considérables, la perte d'une foule de monumens importans, la dégradation du petit nombre qui subsistent, la difficulté de l'idiome, la profonde différence des idées, l'étrangeté des formes, tout oppose à l'historien des obstacles qu'il ne peut surmonter qu'à l'aide d'une patience infatigable, de l'érudition la plus minutieuse, de la critique la plus circonspecte, et de l'intelligence à la fois la plus pénétrante et la plus flexible. Aussi est-ce là que se sont formés les trois grands historiens de la philosophie, et Brucker, et Tiedemann, et Tennemann. C'est là pour ainsi dire que se sont donné rendez-vous tous ceux qui aujourd'hui consacrent leur vie à l'histoire de la philosophie. Quiconque n'aura pas fait là son apprentissage et n'aura pas vécu long-temps dans l'antiquité classique, dans les manuscrits et les textes, et même au milieu des discussions philologiques, n'aura jamais le sentiment de la critique, et sera toujours incapable d'écrire en connaissance de cause une histoire générale de la philosophie. Voilà pourquoi je n'hésite point à exhorter ceux de mes jeunes auditeurs qui se sentiraient attirés vers l'histoire de la philosophie, à concentrer pendant quelque temps leurs études sur l'antiquité philosophique. Pour moi, s'il est permis de se citer soi-même, malgré la généralité de mes travaux philosophiques, je n'ai pas cessé depuis douze ans, et je ne cesserai jamais de m'occuper assidument, non seulement des principales époques de la philosophie ancienne, mais des systèmes particuliers dont se compose chaque époque et chaque école; car c'est ma parfaite conviction que là surtout il faut sans cesse mêler l'étude approfondie des détails à la généralisation des idées, et que des recherches partielles sagement et fortement combinées peuvent seules conduire à des résultats aussi solides qu'étendus.

Tel est, Messieurs, l'état actuel de l'histoire de la philosophie; cet état est nécessaire et bon, mais il ne peut être éternel; et comme toute généralisation précipitée amène la nécessité d'une décomposition complète, de même il est impossible qu'une vaste décomposition n'aboutisse bientôt à une recomposition nouvelle, et que tant d'habiles et profondes recherches n'engendrent tôt ou tard une nouvelle histoire universelle de la philosophie.

Mais, Messieurs, à quelle condition pourra s'élever cette histoire nouvelle? Si les recherches partielles sont les matériaux nécessaires d'une histoire de la philosophie, ce n'est pas l'érudition, c'est la philosophie seule qui peut élever l'édifice. C'est la philosophie cartésienne qui a produit Brucker, c'est la philosophie de Locke qui a produit Tiedemann, et c'est la philosophie de Kant qui a produit Tennemann; de même aujourd'hui c'est le souffle d'un nouveau mouvement philosophique qui en passant sur toutes les recherches partielles, sur tous les résultats certains, mais bornés et stériles en apparence de l'érudition, peut seul les féconder et en tirer une histoire universelle. Or, quel est, quel peut être cet esprit nouveau, cette philosophie nouvelle, qui seule peut renouveler l'histoire de la philosophie? Telle est la question; pour la résoudre, il faut considérer où en est aujourd'hui la philosophie.

La philosophie qui a précédé Descartes était la théologie. La philosophie de Descartes est la séparation de la philosophie et de la théologie; c'est, pour ainsi parler, l'introduction de la philosophie sur la scène du monde, sous son nom propre. La philosophie du dix-huitième siècle est le développement du mouvement cartésien, en deux systèmes opposés, que le cartésianisme contenait dans son sein, mais sans en avoir développé toutes les puissances. Il fallait que ces puissances cachées prissent tout leur développement pour qu'on les connût et dans ce qu'elles avaient et dans ce qu'elles n'avaient pas. De là l'idéalisme de l'école allemande et le sensualisme anglais et français. En fait de sensualisme, nul ne peut se flatter d'aller au delà du dix-huitième siècle, en Angleterre et en France. Prenez-le à son point de départ, à Locke; suivez-le jusqu'à nos jours dans ses derniers représentans, et vous verrez que rien ne manque à ce grand mouvement, psychologie, métaphysique, morale, politique, sciences naturelles et médicales, histoire de l'humanité, histoire de la philosophie; tout ce que peut produire un grand mouvement philosophique se trouve déja dans le sensualisme tel qu'il est aujourd'hui; il ne reste qu'à l'adopter intégralement, à l'accepter une fois pour toutes, sauf à en faire, si l'on veut, quelques nouvelles applications assez mesquines, c'est-à-dire qu'il faut supposer que la philosophie est achevée, qu'elle n'a plus d'autre avenir qu'une répétition monotone du passé, et que l'esprit humain doit s'arrêter au commencement du dix-neuvième siècle. C'est un parti un peu fort à prendre; et cependant il n'en reste pas d'autre, car il n'y a pas une seule grande conséquence nouvelle à tirer de la philosophie de la sensation. D'un autre côté, qui se flattera, en fait d'idéalisme, d'aller au delà du système de Fichte? L'idéalisme faible encore, mais déja manifeste dans les lois subjectives de la philosophie de Kant, est arrivé à son dernier terme dans la subjectivité absolue du moi de Fichte. Et comme ce système a reçu tout son développement possible, qu'il a eu sa psychologie, sa métaphysique, son ontologie, sa morale, sa politique, son histoire de l'humanité et de la philosophie, il n'y a plus rien de grand à y ajouter, et il ne reste à faire, pour l'idéalisme de l'école de Kant, que ce qu'il reste à faire pour le sensualisme de l'école de Locke, c'est-à-dire de s'y arrêter, de s'y endormir en quelque sorte comme sur la borne même de la pensée, comme si, dans ce point du temps et de l'espace où nous sommes, toutes les vérités avaient été révélées enfin à l'esprit humain, et qu'il n'eût plus rien à chercher par delà.

Voyez; vous contentez-vous de l'un ou l'autre de ces deux systèmes exclusifs? vous condamnez à l'immobilité votre propre pensée; ou bien il faut laisser là le système de Kant comme celui de Locke, passer outre, et faire, Messieurs, comme l'humanité et le monde, qui, je pense, n'ont nulle envie de s'arrêter à la fin du dix-huitième siècle. Vous voilà donc cherchant un nouveau système. Mais cherchez autant qu'il vous plaira, étudiez, approfondissez, comparez tous les systèmes qui ont paru depuis trois mille ans, et vous verrez qu'en dernière analyse ils peuvent tous se réduire à ceux-là même que vous venez de rejeter, à l'idéalisme et au sensualisme; de sorte que ni vous ne pouvez vous arrêter à ces systèmes, ni vous ne pouvez en sortir. D'un côté il vous est démontré que ni l'un ni l'autre ne sont le dernier mot du genre humain, et de l'autre il vous est démontré aussi qu'il n'y a pas un seul autre système spécial qui ne soit réductible à l'un ou à l'autre de ces deux-là. Comment donc faire? Étant ainsi éliminées les deux mauvaises solutions, qui consistent à adopter l'un ou l'autre de ces systèmes ou à se tourmenter pour en chercher un nouveau qui ne serait que l'un ou l'autre plus ou moins modifié, on arrive, par voie de dégagement, à la seule solution qui reste, savoir, l'union des contraires, l'abandon de tous les côtés exclusifs, par lesquels les deux systèmes se repoussent; l'adoption de toutes les vérités qu'ils renferment, et par lesquelles ils se sont établis dans le monde et se sont élevés à la hauteur de systèmes historiques; et la conciliation de toutes ces vérités dans un point de vue plus compréhensif que l'un et que l'autre système, capable de les contenir, de les expliquer et de les achever tous les deux. Vous voyez où j'en veux venir. Après l'idéalisme subjectif de l'école de Kant, l'empirisme et le sensualisme de l'école de Locke, développés et épuisés dans leurs derniers résultats possibles, il n'y a plus d'autre combinaison nouvelle, selon moi, que l'union de ces deux systèmes dans le centre d'un vaste et puissant éclectisme.

L'éclectisme! ce nom bien ou mal choisi, et qui depuis quelque temps commence à se répandre et à retentir un peu en France et ailleurs, ce nom reporte involontairement ma pensée à l'époque déjà éloignée de moi où, pour la première fois, il fut prononcé sans éclat et sans écho à cette chaire, dans l'obscurité des essais timides de mon premier enseignement.

C'est vers 1816 et 1817 que, tourmentant en tout sens la conscience pour l'épuiser et l'embrasser dans toute son étendue, j'arrivai à ce résultat, qu'il y a dans la conscience bien plus de phénomènes qu'on ne l'avait pensé jusque là; qu'à la vérité tous ces phénomènes étaient opposés les uns aux autres, mais qu'en ayant l'air de s'exclure, ils avaient tous cependant leur place dans la conscience. Je n'ose plus dire de quels phénomènes il était alors question. Tout occupé de méthode et de psychologie, enfoncé dans les études les plus minutieuses, je ne sortais guère des limites d'une observation assez grossière et d'une induction très circonspecte; mais peu à peu la scène s'agrandit, et de la psychologie, qui est le vestibule, et si l'on peut s'exprimer ainsi, l'antichambre de la science, nous arrivâmes jusque dans le sanctuaire, c'est-à-dire à la métaphysique. Messieurs, l'esprit humain est donné. Il ne veut pas connaître seulement ce qui se passe à l'avant-scène de la conscience, sur le premier plan de la pensée; il veut connaître encore ce qui est au fond, il veut savoir tout ce qu'il peut savoir et de lui-même, et du monde, et de Dieu. Si élevés que soient certains problèmes, ce sont des problèmes humains, et il n'est ni possible ni légitime de les éluder. J'ai donc dû m'y engager successivement, et ce qui, vers 1816 et 1817, n'avait été qu'une faible et pâle tentative de conciliation entre les élémens renfermés dans le cercle de la psychologie, peu à peu devint un projet plus étendu et plus significatif, une théorie véritable qui, avec la psychologie, embrassa la métaphysique, la logique, l'ontologie tout entière, et un peu de cosmologie : c'est cette théorie affermie et développée qui préside encore à mon enseignement. Qu'est-ce en effet que la philosophie que j'enseigne, sinon le respect pour tous les élémens de l'humanité et des choses? Notre philosophie, Messieurs, n'est point une philosophie mélancolique et fanatique qui, préoccupée de quelques idées exclusives, entreprend de tout réformer sur elles; c'est une philosophie essentiellement optimiste, dont le seul but est de tout comprendre, et qui par conséquent accepte tout et concilie tout. Elle ne cherche sa force que dans l'étendue : son unité n'est qu'une harmonie, l'harmonie de tous les contraires. Ainsi, pour la méthode, elle retient sans doute comme la conquête du siècle le goût des recherches *à posteriori*, l'observation et l'induction jointe à l'observation, enfin l'analyse : mais elle ne rejette pas la vieille synthèse, et elle donne à l'analyse pour support une synthèse primitive, qui devenant la base de l'analyse lui fournit une matière sur laquelle elle peut s'exercer. Si l'analyse était le seul point de départ de la méthode, la méthode n'arriverait qu'à la décomposition, par conséquent jamais elle n'aboutirait qu'à une généralisation plus ou moins élevée, mais sans unité réelle : il faut pour qu'elle aboutisse à une véritable unité qu'elle parte elle-même d'une véritable unité, sauf à la décomposer et à l'éclaircir. Vous avez vu que nous en appelons sans cesse à l'autorité des croyances générales qui constituent le sens commun du genre humain; et sans doute il faut partir du sens commun, et il faut revenir au sens commun, sous peine d'extravagance. Mais si le sens commun est le point de départ et la fin nécessaire de toute saine philosophie, ce n'est pas le procédé de la philosophie, et la science est loin d'être achevée quand les croyances communes sont constatées ; il en faut encore pénétrer le secret, l'origine et la portée. Le procédé de la philosophie est l'emploi illimité de la réflexion, la recherche infatigable des derniers résultats auxquels peut conduire la spéculation libre.

En psycologie, dans la conscience, nous avons trouvé non seulement le moi ou l'activité volontaire et libre avec tout le cortége des faits qui en dépendent, mais encore un élément que la liberté de l'homme n'a point fait et qu'elle ne peut se rapporter à elle-même, savoir, la sensation, phénomène qui relativement au moi, centre et sujet de la conscience, apparaît comme extérieur et étranger, et avec un caractère tout-à-fait impersonnel qui lui a fait donner le nom de non moi ; mais ni le non moi passif et fatal, ni le moi volontaire et libre, n'expliquent toute la conscience ; au dessus du moi et du non moi, phénomènes opposés, condamnés à vivre ensemble, la raison, qui est la lumière de la conscience, révèle à l'homme l'être en soi, la substance, la cause absolue, nécessaire, infinie, etc., enfin Dieu lui-même. L'être, le moi, le non moi, sont trois élémens indestructibles de la conscience ; non seulement on les trouve dans la conscience, dans son développement actuel, mais on les trouve dans le premier fait de conscience, et même aussi dans le dernier, jusque là que si vous détruisez un seul des trois, vous détruisez la possibilité de tous les autres. Là est l'éclectisme, dans les limites de la conscience, entre tous ses élémens qui sont tous également réels, mais qui pour former une vraie théorie psycologique ont besoin d'être tous réunis les uns aux autres. La logique exige encore le même éclectisme. Les deux lois fondamentales de la logique sont, nous l'avons vu, le fini et l'infini, le contingent et le nécessaire, le relatif et l'absolu, etc.; en dernière analyse l'idée de cause et l'idée de substance. Toutes les logiques roulent sur l'une ou sur l'autre de ces deux idées. Mais il faut les réunir; il faut concevoir que toute cause suppose une substance, un *substratum*, une base d'action, comme toute substance contient nécessairement un principe de développement, c'est-à-dire une cause. La substance est le fond de la cause, comme la cause est la forme de la substance : la première idée n'est pas la seconde; mais la seconde est inséparable de la première, comme la première de la seconde. De là, Messieurs, en métaphysique et en ontologie, la nécessité de lier et l'impossibilité de réduire Dieu au monde ou le monde à Dieu. Dieu est-il considéré comme une substance indivisible, comme l'infini en soi sans aucun rapport au fini, l'absolu sans aucun rapport au relatif, l'être sans aucun rapport à la manifestation et à l'apparence? Au fond on nie sa causalité et sa puissance; on détruit la possibilité de l'humanité et la possibilité de la nature. D'une autre part s'enfonce-t-on dans l'idée exclusive de la cause, de la cause en acte, c'est-à-dire dans le relatif, le contingent et l'apparence, et refuse-t-on d'en sortir? on s'arrête à la forme des choses et l'on manque leur essence et leur principe. Delà deux grands systèmes, célèbres aujourd'hui sous le nom de théisme et de panthéisme. L'un et l'autre sont également exclusifs et faux; un théisme sans panthéisme est une religion morte, une religion qui oublie précisément l'attribut fondamental de Dieu, savoir la puissance, l'action et ce qui en dérive. D'un autre part le panthéisme est bien en possession de toute la réalité observable et visible et de ses lois immédiates, mais il méconnaît le principe même de cette réalité et la raison première et dernière de ses lois. Ainsi de tous côtés, diverses méthodes, divers systèmes en psycologie, en logique et en métaphysique; de tous côtés opposition et contradiction, erreur et vérité tout ensemble. L'unique solution possible de ces oppositions est dans l'harmonie des contraires; l'unique moyen d'échapper à l'erreur est d'accepter toutes les vérités.

Quand on est parvenu à ces résultats, alors, mais seulement alors, on peut songer à l'histoire de la philosophie. Supposez qu'on n'ait pas été jusque là, et qu'on se soit arrêté à la psycologie, par exemple, on n'est pas en état d'aborder l'histoire de la philosophie. Je l'ai déja dit; l'esprit humain porte en lui-même certains problèmes que les grands interprètes de l'esprit humain ont essayé de résoudre; et c'est de ces solutions que se compose l'histoire de la philosophie. Or, si vous avez retranché ou éludé ces problèmes, comment pourrez-vous comprendre les solutions qu'en ont données les grands maîtres? comment jugerez-vous Platon, Aristote, Leibnitz? vous ne le pouvez pas. Il ne vous reste donc qu'à dire adieu à l'histoire de la philosophie, ou ce qui serait pis encore, à la traiter légèrement : l'un et l'autre est également indigne du dix-neuvième siècle. Ainsi il faut de toute nécessité, après avoir été jusqu'au bout de la psycologie, la dépasser, entrer dans l'ontologie, dans la métaphysique, dans la logique; et se faire un système qui puisse rendre compte de tous les besoins de la pensée, afin de pouvoir compter aussi avec les autres systèmes, les interroger et les juger. Voilà pourquoi, Messieurs, quoique la chaire confiée à mes soins fût une chaire de l'histoire de la philosophie, ceux qui ont suivi mes leçons de 1815 à 1818, ont pu remarquer que sans négliger entièrement l'histoire de la philosophie, j'ai été plus occupé d'asseoir mes propres idées que de juger celles des autres. Ce n'est que vers 1819 que l'éclectisme commencé vers 1816 ayant parcouru et embrassé toutes les parties de la philosophie, et pris enfin un caractère systématique, je l'appliquai régulièrement à l'histoire de la philosophie, en commençant par les systèmes les plus connus et les plus modernes. Depuis, mes travaux n'ont jamais abandonné, et ils n'abandonneront point cette direction. Elle est la seule qui me paraisse pouvoir conduire à des résultats nouveaux et satisfaisans dans la philosophie spéculative et dans l'histoire. Quand on ne rejette ni dans la conscience ni dans les choses, ni en nous-mêmes ni dans la nature ni dans Dieu aucun des élémens réels qui s'y rencontrent, on n'a dans l'histoire à proscrire aucun des grands systèmes qui la partagent, et qui, quelque exclusifs et défectueux qu'ils soient, sont nécessairement empruntés à quelque élément réel; car il n'y a pas de système absolument chimérique. L'éclectisme peut donc être transporté de la philosophie elle-même à l'histoire de la philosophie; il renouvelle l'histoire de la philosophie comme la philosophie elle-même. Telle est la double réforme que j'ai entreprise dans l'une et dans l'autre, et qui constitue le caractère de mon enseignement et le dernier but de tous mes travaux.

Mais n'est-ce pas une chimère que je poursuis? L'éclectisme n'est-il pas un rêve honnête, né dans mon esprit, condamné à y mourir, et qui doit accomplir là toute sa destinée? Où ce rêve a-t-il quelque chance de se réaliser, et déjà dans le présent y a-t-il quelque symptôme qui nous permette d'y voir le germe de l'avenir? En d'autres termes, quelle est aujourd'hui la tendance de la philosophie en Europe?

C'est de l'Angleterre et de l'Écosse que sont

sorties, vous le savez, au dix-huitième siècle, les premières lueurs de sensualisme et d'idéalisme. Or, l'Angleterre proprement dite, depuis quelque temps, je dirais presque depuis un demi-siècle, n'a plus payé sa part de recherches philosophiques à la civilisation européenne : il n'est sorti de l'Angleterre aucun ouvrage célèbre en métaphysique. Remarquez, Messieurs, que je ne dis pas aucun ouvrage de quelque mérite ; je ne m'érige pas ici en juge ; je crois la gloire un très bon juge ; je l'interroge, et elle ne me présente aucun ouvrage de philosophie anglaise qui ait excité à un certain degré l'attention de l'Europe. D'une autre part l'école écossaise, cette honorable protestation du sens commun contre les extravagances du sensualisme de Locke, l'école écossaise, après avoir fourni une carrière sage et utile, plus sage et plus utile que brillante, affaiblie et comme épuisée depuis Reid, vient à peu près de s'éteindre dans la personne de l'ingénieux Dugald Stewart, dont la philosophie déplore la perte récente. On peut dire que l'Angleterre et l'Écosse qui ont toujours exercé une assez faible influence sur la philosophie européenne, ont cessé d'en avoir aucune.

Les deux grandes nations philosophiques de

l'Europe sont aujourd'hui l'Allemagne et la France. Les nations du midi ou sont encore dans les liens de la théologie du dix-septième siècle, ou se traînent à la suite de la France. La France gouverne le midi de l'Europe, et c'est toujours un peu le passé de la France qui est le présent de l'élite des populations du Portugal, de l'Espagne et de l'Italie. Ces belles contrées sont en général, et dans la philosophie en particulier, ce que les fait la France. Leur présent est le passé de la France; l'avenir de la France décidera de leur avenir. Comme le midi est représenté par la France, ainsi le nord est représenté par l'Allemagne. De fait la Suède, le Danemarck, la Pologne, les pays les plus civilisés de l'Autriche et de la Russie suivent le mouvement de l'Allemagne. Il y a la même distance entre le fond du nord de l'Europe et l'Allemagne qu'entre la France et le fond du midi de l'Europe. Restent donc en face l'un de l'autre, sur la scène de l'Europe, le peuple français et le peuple allemand. La question de l'état actuel de la philosophie européenne se résout donc en celle-ci : Où en est la philosophie en Allemagne, et où en est-elle en France? Elle avait abouti avec le dix-huitième siècle en Allemagne à l'idéalisme le plus exclusif, en France au plus exclusif sensualisme. Où donc en est maintenant l'idéalisme en Allemagne, et le sensualisme en France? Telle est la question. Interrogeons les faits. Je demande si en France, depuis une quinzaine d'années, il n'est pas de notoriété publique que la philosophie de Locke, de Condillac, d'Helvétius, de Saint-Lambert, etc., qui jusque là régnait sans contradiction, a été attaquée avec plus ou moins de succès par des adversaires, que l'on peut juger comme on voudra, mais dont le nombre enfin a été sans cesse grossissant? Il ne faut pas oublier, Messieurs, que c'est de deux chaires de la faculté des lettres que sont parties les premières réclamations contre la philosophie du dix-huitième siècle.

M. Laromiguière, en séparant l'attention de la sensation, établit déjà une distinction féconde. Le bon sens supérieur et la mâle dialectique de M. Royer-Collard portèrent à la sensation des coups bien plus rudes encore : mon illustre prédécesseur a l'honneur d'avoir le premier introduit en France les sages doctrines de la philosophie écossaise. Un homme qui n'est plus, et qu'il est juste d'appeler le plus grand métaphysicien qui ait honoré la France depuis Malebranche, presque sans connaître les travaux contemporains de l'Allemagne, et conduit par l'instinct d'une sagacité supérieure, est arrivé peu à peu de métamorphoses en métamorphoses à un point de vue auquel il ne manque que plus de conséquence, d'ampleur et de hardiesse pour ressembler à celui de Fichte. Loin de la sensation, dans les profondeurs de l'activité volontaire et libre qui constitue toute la personnalité, M. de Biran a été chercher l'origine des idées les plus élevées qui soient aujourd'hui dans la conscience. Il a rétabli l'autorité de ces idées, et au lieu de les emprunter au dehors et au monde extérieur, il les a tirées du moi lui-même, pour les transporter ensuite à la nature par la force d'une induction dont la subjectivité manifeste semble un reflet affaibli de l'idéalisme subjectif et personnel de Fichte. Enfin, M. Degerando, dans sa seconde édition des *systèmes comparés de philosophie* a commencé à accorder plus d'attention à des théories idéalistes jusqu'alors dédaignées, et tout étonnées de trouver pour elles de l'intérêt et de l'équité de la part d'un philosophe français. Pourquoi ne dirais-je pas qu'il est sorti de l'École normale des élèves, qui sont aujourd'hui des maîtres, et qui par leurs leçons et par leurs écrits, ont accru et répandu le nouveau mouvement philosophique? En somme, c'est un fait incontestable qu'en face de la philosophie de Condillac s'élève aujourd'hui une nouvelle philosophie beaucoup plus idéaliste.

Maintenant passez le Rhin, que voyez-vous en Allemagne? Est-ce toujours la domination absolue de l'idéalisme subjectif de Kant et de Fichte? Non, Messieurs; Fichte est mort en 1815, et déjà avant sa mort une nouvelle philosophie ne pouvant s'arrêter au système de la subjectivité absolue, et pour ainsi dire sur la pointe de la pyramide du moi, est redescendue sur la terre et revenue à des vues plus réelles. La philosophie allemande contemporaine, qui exerce en Allemagne une aussi grande influence, une aussi grande autorité qu'en a jamais eu celle de Kant et Fichte, s'intitule philosophie de la nature. Ce titre seul vous indique assez un retour quelconque vers la réalité; et comme aujourd'hui la France ne croit pas sa gloire compromise pour demander des inspirations à la philosophie de l'Allemagne, de même ce n'est pas tout-à-fait une illusion patriotique qui me fait supposer que les plus illustres représentans de la philosophie de la nature s'intéressent aux progrès de la nouvelle philosophie française, et que Munich et Berlin ne dédaignent plus Paris.

Qu'est-ce à dire, Messieurs? l'Allemagne, qui dédaignait la France, y prend garde; la France, qui s'était pour ainsi dire isolée du reste de l'Europe, tourne les yeux vers l'Allemagne. A l'idéalisme subjectif a succédé en Allemagne une philosophie qui tire sa gloire de s'appeler la philosophie de la nature; et en France, sinon sur les ruines, du moins en face du sensualisme, s'élève une philosophie à laquelle on ne peut refuser un caractère prononcé de spiritualisme et d'idéalisme. Que faut-il conclure de ces changemens? Il en faut conclure que le règne des systèmes exclusifs du sensualisme en France, et de l'idéalisme subjectif en Allemagne, est passé; et que la philosophie française par le nouvel idéalisme, la philosophie allemande par la doctrine de la nature, aspirent à se rencontrer et à se donner la main, et que dans ce mélange faible encore d'idéalisme et de réalisme se forme en silence un véritable éclectisme dans la philosophie européenne. Ainsi, à en juger par des symptômes non équivoques, l'avenir de la philosophie en Europe menace d'appartenir à une tout autre philosophie qu'aux deux philosophies exclusives dont la lutte remplit le dix-huitième siècle. Or, s'il est vrai que le nouveau mouvement philosophique qui se fait sourdement en Europe soit un mouvement éclectique, il suit que l'éclectisme sera la base de la nouvelle histoire de la philosophie, puisque c'est une loi nécessaire que toute philosophie qui arrive à son tour à l'empire, après avoir épuisé son développement théorique, porte ses regards vers le passé, l'interroge avec l'esprit qui est en elle, et aboutisse à une histoire de la philosophie qui lui soit conforme. Il semble que ces considérations absolvent déjà suffisamment notre propre entreprise. Elle a des racines plus profondes encore.

L'histoire de la philosophie est nécessairement relative, dans une époque donnée, à l'état de la philosophie spéculative dans cette même époque. C'est un point incontestable. De plus, l'état de la philosophie spéculative, dans une époque, est tout aussi nécessairement relatif à l'état général de la société dans cette époque. Il a été démontré ici que dans le développement régulier des différens élémens dont se compose la vie intérieure d'un peuple, savoir, l'industrie, l'état, l'art, la religion et la philosophie, la philosophie est le dernier mot, le résumé du développement harmonique des élémens antérieurs. Cela, j'espère, a été mis, hors de doute; appliquons donc ce principe à la question qui nous occupe. Je vous ai montré qu'il doit sortir une nouvelle histoire de la philosophie des travaux partiels auxquels on se livre aujourd'hui de toutes parts; que cette histoire de la philosophie aura le même caractère que la philosophie spéculative qui est appelée à régner tant en France qu'en Allemagne, et que le caractère que trahit déjà cette philosophie naissante est l'éclectisme. Maintenant il faut vous montrer que cette philosophie nouvelle qui se manifeste déjà à plus d'un signe non équivoque a son fondement dans l'état actuel de la société en Europe; qu'ainsi, s'il n'est pas au pouvoir de la nouvelle philosophie de ne pas engendrer une histoire nouvelle de la philosophie qui lui soit conforme, il n'est pas non plus au pouvoir de la société nouvelle de ne pas engendrer la nouvelle philosophie que je vous ai signalée.

Après le grand mouvement politique et religieux qui avait rempli les seizième et dix-septième siècles en Europe, un nouveau mouvement plus important était nécessaire ; la civilisation était appelée à un progrès nouveau et tout autrement décisif. De là, Messieurs, le dix-huitième siècle. Qu'est-ce en général que le dix-huitième siècle ? la lutte de la société ancienne et de la société nouvelle ; l'idée même du dix-huitième siècle est la nécessité d'une crise.

La monarchie française, après avoir marché de conquêtes en conquêtes vers ses frontières naturelles, et dévoré successivement tous les pouvoirs qui avaient tenté de s'opposer à ses progrès, était enfin arrivée, par le génie de Richelieu et de Louis XIV, presque aux dernières limites du territoire et de la centralisation. Il ne manquait plus à la France, ainsi constituée à l'extérieur, qu'une meilleure organisation intérieure. Mais cette nouvelle organisation intérieure ne pouvait avoir lieu que par le renversement de l'ancienne, et ce renversement était très facile ; car la vieille société était partout en ruines. En effet, qu'était devenue la monarchie au dix-huitième siècle ? Une simple tradition d'éclat et de magnificence, sans vertu et sans prestiges, dans les monarques eux-mêmes. La monarchie, qui avait été la providence de la

France, qui l'avait crée, élevée, illustrée, ne se faisait plus sentir à elle. A l'extérieur que faisait-elle pour le pays? quelle guerre utile, quels combats glorieux a-t-elle à montrer? La guerre de sept ans et la bataille de Rosbach. Et que faisait-elle à l'intérieur? quelle était la vie de la royauté? la vie de Versailles. La noblesse française, qui jadis avait tant et si bien servi la patrie, et qui avait confondu son histoire avec celle de tous les glorieux faits d'armes de la France, la noblesse française avait perdu les mâles habitudes de ses ancêtres, et s'était comme la royauté, endormie dans les plaisirs. Le clergé français, après avoir produit l'Église de France au dix-septième siècle, était dégénéré en un clergé mondain où l'impiété était presque en honneur, et qui a produit les adversaires les plus acharnés du christianisme. Enfin le peuple français lui-même, délaissé par la royauté qui ne l'employait plus, par la noblesse qui ne lui donnait plus l'exemple, par le clergé qui lui enseignait languissamment des croyances qu'il ne soutenait plus de l'autorité de ses mœurs; le peuple français était arrivé à l'état déplorable de corruption, que trahit assez le succès de ces ouvrages qui circulaient alors dans toutes les classes et y portaient le poison d'une immoralité systématique. Dans cet état de choses, par mille raisons, une révolution était absolument nécessaire; elle eut lieu. Je ne viens ni la défendre ni l'attaquer; je l'explique. Elle eut lieu, et le trône, la noblesse, le clergé, tout l'ordre ancien y succomba. L'ordre ancien était la domination exclusive du principe monarchique, de la noblesse et d'une religion d'état. Or, Messieurs, comment sort-on d'un système exclusif? Nous l'avons vu : par un système exclusif en sens contraire. Ainsi à l'exclusive domination du principe monarchique, d'une religion d'état et d'une noblesse privilégiée, succéda l'abolition de tout culte public, la souveraineté du peuple, une démocratie absolue. Mais cette démocratie semant l'effroi autour d'elle eut bientôt des luttes formidables à soutenir contre le reste de l'Europe. De là la nécessité d'un pur gouvernement révolutionnaire, c'est-à-dire d'un conseil de guerre pour tout gouvernement. Mais la souveraineté du peuple, après s'être résolue pour se défendre en un grand conseil de guerre, devait, pour se mieux défendre encore et pour agir avec plus d'énergie, se résoudre en un grand individu qui se chargeât de la représenter : comme on l'a dit, la révolution se fit homme; la souveraineté passa du conseil de guerre à la dictature, et à une dictature militaire; de là nos guerres, nos conquêtes, nos victoires, nos désastres.

Ces bouleversemens, qui étaient nécessaires, ont été bienfaisans pour l'humanité; ils ont secoué au moins, s'ils ne l'ont pas ranimé, le midi de l'Europe; ils ont été chercher dans le fond des deux péninsules des populations engourdies et languissantes, et leur ont appris que le moment du réveil était arrivé. D'une autre part nous n'avons pas comparu stérilement sur les champs de bataille de l'Allemagne; là aussi nous avons imprimé un mouvement qui a été utile et qui dure. D'ailleurs le système révolutionnaire substitué en France au système de l'ancien régime, exclusif comme celui qu'il renversait, et de plus ardent et violent, avait pour mission de détruire ce qu'il a détruit, et non de s'établir lui-même. Il ne devait paraître que pour faire son œuvre et disparaître. Il a paru un moment avec la Convention; il a disparu à jamais avec l'empire.

Maintenant, portons nos regards vers le nord, en face duquel est toujours la France; car la France traîne à sa suite le midi sans compter avec lui; mais elle a toujours été forcée de compter avec le nord qui a son génie propre et sa destinée. Que se passait-il donc dans le nord? quel était dans le nord l'état de la société? En deux mots, Messieurs, vous savez qu'il y avait derrière le Rhin des trônes absolus, mais paternels, une noblesse belliqueuse, qui venait de se couvrir de gloire dans la guerre de sept ans, un clergé réformé une fois pour toutes, en identité parfaite avec les populations par les doctrines et par les mœurs, et jouissant d'une autorité et d'une vénération sans bornes; des peuples fidèles, honnêtes, assez industrieux, guerriers, et obéissans par le libre mouvement de la sympathie et de l'amour. A côté de la vieille Autriche s'élevaient deux empires nouveaux, nés à la voix du génie, jeunes et par conséquent pleins d'avenir, pénétrés du nouvel esprit et en même temps absolus dans leur forme et militaires dans leurs mœurs. Voilà le beau côté du nord. Mais il ne faut pas oublier que les nations y étaient totalement dans la main de leurs chefs; que ces chefs en disposaient à volonté, et quelquefois en disposaient mal. Le peuple n'intervenait en rien dans ses propres affaires; nulle représentation nationale, nulle émission libre de la pensée, sinon par privilége et sous le bon plaisir. Un pareil ordre de choses n'était certainement pas le dernier mot de la civilisation allemande, et par conséquent il fallait que cet ordre de choses eût sa fin. La lutte formidable du midi et du nord de l'Europe dans la longue guerre de la France et de l'Allemagne n'est pas autre chose que la lutte des monarchies absolues et de la démocratie. Le résultat a été la destruction de la démocratie en France et l'affaiblissement considérable des monarchies absolues en Allemagne. Vous le savez, ce ne sont pas les populations qui paraissent sur les champs de bataille, ce sont les idées, ce sont les causes. Ainsi à Leipzig et à Waterloo ce sont deux causes qui se sont rencontrées, celles de la monarchie paternelle et de la démocratie militaire. Qui l'a emporté, Messieurs? Ni l'une ni l'autre. Qui a été le vainqueur? qui a été le vaincu à Waterloo? Messieurs, il n'y a pas eu de vaincus. (*Applaudissemens.*) Non, je proteste qu'il n'y en a pas eu : les seuls vainqueurs ont été la civilisation européenne et la charte. (*Applaudissemens unanimes et prolongés.*) Oui, Messieurs, c'est la charte, présent volontaire de Louis XVIII, la charte maintenue par Charles X, la charte appelée à la domination en France, et destinée à soumettre, je ne dis pas ses ennemis, elle n'en a pas, elle n'en a plus, mais tous les retardataires de la civilisation française; (*Applaudissemens redoublés.*) c'est la charte qui est sortie brillante de la lutte sanglante de deux systèmes qui aujourd'hui ont également fait leur temps, savoir, la monarchie absolue et les extravagances de la démocratie. La démonstration que la charte est le résultat véritable des troubles et des guerres qui remplissent la fin du dernier siècle et le commencement du dix-neuvième, c'est que d'un bout de l'Europe à l'autre cette charte fixe tous les regards, fait battre tous les cœurs, rallie tous les vœux et toutes les espérances. Des imitations malheureuses, et que je suis loin d'approuver, ont assez manifesté la sympathie profonde du midi de l'Europe pour le dernier et glorieux résultat du long travail de notre nation. Mais derrière le Rhin aussi nos anciens adversaires se sont empressés de réclamer l'œuvre de la nouvelle monarchie. De fait, Messieurs, tous les bords du Rhin appartiennent à des imitations excellentes quoique imparfaites de notre belle constitution : la Bavière, le Wurtemberg, le pays de Bade, ont aujourd'hui des gouvernemens représentatifs, et déjà circulent dans le nord et arrivent jusqu'à la Baltique des essais de gouvernemens représentatifs à des degrés inférieurs dans des états provinciaux. Certes, depuis 1815, la civilisation européenne est loin d'avoir reculé; loin de là, elle s'est de toutes parts agrandie et développée; et, je le répète, cette charte qui sortit des ruines de Waterloo couvre aujourd'hui la plus grande et la meilleure partie de l'Europe, et est attendue et invoquée par le reste. Or, si c'est un fait incontestable que l'avenir de l'Europe lui appartient, si c'est un fait plus incontestable encore que le présent et l'avenir de la France lui appartiennent, examinons rapidement ce que c'est que cette charte appelée à de pareilles destinées. (*Mouvement unanime d'attention.*)

Il semble au premier abord que la charte consacre l'ordre social antérieur au dix-huitième siècle et que le dix-huitième siècle a renversé. En effet, j'y vois un roi, une monarchie puissante, un trône fort et respecté; j'y vois une chambre de pairs investie de priviléges, entourée de la vénération universelle; j'y vois une religion d'état qui prenant nos enfans dès le berceau, enseigne à chacun de bonne heure ses devoirs, sa destinée, et la fin de cette vie. Voilà dans la charte un élément qui ne sort pas de la révolution française. Il y est pourtant, Messieurs, et il faut qu'il y soit, il faut qu'il s'y établisse de jour en jour davantage, et qu'il regagne sans cesse et du respect et de la puissance; mais n'y a-t-il que cet élément dans la charte? Non, Messieurs. Je vois à côté du trône une chambre des députés nommée directement par le peuple, et intervenant dans la confection de toutes les lois, qui fondent et autorisent toutes les mesures particulières, de telle sorte que rien ne se fait dans le dernier village de France où la chambre des députés n'ait la main. Voici un élément nouveau. J'en entrevois auparavant quelque image dans quelques assemblées ou quelques corps de judicature : mais c'en est l'image plus que la réalité; je ne le trouve véritablement que dans les vœux du dix-huitième siècle, et dans les essais informes de la révolution française. Nous avons donc ici, d'une part, un élément de l'ancien régime, et de l'autre un élément de la démocratie révolutionnaire. Comment ces élémens sont-ils dans la charte? de fait, ils y sont, Messieurs, et leur union est si intime que le plus habile publiciste est très embarrassé de définir et de délimiter en théorie l'action particulière de chacune de ces deux branches du pouvoir souverain, et qu'il y a là une certaine obscurité qui fait précisément la force des deux élémens. En effet, notre glorieuse constitution n'est pas la fiction mathématique de l'équilibre artificiel du pouvoir législatif et du pouvoir exécutif, vaines abstractions qu'il faut laisser à l'enfance du gouvernement représentatif; notre constitution, c'est la fusion réelle du roi et du peuple, cherchant ensemble la meilleure manière de gouverner, et d'être utile à la commune patrie. Ce n'est pas tout; dans la Charte, encore à côté de la chambre des pairs, je trouve l'accessibilité de tous les Français à toutes les places; d'où il suit que le dernier des soldats, comme l'a dit l'auteur même de la Charte, porte son bâton de maréchal de France dans sa giberne : le dernier des Français peut dans toutes les carrières arriver au pied même du trône. A côté d'une religion d'état, je vois en caractères tout aussi manifestes la liberté des cultes et la liberté de la presse, de telle sorte que l'instruction religieuse ne manque à personne, qu'ensuite la liberté des cultes permet de choisir dans les différentes communions de la même église, et qu'enfin, grace à la liberté de la presse, nulle vérité n'étant étouffée, on peut se déterminer dans la sincérité de sa pensée en faveur des opinions qui semblent les plus vraies. Ainsi je vois dans la Charte tous les contraires; c'est là ce que déplorent certaines gens : il en est qui n'admirent dans notre constitution que sa partie démocratique, et qui voudraient se servir de celle-là pour affaiblir tout le reste; il en est d'autres qui gémissent de l'introduction des élémens démocratiques, et qui tournent sans cesse la partie monarchique de la constitution contre les élémens démocratiques qui lui servent de cortége. Des deux côtés égale erreur, égale préoccupation du passé, égale ignorance du temps présent. Des deux côtés, ce sont, Messieurs, des personnes dont l'âge est infiniment respectable (*on rit*), et qui appartenant les unes au dix-septième siècle, les autres au dix-huitième, et n'étant pas les enfans de cette époque, sont parfaitement reçues à ne pas comprendre le dix-neuvième siècle et sa mission. Mais grace à Dieu, tout annonce que le temps dans sa marche irrésistible réunira peu à peu tous les esprits et tous les cœurs dans l'intelligence et l'amour de cette constitution qui contient à la fois le trône et le pays, la monarchie et la démocratie, l'ordre et la liberté, l'aristocratie et l'égalité, tous les élémens de l'histoire, de la pensée et des choses.

La conséquence de tout ceci, Messieurs, est que, si la constitution et les lois françaises contiennent tous les élémens opposés fondus dans une harmonie qui est l'esprit même de cette constitution et de ces lois, l'esprit de cette constitution est, passez-moi l'expression, un véritable éclectisme. Cet esprit en se développant s'applique à toutes choses. Déja il se réfléchit dans notre littérature qui contient elle-même deux élémens qui peuvent et qui doivent aller ensemble, la légitimité classique et l'innovation romantique. Sans poursuivre ces applications, je demande si, quand tout autour de nous est mixte, complexe, mélangé, quand tous les contraires vivent et vivent très-bien ensemble, il est possible à la philosophie d'échapper à l'esprit général; je demande si la philosophie peut n'être pas éclectique quand tout l'est autour d'elle, et si par conséquent la réforme philosophique que j'ai entreprise en 1816, et que je poursuivrai avec fermeté en dépit de tous les obstacles, ne sort pas nécessairement du mouvement général de la société dans toute l'Europe et surtout en France? L'éclectisme n'est si vivement attaqué par le double passé philosophique qui se débat encore au milieu de nous, que précisément parce qu'il est un pressentiment et un avant-coureur de l'avenir. L'éclectisme est la modération dans l'ordre philosophique; et la modération qui ne peut rien dans les jours de crise est une nécessité après. L'éclectisme est la philosophie nécessaire du siècle, car elle est la seule qui soit conforme à ses besoins et à son esprit, et tout siècle aboutit à une philosophie qui le représente. C'est là ma plus intime conviction. Elle n'est pas d'hier, Messieurs; mais je sais bien que ce n'est pas en un jour qu'on la communique; je sais bien que je parle aujourd'hui en 1828, et non pas en 1850.

Les leçons que j'ai eu l'honneur de faire devant vous pendant ce trimestre sont une introduction générale à mon enseignement ultérieur.

Cet enseignement doit être l'histoire de la philosophie. Maintenant que nos principes théoriques et nos principes historiques sont bien déterminés et fixés, nous pourrons nous orienter à notre aise dans l'immense carrière qui est devant nous; nous pourrons à volonté nous arrêter tantôt à une époque et tantôt à une autre, nous transporter d'abord sur les hauteurs de l'Himalaïa et du Thibet, ou descendre sur les rivages de la Grèce, ou nous enfoncer dans le moyen âge et la scolastique, ou suivre les traces fécondes de la philosophie moderne et de Descartes en Angleterre, ou en France ou en Allemagne. Ainsi, à quelqu'époque de l'histoire de la philosophie que l'année prochaine nous conduise, nous saurons parfaitement où nous sommes, où nous voulons aller et d'où nous partons. Tel a été le but de cette introduction. Séparé de cet auditoire pendant huit années, j'ai voulu bien établir d'abord mon point de départ et mon but définitif, afin que la jeunesse française, qui avait autrefois en moi quelque confiance, sût bien quel est aujourd'hui, sur tous les points et en toutes choses, celui qui après un assez long exil revient consacrer le reste de sa vie à lui être utile. (*Applau-*

dissemens.) Oui, Messieurs, celui qui porte ici la parole veut que vous sachiez bien qu'il n'appartient à aucun parti et à aucune coterie; en politique, il n'appartient qu'à son pays (*bravos*); en philosophie, il n'appartient à aucun système en particulier, mais à tous, pour ainsi dire, à l'esprit commun qui les domine tous, et qui ne se développe complètement que par la lutte même de tous les principes incomplets, exclusifs et ennemis. Il avoue qu'il est satisfait de son siècle, de son pays et de l'ordre actuel des choses. Il veut fortement l'ordre constitutionnel, avec toutes ses parties telles qu'elles sont, sans retranchement, sans réserve, sans arrière-pensée. Ici, le trône et les libertés publiques; là, le christianisme et le droit sacré d'examen. J'ai déja fait ma profession de foi sur ce dernier point, je la répète volontiers. Selon moi, dans le christianisme sont renfermées toutes vérités; mais ces vérités éternelles peuvent et doivent être aujourd'hui abordées, dégagées, illustrées par la philosophie. Au fond il n'y a qu'une vérité, mais la vérité a deux formes, le mystère et l'exposition scientifique; je révère l'une, je suis ici l'organe, l'interprète de l'autre.

Vous devez maintenant me bien connaître. Je suis encore celui qui, il y a douze ans, à cette chaire, alors bien peu entourée, bégaya le premier le nom d'éclectisme; c'est là le système dont le développement timide remplit toute la première partie de ma carrière; c'est le système que vous retrouverez à chaque page du compte que j'ai rendu à mes concitoyens et à mes amis, en 1826, de mes premiers efforts et pour ainsi dire de mon apprentissage philosophique; c'est le même système étendu et agrandi qui présidera à tout mon enseignement ultérieur. Ce que j'ai voulu en 1815, je le veux encore aujourd'hui : l'éclectisme dans la conscience, dans toutes les parties de la philosophie, dans la spéculation et dans l'histoire, dans l'histoire générale de l'humanité et dans l'histoire de la philosophie qui en est le couronnement, tel est mon but d'autrefois et d'aujourd'hui : tel est le drapeau qui me trouvera toujours fidèle.

Je ne veux pas me séparer de l'auditoire sans le prier de recevoir mes remercîmens les plus vrais de la patiente attention qu'il a bien voulu prêter pendant tout ce trimestre à l'exposition des vues générales qui domineront mon enseignement.

L'an prochain, j'essaierai de les mieux établir en les appliquant; et je serais heureux de retrouver parmi vous, Messieurs, le même zèle pour la philosophie, la même indulgence pour le professeur.

(*Applaudissemens prolongés.*)

www.ingramcontent.com/pod-product-compliance
Lightning Source LLC
Chambersburg PA
CBHW080919180426
43192CB00040B/2451